All In One
Bible Study Series

올인원

하이델베르크 요리문답

세움북스는 기독교 가치관으로 교회와 성도를 건강하게 세우는 바른 책을 만들어 갑니다.

올인원All In One 성경공부 시리즈 4

올인원 하이델베르크 요리문답

초판 1쇄 인쇄 2020년 2월 5일
초판 1쇄 발행 2020년 2월 10일

지은이 I 박동근
펴낸이 I 강인구

펴낸곳 I 세움북스
등 록 I 제2014-000144호
주 소 I 서울시 마포구 양화로 78, 502호(서교동, 서교빌딩)
전 화 I 02-3144-3500
팩 스 I 02-6008-5712
이메일 I cdgn@daum.net
교 정 I 김민철

디자인 I 참디자인

ISBN 979-11-87025-58-0 (03230)

All In One
Bible Study Series

4

올인원

하이델베르크
요리문답

박동근 지음

세움북스

저자를 처음 알게 된 것은 언약신학에 관한 번역서와 저서를 통해서였다. 그 책들을 읽으며 적잖은 도움을 받은 기억이 있던 차에 언약신학의 열매 가운데 하나인 하이델베르크 요리문답 교재를 출간한다는 소식에 기대하는 마음으로 원고를 접하게 되었다. 저자는 언약신학 전공자답게 그리스도와의 연합, 그리고 하나님과 백성의 사랑의 관계로 요약되는 은혜 언약의 관점으로 하이델베르크 요리문답의 주제들을 일관되게 풀어낸다.

간혹 하이델베르크 요리문답을 개혁신학의 또 다른 유산인 웨스트민스터 요리문답과 비교하며 서로를 상호보완적으로 보거나 간혹 차이를 부각하여 설명하는 경우가 있는데, 저자는 독자로 하여금 두 요리문답을 통합적으로 바라보도록 이끈다. 요리문답의 고유한 특징과 함께 성경에 충실하려는 개혁신학을 존중하는 저자의 중심이 느껴졌다. 각 챕터의 말미에 제시하는 '삶에 적용하기'는 행위의 독려나 행동의 교정이 아닌 진리에 비추어 마음을 살피고 마음의 변화에 초점을 맞추려는 목회자의 지향점을 보여 준다.

감사하게도 최근 들어 요리문답에 대한 관심과 함께 여러 신학자와 목회자들이 해설서를 꾸준히 쓰고 있다. 이번에 새롭게 출간되는 하이델베르크 요리문답 교재를 읽으며 베토벤이나 모차르트의 위대한 작품을 연주하는 정통 클래식 연주자의 모습이 떠올랐다. 오래된 옛 명곡을 현대의 청중에게 전달하기 위해 때로는 화려한 편곡이나 다양한 악기를 사용하여 변주하기도 한다. 그러나 저자는 악보의 음계 하나 하나를 충실하게 따라가며 오랜 기간 숙성된 소리 깊은 악기의 음색으로 연주하는 정공법을 취한다. 그래서 이 책을 읽은 독자라면, 음악 경연 예능 프로그램보다는 콘서트홀 클래식 연주회를 다녀온 느낌을 얻게 될 것이다. 하이델베르크 요리문답을 따라 깊은 울림이 있는 교의신학 강의를 수강한 기분이다!

서명수 목사 (여정의교회 담임)

*****

종교개혁 시대와 그 이후 작성된 각종 신앙고백서와 요리문답들은 개혁교회의 소중한 유산입니다. 그 가운데서도 네덜란드 교회의 세 일치 신조, 즉 벨직 신앙고백서(1561), 하이델베르크 요리문답(1563) 그리고 도르트 신경(1619)은 개혁교회의 신학과 신앙적 정체성을 수호해 온 영적 유산입니다. 네덜란드를 중심으로 한 세 일치 신조는 영미를 중심으로 한 장로교회의 웨스트민스터 표준 문서에 상응하는 개혁교회의 표준 문서입니다. 특별히 하이델베르크 요리문답은 교리적 논쟁을 다룬 도르트 신경이나 개혁교회 믿음의 체계를 다룬 벨직 신앙고백서에 비해 더욱 실제적이고 적용적입니다. 하이델베르크 요리문답은 1문에서는 인간이 살아갈 때와 죽을 때에 유일한 위로가 오직 예수 그리스도이심을 밝히면서, 2문부터 91문까지는 이 위로를 올바로 알기 위한 기독교의 근본 교리들을 다룹니다. 그 후 92문부터 129문까지는 이 위로를 소유한 중생한 신자가 살아 내야 할 마땅한 삶의 열매들을 십계명과 주기도문이라는 큰 주제로 풀어 나갑니다. 이런 의미에서 1문부터 38문까지 기독교 신앙의 근본 교리를 다루고 39문부터 107문까지 그 신앙에 기초한 삶의 열매를 다루는 웨스트민스터 소요리문답과 그 구조가 유사하다 할 수 있습니다.

금번에 세움북스는 『올인원 하이델베르크 요리문답』에서 내용 한눈에 보기, 내용 연구하기, 내용 확인하기, 그리고 삶에 적용하기라는 구조를 통해 요리문답을 독자들이 눈높이에서 이해할 수 있도록 매우 실용적으로 소개합니다. 그럼에도 저자이신 박동근 목사님은 마치 재야의 은둔 고수처럼 하이델베르크 요리문답의 중심 사상들을 철저한 개혁 신앙에 근거하여 매우 깊이 있게 해설하셨습니다. 이 책은 무엇보다 교리를 성경으로 주해했으며, 신학적으로 철저히 개혁적이며, 구원의 은혜가 무엇인지 아는 체험적 작품이라 할 수 있습니다. 어떤 이들은 네덜란드의 세 일치 신조와 영국의 웨스트민스터 표준 문서를 적대적 관계로 평가하는 오류를 범하기도 하는데, 박동근 목사님은 시작부터 (1문) 하이델베르크 요리문답과 웨스트민스터 소요리문답의 동일성을 제시합니다. 독자들은 각 문답의 스터디를 통해 저자의 따뜻한 위로의 교리를 하나하나 배워 나가는 동안 스스로 마음이 따뜻해짐을 체험할 수 있을 것입니다. 눈물 골짜기를 걸어가는 모든 참된 교회와 성도들에게 참되고 유일한 위로가 풍성히 임하기를 소원하며 『올인원 하이델베르크 요리문답』을 기쁘게 추천합니다.

신호섭 목사 (고려신학대학원 교의학 겸임교수, 올곧은교회 담임)

*****

1563년 작성된 하이델베르크 요리문답서는 독일의 팔츠라 불리는 한 지역만을 위한 것이었다. 그러나 지금은 온 세상에 흩어진 개혁교회의 가장 중요한 요리문답서가 되었다. 많은 이들이 그 이유를 찾는다. 처음부터 마지막까지 이어지는 논리적 연결, 각 문장이 갖는 시적 운율 등을 그 이유로 언급하기도 하지만, 모두가 동의하는 바는 성경이 가르치는 교리를 가르치되 신학적인 용어가 아니라 성경의 용어를 사용한다는 점이다. 그래서 하이델베르크 요리문답서는 학습자의 손을 잡고 성경의 교리로

들어간다.

그런데 하이델베르크 요리문답서가 성경 용어들을 단순히 듣기 좋게만 배열한 것이 아니다. 종교개혁 이후 개혁교회 안에서 모든 교리의 표준은 성경이 되었다. 그리고 오류들을 바로 잡아 가르쳐야 했던 교회는 성경의 순수한 교리를 보여 주기 위해서 요리문답서를 작성했다. 따라서 성경의 용어들로 구성된 문답 안에는 교리적 맥락과 신학적 쟁점이 배경으로 있다. 교리적 의미와 배경과 맥락을 안다면 하이델베르크 요리문답서를 풍성하고도 선명하게 이해할 수 있을 것이다. 이를 위해 박동근 박사는 심혈을 기울여 이 책을 내놓는다. 박동근 목사는 정통 개혁신학을 전문적으로 연구한 조직신학자로서, 또 동시에 교회에서 주께서 맡기신 영혼들을 목양하는 담임목사로서 이 지침서를 위한 최적의 저술가다.

이 책은 하이델베르크 요리문답서가 가르치는 핵심 교리가 무엇인지 일목요연하게 소개하고(내용 한눈에 보기), 성경의 증거, 교리적 배경이나 맥락, 필요한 신학적 쟁점을 알기 쉽게 설명해 준다(내용 연구하기). 이 설명을 따라가다 보면 우리의 비참이 무엇이며, 우리가 거기로부터 받은 구원의 은혜가 무엇인지, 이 은혜 아래서 사는 이유가 무엇인지 선명하게 알게 된다. 성도가 언약 백성의 정체를 확인하면 더 큰 확실함 가운데 살아갈 수밖에 없을 것이다. 내용을 확인한 후(내용 확인하기), 성도는 삶의 현장으로 나아간다(삶에 적용하기). 이렇게 성경의 핵심 교리로 시작해서 삶으로 나아간다.

누군가 하이델베르크 요리문답서의 배경이 되는 교리적 의미와 배경과 맥락을 설명해 주면 얼마나 좋겠는가? 그것을 위해서 여기 『올인원 하이델베르크 요리문답』이 있다. 이 책을 통해 사나 죽으나 우리의 유일한 위로를 풍성히 그리고 선명하게 알게 되기를 바란다.

이남규 교수 (합동신학대학원대학교, 조직신학)

*****

하이델베르크 요리문답(Heidelberger Katechismus)은 독일 팔츠의 선제후였던 프리드리히 3세(Friedrich III)의 명령에 따라 자카리아스 우르시누스와 카스파르 올레비아누스가 작성하였고, 1563년에 공표된 문답서이다. 도르트 총회(1618–1619)는 도르트 신경과 더불어 벨직 신앙고백서와 하이델베르크 요리문답을 개혁교회 일치를 위한 3대 신앙 고백 문서(the three forms for unity)로 인준했고, 유럽 개혁교회는 이 3대 문서를 성경을 이해하는 열쇠와 성경적 교리의 판단 준거로서 존중해 왔다. 특히 네덜란드 개혁교회는 매 주일 오후 하이델베르크 요리문답을 차례대로 강설하는 것을 규례화해서 어떤 교단은 지금까지도 준수하고 있다. 따라서 화란어권이나 영어권에서는 이 요리문답에 대한 연구서나 강설서가 누적되어 왔다. 비록 21세기에 들어서야지만, 국내에서도 개혁주의 신앙 고백 문서들에 대한 관심이 일반 신자들에게까지 확대되었고, 이에 부응하여 적지 않은 강설서들이 출간되었다. 이러한 시점에서 개혁주의 조직신학을 전공하여 학위를 취득하고 좋은 양서들(『칭의의 복음: N. T. 라이트의 칭의론에 대한 개혁신학적 평가』, 『언약과 구원: 오직 믿음과 순종의 입맞춤』)을 출간했을 뿐 아니라 현장에서 개혁주의 목회를 지향하고 있는 저자가 『올인원 하이델베르크 요리문답』 교재를 출간했다니 매우 환영하는 바이다. 저자는 개혁신학적인 토대 위에 확고부동하게 서서 평이하고 간단명료하게 이 책을 썼기에 목회자들뿐 아니라 개혁주의 신앙과 교리에 관심을 가진 모든 신자들에게 적극 권독한다. 이 책을 통해 성도들이 건전하고 건강한 신앙 성장을 소망하며 분투노력하기를 소망해 본다.

이상웅 교수 (총신대학교신학대학원, 조직신학)

그리스도 안에서 구속주가 되시는 사랑의 하나님께서는 성도들을 은혜 언약의 파트너로 삼으십니다. 하나님께서는 언제나 사랑하는 당신의 자녀들과 언약적 연합과 교제를 나누십니다. 하나님께서는 당신의 백성에게 말씀으로 찾아오시고, 하나님의 택함과 사랑을 받은 언약의 백성들은 하나님의 말씀에 믿음으로 응답합니다. 많은 사람들이 왜 성경만을 이야기하지 않고 신조나 요리문답과 같은 교의(敎義)를 이야기하는지 질문합니다. 성경과 교의가 동일한 권위를 갖지 않음은 분명합니다. 진정으로 구원과 경건의 유일한 표준은 성경입니다. 그러나 유일한 신앙의 표준인 성경으로부터 요리문답과 신조들의 권위가 부여됩니다. 성경과 참된 교의는 구분해야 하지만 결코 분리될 수 없습니다. 왜냐하면 참된 교의는 성경 해석의 결과이기 때문입니다. 어떤 이들은 교의가 아닌 성경만을 인정한다고 하면서, 스스로를 성경의 사람이라 자부합니다. 그러나 이런 생각을 가진 사람들과 대화를 나누다 보면 우리는 금세 그들이 자의적이고 주관적인 자신만의 교리를 쏟아 내고 있다는 사실을 간파하게 됩니다. 성경을 읽고 연구하는 순간 성경은 해석될 수밖에 없고, 해석된 결과들은 한 개인이나 공동체 안에 교리적 체계들로 표명되기 마련입니다. 즉, 성경은 읽는 순간부터 해석되며, 해석의 결과들이 교리적 개념들로 나타나게 됩니다. 그러므로 성경을 읽는 사람이라면 그 누구도 교리로부터 벗어날 수 없습니다. 문제는 성경으로부터 비롯된 해석과 교리들이 참된 것이냐 거짓된 것이냐 정통적인 것이냐 이단적인 것이 냐 공동체적인 것이냐 자의적인 것이냐에 있을 뿐입니다. 교리를 벗어날 수 없으니, 교회와 성도들에게 남겨진 유일한 선택은 성경을 바르게 해석하고 참된 교리를 세우는 것입니다.

앞에서 언급했듯이, 하나님께서는 당신의 백성들에게 말씀하십니다. 그리고 그 백성들은 들려진 말씀에 응답합니다. 하나님께서는 말씀을 들려주시며, 성령님께서는 말씀을 듣는 당신의 백성들의 마음을 조명하십니다. 참된 성경 해석과 그 결과로서 참된 교의는 성령님의 은총에 따른 것입니다. 보비 제이미슨(Robert B. Jamieson III)은 건전한 교리가 "성경의 가르침을 요약한 것으로서, 성경에 충실하며 삶에 유익하다"고 하였습니다. 건전한 교리는 그리스도의 몸 된 공동체 안에서 역사적으로 검증된 보편 교회의 신앙 고백이기도 합니다. 세상에는 많은 교리들이 있을 수 있습니다. 검증되지 않은 채, 매우 주관적이고 자의적인 성경 해석의 결과들이 떠돌아다닙니다. 이런 교리들은 주관적인 견해일 뿐입니다. 그러므로 루이스 벌코프(Louis Berkhof)는 보편 교회에서 역사적으로 검증된 신앙 고백으로서 교의(教義)를 성경에 관한 개인적 견해들과 구분하였습니다. 요리문답, 신조, 교의는 보편 교회에서 역사적으로 검증된 성경 해석의 요약으로서, 개인적 견해들이 갖지 못한 권위를 갖습니다. 그 권위는 요리문답, 신조, 교의가 "성경적"이라는 데 있습니다. 교회는 성경의 가장 근본적이고 중대한 성경의 가르침들을 요리문답과 신조를 통해 고백하고, 표현하고, 가르쳤습니다. 요리문답과 신조의 진리들은 성경에서 나와서 성경을 가르치는 수단으로 사용됩니다. 요리문답과 신조와 같은 교의들은 성경의 매뉴얼과 같습니다. 요리문답과 신조야말로 가장 권위 있고 검증된 안전하고 순수한 성경 해석입니다.

하이델베르크 요리문답(1563)은 신성로마제국 팔츠 영방의 선제후 프리드리히 3

세(Friedrich III), 우르시누스(Zacharias Ursinus), 올레비아누스(Caspar Olevianus) 그리고 하이델베르크의 여러 목사와 신학자들의 협력으로 작성된 후, 보편 교회의 신앙 고백의 지위에 오르게 되었습니다. 하이델베르크 요리문답은 당시 교회의 신앙적 무지를 깨우치기 위해서 작성되었고, 성만찬에 대한 신학적 차이로 말미암아 분열된 교회를 통일시키고자 작성되었습니다. 즉, 이 요리문답은 진리를 세우고, 교회를 참된 신앙 고백 안에서 하나 되게 하기 위해 작성되었습니다. 무엇보다도 이 요리문답이 보편 교회의 권위 있는 신앙 고백으로 자리 잡을 수 있었던 것은 이 요리문답 자체가 성경에 근거하고 성경의 진리를 충실히 표현했기 때문입니다. 이 요리문답 작성을 주도했던 프리드리히 III세는 극단적인 루터주의자들과 로마 가톨릭 진영으로부터 반대를 받았고, 신성로마제국의 황제는 그에게 팔츠의 개혁을 취소하라고 압력을 가했습니다. 이들은 이 요리문답이 칼뱅을 비롯한 스위스의 개혁자들의 사상을 단지 답습하고 있다고 몰아 세웠습니다. 이에 대한 프리드리히 III세의 변호는 그들의 반대를 물리칠 만큼 진실하고 설득력이 있었습니다. 그는 이 요리문답의 정당성을 오직 성경에 두었습니다. "제가 깨끗한 양심으로 말씀드릴 수 있는 것은 제가 칼뱅의 책들을 읽은 적이 없다는 것입니다. … 그 고백서가 구약과 신약의 말씀에 근거한 것이라고 확신하기 때문입니다." 요리문답과 신앙고백서들의 권위는 오로지 성경을 통해서만 지지를 받습니다.

필자는 개척한 이후 지속적으로 오전에는 강해 설교를, 오후에는 요리문답과 신조들을 강설해 왔습니다. 개척 초기에 처음 선택한 요리문답이 하이델베르크 요리문답이었습니다. 지속적으로 이 요리문답을 강설하며 느낀 바는 이 요리문답이 성경을 말하고 있다는 확신이었습니다. 오전에는 성경 강해, 오후에는 요리문답 강설을 병행하는 가운데 요리문답이 가르치는 교훈들을 성경 본문에서 확인할 수 있었고, 성경 본문을 통해 요리문답의 의미들이 풍성해지는 것을 느꼈습니다. 요리문답은 성경이 다루고 있는 중대한 진리들을 요약해 주고, 성경은 요리문답의 의미들을 더욱 풍성하게 만들어 주었습니다. 성경에서 나온 요리문답이 성경을 가르치는 수단이 되고, 요리문답들이 성경 본문을 통해 확증될 때 요리문답은 더욱 큰 생명력을 얻게 됩니다.

　하이델베르크 요리문답이 교회의 무지를 깨우치고 교회의 일치를 위해 16세기 하이델베르크에서 작성된 것처럼, 하이델베르크 요리문답의 의미들이 한국 교회에 충실히 전달되어, 교회가 하나님을 아는 지식으로 충만해지고 진리 안에서 일치하는 결실이 있기를 소원해 봅니다. 주관적 체험과 사사로운 견해들에 함몰된 현대 교회의 형편에서, 성경 66권이 바르게 해석되고 선포되어, 견고한 진리의 터 위에 교회가 세워지는 결실이 있기를 소망합니다. 하이델베르크 요리문답에 대한 이 안내서가 하나님의 말씀을 정립하는 선한 도구가 되기를 하나님께 간절히 간구합니다.

2020년 1월

안양 관양동 자택에서

올인원 하이델베르크 요리문답

목차

사나 죽으나
유일한 위로

Knowing! only comfort in life and death

1–2문답

1강: 사나 죽으나 유일한 위로

1. 그리스도 안에서 받는 복음의 위로의 의미

· 그리스도 안에서 받는 복음의 위로는 죄 문제의 해결과 직결된다.

· 그리스도 안에서 받는 복음의 위로는 죄와 마귀와 사망으로부터 해방될
  때 주어진다.

· 그리스도 안에서 받는 복음의 위로 없이는 영육 간에 진정한 안정이 없다.

· 그가 추구하는 위로가 그의 정체성을 규정한다. 자연인은 그리스도 밖에
  서 위로를 구하고, 성도는 그리스도 안에서 위로를 구한다.

2. 그리스도 안에서 받는 위로의 내용

· 그리스도의 위로의 토대는 그리스도와의 연합 안에 있다.

· 그리스도와의 연합 안에서 죄의 문제를 해결받는다. 성도는 그리스도 안
  에서 칭의와 성화의 은총을 받는다.

· 그리스도와의 연합 안에서만 성도는 특별하고 특별한 사랑의 섭리의 대
  상이 된다. 성도는 하나님의 섭리 안에서 보호를 받으며 구원의 완성에
  이른다. 그리고 이들에게는 모든 것이 합력하여 선을 이루게 된다.

· 그리스도와의 연합 안에서 성령께서 성도들에게 내주하여 그들이 구원
  을 확신하도록 내적 증거를 베푸신다.

· 그리스도와의 연합 안에서 받은 위로 가운데 성도는 확신 안에서 그리스
  도를 위하여 살아갈 토대를 갖는다.

3. 그리스도 안에서 위로를 누리기 위해 깨달아야 할 세 가지

· 죄의 비참의 깊이를 깨달아야 한다.

· 그런 죄의 비참으로부터 구원받을 방도를 깨달아야 한다.

· 받은 구원의 은혜를 알아 감사해야 할 이유를 깨달아야 한다.

1. 사나 죽으나 성도가 소유한 영원한 위로 (1문답)

유일한 위로의 필요성

하이델베르크 요리문답은 사나 죽으나 유일한 위로가 무엇이냐는 질문으로 시작합니다. "유일한 위로"(only comfort)라는 표현은 복음을 주신 목적과 유익을 드러냅니다. 1문답에 표현된 위로는 그리스도 안에 있는 "구속의 위로"(redemptive comfort)입니다. 구원의 위로는 세상이 주는 위로와 같지 않습니다. 이 위로는 이생에서나 내세에서나 흔들리지 않는 견고한 위로를 제공합니다. 이 위로는 죄의 지배력 아래 노예 된 죄인에게 절실한 위로요, 이들을 위로할 수 있는 유일한 위로입니다. 아담 안에서 모든 사람이 죄인이 되었습니다(롬 5:19). 죄의 삯은 사망입니다(롬 6:23). 죄는 하나님과 인간 사이의 선하고 복된 관계를 파괴하였습니다. 사망이란 하나님과 단절된 상태를 의미합니다. 사망 안에 있는 죄인은 하나님과 불화하며, 하나님 안에 있는 모든 선한 것을 상실했습니다. 하나님과의 관계가 파괴되고 하나님과 불화한다는 것은 죄책과 부패로 말미암아 하나님께 정죄를 당한다는 의미이며, 하나님을 영원한 형벌을 선고하시는 심판자로 직면해야 한다는 의미입니다. 공의로우신 하나님께서는 죄인의 머리 위에 진노를 내리시는 분으로 서 계십니다. "영생이 있고 아들을 순종치 아니하는 자는 영생을 보지 못하고 도리어 하나님의 진노가 그 위에 머물러 있느니라"(요 3:36). 죄의 노예 된 인간은 지, 정, 의라는 전인격이 부패하여 사망의 굴레를 벗어날 수 없고 스스로 헤어 나올 수도 없습니다.

죄인도 일반계시[1]와 일반은총[2]의 빛을 받지만, 이들은 사망의 지배력과 죄의 용광로를 꺼뜨리지 못합니다. 죄인들은 하나님을 떠났고, 하나님께서는 그들을 떠나셨습니다. 죄를 범한 인류는 죄의 지배력 안에 놓였고, 육체적 죽음(첫째 사망)은 영원한 형벌(둘째 사망)로 가는 통로가 됩니다. 아담 안에서 모든 인간은 본질상 진노의 자녀입니다(엡 2:3). 이들의 삶 속에는 진정한 위로도 평안도 안정도 없습니다. "그들이 내 백성의 상처를 가볍게 여기면서 말하기를 평강하다 평강하다 하나 평강이 없도다"(렘 6:14). 죄를 지어 사망 속에 있다는 의미는 풍랑이 이는 바다에서 홀로 표류하는 것과 매한가지입니다. 하나님께서는 모든 만물을 지으신 창조자시고, 타락한 죄인을 구원하시는 구속자이십니다. 하나님만이 생명의 토대가 되실 수 있습니다. 하나님을 떠난 인생은 길과 진리와 생명을 상실했으며, 그러므로 생명과 삶의 기반을 잃은 인생을 살아갑니다. 세상에 속한 수많은 것들을 소유하였더라도, 그 풍요로움과 세상적인 자원을 통해 만족을 얻을 수는 없습니다. 하나님께서는 세상에 속한 모든 것을 하나님의 영광과 그분의 사랑을 드러내는 수단과 통로로 베풀어 주셨습니다. 그러나 타락한 인간은 일반은총이 주어진 목적

---

1 일반계시와 특별계시: 일반계시는 창조와 창조하신 세계를 다스리시는 하나님의 섭리 사역에서 나타난다. 일반계시는 지성을 가진 모든 사람들에게 전달되는 것으로 모든 사람이 받을 수 있다. 그러나 인간의 타락 이후 인간의 지성 또한 타락했기 때문에 일반계시를 바르게 해석할 수 없게 되었다. 타락한 이성과 종교성으로 일반계시를 읽어 낼 때, 모든 사람들은 우상과 미신과 자의적 숭배나 무신론에 빠지게 된다. 그러나 특별계시는 하나님께서 재창조에 토대를 두고 죄인들을 구원하실 목적으로 주신 계시다. 특별계시는 성령을 통해 거듭나고 마음의 조명을 받은 영적인 사람들만이 깨닫고 이해할 수 있다. 기록된 하나님의 말씀으로서 성경이 완성되기 전까지 특별계시는 사건 계시로서 직접적 음성, 꿈, 환상, 우림과 둠밈, 제비뽑기 같은 비상적인 방식으로 주어지기도 했으나, 기록된 계시가 완성된 이후 오직 성경만이 유일하고 완전한 특별계시다.
2 일반은총과 특별은총: 일반은총은 자연적 복에서 나타난다. 일반은총은 신자에게나 불신자에게나 동일하게 베풀어진다. 일반은총은 인류를 구성하고 있는 개인들의 자연적 삶을 유지, 발전시키고 풍요롭게 한다. 이런 은혜는 인류 전체에게 발현된다. 죄와 관련하여 일반은총은 구원하지는 못하나 죄의 영향력을 억제하여 보편 가치들을 유지하게 하고 사회를 유지하게 만든다. 반면 특별은총은 초자연적 성격을 지닌다. 특별은총은 죄책, 죄의 오염 그리고 죄의 형벌로부터 죄인을 구원하며, 죄인들의 궁극적인 구원을 목표로 이를 성취하시는 하나님의 자비로운 사역에서 비롯된다.

을 인식하고 누릴 생명과 지혜가 없습니다. 하나님께서 주신 것들을 통해 하나님을 바라보아야 하고 그분의 사랑을 붙잡아야 할 텐데, 그들은 세상의 것들에 갇혀 그것을 전부처럼 여깁니다. 따라서 그들은 보이는 것 그 이상의 것을 결코 누릴 수 없고, 그런 이유로 늘 허무와 상실감 속에 빠져 만족을 모릅니다. 하나님 없는 죄인은 허무와 불안 속에서 이생을 살아 내야 하며, 그 고단한 생이 마감되는 날은 지옥의 영원(永遠)이 시작되는 비극의 날이 됩니다. 하나님 없는 인생은 살아도 죽어 있는 것이요, 육체의 죽음은 끝이 아니라 영원한 죽음의 통로가 됩니다. 이를 인정하든 인정하지 않든 그들은 생명을 모르고 빛을 모르고 영원한 위로를 모릅니다.

1문답이 고백하는 "사나 죽으나 유일한 위로"(only comfort in life and death)는 인간의 모든 비참의 근원인 죄와 사망의 문제가 해결되는 일과 관련됩니다. 모든 사람이 죄의 문제를 안고 있기 때문에 이로부터 "위로" 받기를 원합니다. 그러나 자연인들은 영혼이 부패하여 참된 위로를 발견할 만한 영적 인식력을 가지고 있지 못합니다. 그들은 완악한 무지로 진정한 위로를 결코 구하지 않고 발견하지도 못합니다. 그러므로 누군가 무엇으로부터 위로를 얻느냐가 그의 정체성을 결정한다고 보아도 과언이 아닙니다. 즉, 그가 위로 삼는 것이 그의 정체성을 규정합니다. 분명 자연인은 세상에 속한 것을 넘어 위로를 보지 못합니다. 그리고 그들은 그리스도 밖에서 위로를 구합니다. 그러나 그리스도인들은 그리스도 안에서 위로를 구합니다. 그리스도 안에 계신 구속자 하나님께서 주시는 위로만이 견고한 위로이며 죄인을 위로할 유일한 위로입니다. 인생에게 궁극적인 안정감, 영원한 안정감은 오직 그리스도의 복음에서만 주어집니다. 샬롬(שָׁלוֹם)[3], 진정한 평안과 만족은

---

3 εἰρήνη(에이레네)는 샬롬(שָׁלוֹם)의 영향을 받아 "평강", "평안", "평화" 등의 의미를 갖습니다. "평안을 너희에게 끼치노니 곧 나의 평안을 너희에게 주노라 내가 너희에게 주는 것은 세상이 주는 것 같지 아니하니라 너희는 마음에 근심하지도 말고 두려워하지도 말라"(요 14:27).

그리스도 안에만 있습니다. "여호와는 나의 목자시니 내게 부족함이 없으리로다"(시 23:1). 1문답은 이 진리를 고백하고 있습니다. 아기 예수님 앞에 경배했던 시므온의 삶의 정체성이 이 사실을 증거합니다. 성경은 시므온의 삶을 이렇게 요약합니다. "예루살렘에 시므온이라 하는 사람이 있으니 이 사람이 의롭고 경건하여 이스라엘의 위로(παράκλησις)[4]를 기다리는 자라 성령이 그 위에 계시더라"(눅 2:25). "주재여 이제는 말씀하신 대로 종을 평안히 놓아 주시는도다. 내 눈이 주의 구원을 보았사오니"(눅 2:29-30). 시므온이 일생 기다렸던 것은 '이스라엘의 위로'였습니다. 그의 만족은 주님의 구원 안에 있는 '위로'로 충분했습니다. 그는 예수님 안에서 구원의 은혜를 보았습니다. 그 구원은 '견고한 위로', '영원한 위로'를 제공하였습니다. 그는 죽어도 여한(餘恨)이 없었습니다. 그리스도인은 예수 그리스도의 복음 안에서 위로를 추구하는 자들이어야 합니다. 그가 위로로 여기고 의지하는 것이 무엇이냐가 그리스도인과 자연인을 구분 짓습니다. 예수 그리스도 안에서 위로를 찾지 않고 자기 자신과 세상에 속한 것으로부터 위로를 찾는 자에게는 진정한 위로가 없으며, 그는 자신이 우상으로 섬기는 대상을 통해 스스로 자연인임을 표명하는 것입니다. 위대한 지도자 아우구스티누스(St. Augustine)도 회심 전에 많은 방황을 하였습니다. 그는 소년 시절 이미 사생아를 낳았고, 마니교 이단에 빠져 방황하였습니다. 그는 로마서 13:13-14를 통해 회심한 후 이렇게 고백합니다. "당신(하나님)은 당신을 위해 우리를 만드셨습니다. 그래서 우리의 마음은 당신 안에서 안식을 찾기까지는 늘 불안정할 뿐입니다." 그렇습니다. 아우구스티누스가 죄의 노예로 방황할 때, 그가 찾아 헤매던 것은 '위로'였습니다.

---

4 παράκλησις(파라크레시스)는 헬라어로 "위로", "위안"의 뜻을 가지고 있습니다.

그리스도 안에서 받는 위로의 내용들

1문답은 그리스도 안에서 받는 위로의 내용들을 나열합니다.

첫째, 성도가 받는 위로는 "그리스도와의 연합"(union with Christ)으로부터 옵니다. 세상 만물과 인간은 하나님께서 지으셨습니다. 인간은 영혼과 육체의 연합체로 지음 받았습니다. 영적인 것이나 육적인 것이나 다 하나님께서 창조하셨습니다. 인간은 피조물이기에 하나님을 의존할 수밖에 없습니다. 그러므로 원래 인간은 하나님 안에서만 모든 선한 것을 기대할 수 있습니다. 그러나 인간의 타락은 하나님과의 바른 관계를 파괴했습니다. 인류는 하나님 안에서만 누릴 수 있는 생명을 그분과의 관계 단절로 말미암아 상실했습니다. 하지만 하나님과 단절된 관계를 그리스도 안에서 회복할 수 있습니다. 하나님 안에서 누릴 수 있었던 생명을 상실했지만, 그리스도 안에서 하나님 안에 있는 생명을 회복하게 됩니다. 그리스도 안에 거하지 못하면 구원에 속한 그 어떤 것도 소유할 수 없습니다. 그러나 성도는 믿음으로(by faith) 그리스도 안에 거할 수 있습니다. 그 안에서 생명과 구속에 속한 모든 것을 얻게 됩니다. "내 안에 거하라 나도 너희 안에 거하리라 가지가 포도나무에 붙어 있지 아니하면 스스로 열매를 맺을 수 없음 같이 너희도 내 안에 있지 아니하면 그러하리라 나는 포도나무요 너희는 가지라 그가 내 안에, 내가 그 안에 거하면 사람이 열매를 많이 맺나니 나를 떠나서는 너희가 아무것도 할 수 없음이라"(요 15:4-5). 그리스도 안에(in Christ) 거하는 것을 "연합"(union)이라 합니다. 그리스도 안에 거하여 그분과 연합한다는 의미는 우리의 주인(Lord, κύριος)이 바뀌었다는 의미입니다. 그리스도께서 우리의 주인이 되시고 우리가 그리스도의 것이 되는 순간에, 우리는 죄와 마귀와 사망의 지배력으로부터 해방됩니다. 우리가 그리스도 안에 거하고 그리스도께서 우리 안에 거하실 때, 우리는 주님의 것이 됩니다. "사나 죽으나 나의 몸도 영혼도 나의 것이 아니요 나의 신실하신 구주 예수 그리스도의 것입니다." 따라서 이어지는 위로의 내용들은 그리스도와의 연합 안에서 성도가 받아 누리는 구체적인 복들입니다.

둘째, 그리스도와의 연합 안에서만 성도는 죄의 문제를 해결받습니다. "그는 그의 보혈로 나의 모든 죗값을 다 치르셨고 나를 마귀의 모든 권세에서 구원해 내셨으며." 그리스도께서는 율법에 대한 완전한 순종과 형벌적 죽음을 통해 대속을 성취하셨습니다. 그리스도를 믿음으로 그분 안에 거할 때, 성도는 그리스도의 의(義)를 전가받아 용서를 받습니다. 그리스도의 완전한 의(義)로 말미암아 하나님께 용서를 받고 하나님의 자녀로 용납됩니다. 그리스도 안에서 성도의 죄책이 제거됩니다. 하나님께 용서를 받고 그분의 자녀가 되었다는 것은 불화와 단절된 관계가 화목(reconciliation)되었다는 의미입니다. 그리스도 안에서만 하나님과의 관계가 회복됩니다. 성도는 이처럼 회복된 관계에 근거해 보내심 받은 성령의 내주를 통해 거듭나고 성화되는 은혜를 받습니다. 그리스도를 통해 하나님과 화해할 때, 죄책만 제거되는 것이 아니라 부패가 제거됩니다. 성도가 거듭날 때, 죄의 지배력이 죽습니다. 그럼에도 지배력이 상실된 죄가 여전히 성도 안에 남습니다. 그러므로 남은 죄의 잔재를 성도는 성화의 은총을 통해 죽여 갑니다. 이처럼 그리스도 안에서 성도는 죄책과 부패를 제거하여 의롭게 여김을 받고(칭의), 거룩함을 덧입게(성화) 됩니다. 성도는 새로운 피조물로서 새로운 삶을 살 수 있습니다. 그리스도 안에 있는 보혈의 능력은 죄를 용서하는 능력이며, 죄를 씻어 내는 능력입니다.

셋째, 그리스도와의 연합 안에는 성도들을 향한 특별하고 특별한 사랑의 섭리가 있습니다. "하늘에 계신 나의 아버지의 뜻이 아니고서는 머리털 하나도 떨어질 수 없도록, 과연 모든 것이 합력하여 나의 구원을 이루도록, 그렇게 나를 보존시켜 주십니다." 그리스도 밖에 있는 죄인들은 하나님을 심판자로 직면합니다. 그러나 하나님께서는 그리스도 안에서 성도들의 아버지가 되어 주십니다(롬 8:15). 그분의 소유가 되면, 그분의 선한 섭리 아래 놓입니다. 성도는 만유의 주 되신 그리스도의 소유가 되었기에 그리스도 안에서 영원한 복리와 안전을 보장받습니다. 우리가 주의 것이니 주께서 우리의 인생을 책임져 주시고 보호하시며 그 미래의 구원 완성을 보장해 주십니다. 하나님께서는 우리의 머리털까지 세고 계시기에 우리의 삶을 섭리하셔서 지키시고 보호해 주십니다(눅 12:7). 심지어는 고난마저도 합력하여 궁극적으로 우리의 구원에 유익이 되도록 이끌어 주십니다. 이것이 모든 일 가운데 우리의 위로입니다.

넷째, 그리스도와의 연합 안에는 성도들을 영생의 확신 가운데 거하게 하는 성령의 내적 증거가 있습니다. 성령께서 말씀으로 믿음을 일으키시고, 진정한 믿음의 증거인 선행의 열매를 주셔서 더 큰 확신 가운데 흔들리지 않게 하십니다. 성령께서는 미래에 완성될 구원의 현재적 보증(αρραβών)[5]으로 주어졌습니다. 성령께서는 미래에 완성될 구원을 현재적 구원을 통해 맛보게 하시고, 늘 우리 안에서 그 완성될 구원의 확실성을 확신하도록 믿음을 격려하십니다. 성령께서 베푸신 확신으로 말미암아 우리는 종말에 경험할 궁극적 구원의 완성을 소망하게 됩니다. 이것이 우리의 소망입니다. 이러한 확신을 통해 우리는 하나님께 감사하고, 믿음의 시련과 역경을 인내하며 버텨 낼 수 있습니다. 이것이 우리의 위로입니다. 그러므로 이렇게 고백합니다. "그러므로 그는 그의 성령으로 말미암아 나로 하여금 영생을 확신하게 하시며, 이제부터 그를 위하여 살기를 진정으로 바라도록 만드시고 또한 그렇게 살 준비를 갖추도록 만드십니다."

---

5 αρραβών(알라본)은 계약(언약)을 유효하게 해 주는 "보증금", "보증", "담보"를 의미합니다. 이 단어는 어떤 대상에 대한 유효성과 확실함을 표현하기 위해 비유적으로 사용되기도 합니다. 예를 들면, "우리 안에 시작된 구원의 완성을 보증해 주시는 내주하신 성령님의 은혜."

성도가 복음 안에서 위로가 무엇인지를 알고 그 위로를 필요로 하는 이유는 다음과 같습니다. 첫째, 이생에서 성도는 용서받고 거듭났지만 아직 연약하며, 죄많은 세상 가운데서 온갖 유혹과 갈등 속에 휩싸여 있기 때문입니다. 하나님의 위로는 고난과 갈등이 많은 세상 속에서 우리를 낙망하고 실족하지 않게 붙들어 줍니다. 견고한 믿음 안에서 신앙의 길을 걷기 위해 이러한 위로를 알아야 하고 구해야 합니다. 복음 안에서 받는 위로들만이 우리를 고난과 갈등 속에서 넘어지지 않도록 붙들어 줍니다. 그리스도와 그리스도 안에 있는 것들을 바라보아야 합니다. "믿음의 주요 또 온전케 하시는 이인 예수를 바라보자"(히 12:2).

둘째, 하나님께서는 자신을 위해서 우리를 지으셨습니다. 인간에게 최고의 행복은 하나님을 찬양하고 경배하는 일입니다. 하나님을 찬양하고 경배하는 삶은 죄와 사망으로부터 구원받은 후에 가능하며, 이를 훼방하는 모든 것으로부터 벗어나기 위해서 하나님의 위로가 필요합니다. 웨스트민스터 소요리문답 1문답은 이 점을 잘 요약해 줍니다. 성도는 하나님의 존재와 사역 속에 비추이는 영광을 바라보며 위로를 얻고, 이 위로에 힘입어 하나님을 즐거워하는 삶을 지속할 수 있습니다. 우리를 위로하는 그리스도의 사역은 모두 하나님의 완전한 속성과 거룩한 성품의 영광으로부터 비롯되었습니다. 인생은 하나님의 영광을 찬송하기 위해 지음받았고, 하나님의 영광을 누릴 때 진정한 만족과 즐거움을 얻습니다.

> 1문. 사람의 제일 되는 목적은 무엇입니까?
> 답. 사람의 제일 되는 목적은 하나님을 영화롭게 하는 것과 영원토록 그를 즐거워하는 것입니다.

웨스트민스터 소요리문답은 복음의 핵심을 하나님의 영광에 초점을 맞추고, 하이델베르크 요리문답은 복음의 핵심을 위로에 두지만, 이 둘은 하나입니다. 성도들은 영광스러운 하나님 안에서만 위로를 얻을 수 있으며, 하나님을 위로로 삼는 자들만이 하나님을 영화롭게 할 수 있기 때문입니다. 하나님의 영광과 우리의 위로는 동전의 양면과 같습니다. 하나님의 영광은 성도에게 찬양의 대상이며 위로의 근원이기 때문입니다. 칼뱅이 가르친 대로 하나님에 대한 지식은 인간에 대한 지식과 연결되어 있어서, 진정한 하나님을 알기 위해서는 하나님 앞에서(Coram Deo) 나를 발견해야 합니다. 그런 의미에서, 하이델베르크 요리문답이 인간이 받는 유일한 구속적 위로에 초점을 맞춘 것은 인본주의적 발상이 아니라 인간을 구원하시는 구속 사역과 열매들을 통해 성 삼위일체 하나님의 속성과 성품의 영광을 고백하기 위함입니다. 하이델베르크 요리문답은 구속의 위로를 주시는 하나님의 사역을 통해 웨스트민스터 소요리문답이 가르치는 하나님의 영광을 전합니다.

2. 유일한 위로를 얻기 위하여 깨달아야 할 진리들(2문답)

1문답이 "유일한 위로"의 의미와 내용을 말했다면, 2문답은 유일한 위로를 얻기 위해 우리가 깨달아야 할 바를 알려 줍니다.

구원의 위로를 누리기 위해 깨달아야 할 지식

2문답은 영원하고 유일한 위로가 하나님 앞에 드러난 나의 정체를 발견하는 것에서 시작된다고 가르칩니다. 칼뱅에 따르면, 하나님에 대한 지식은 인간에 대한 지식과 연관되어 있습니다.[6] 하나님 앞에서 나를 발견하는 일에서 구원은 시작됩니다. 빛이 비추어야만 어둠이 물러가고 어둠 속에 가려진 실체들이 드러납니다. 하나님의 말씀과 성령님의 조명 아래서만 우리는 우리 죄의 비참과 심각성을 깨닫습니다. 우리의 정체를 발견해야만 되는 이유는, 하나님 앞에서 죄를 깨달을 때에만 구원하시는 하나님을 절실히 목말라하기 때문입니다. 구속주 하나님에 대한 지식은 죄인으로서의 우리 자신에 대한 인식과 필수불가결하게 연결되어 있습니다.[7] 하나님 앞에서 영적인 자기 빈곤을 경험하여 가난한 마음이 되고, 애통하는 마음이 되고, 의(義)에 주리고 목마른 마음이 될 때(마 5:3, 4, 6), 걸레 같고 오물 같은 우리 의(義)를 버리고 그리스도의 의(義)만을 필사적으로 구하고 붙들게 됩니다. 베드로가 그리스도를 메시아로 처음 인식했을 때, 그의 첫 고백은 죄의 비참에 대한 것이었습니다. "시몬 베드로가 이를 보고 예수의 무릎 아래에 엎드려 이르되 주여 나를 떠나소서 나는 죄인이로소이다 하니"(눅 5:8). 파스칼도 『팡세』에서 구원받은 자의 인식과 고백을 이렇게 표현했습니다. "우리 자신의 비참함을 모르고 신(神)을 알게 되면 오만해진다. 신(神)을 모르고 자신의 비참함을 알게 되면 절망에 빠지게 된다. 예수 그리스도를 알게 되면 그 중간을 취하게 된다. 왜냐하면 그를 통해서만 자신의 비참함과 신을 모두 발견하기 때문이다."[8]

하나님 앞에서 절망스러운 죄를 자기 안에서 발견한 자만이 용서하시는 그리스도의 보혈만을 의지하고, 새롭게 하시는 성령의 은총만을 붙듭니다. 죄는 그리스도 안에서 깨달아야 합니다. 왜냐하면 그리스도 안에서만 죄의 진정한 실체를 왜곡 없이 보게 되고, 동시에 용서와 새로운 삶을 부여받기 때문입니다. 오직 그

---

6 John Calvin, *Institutes of the Christian Religion*, ed. John T. McNeil, trans. Ford Lewis Battles(New York: Westminster Press, 1960), I. 1. 1-3. 이후 Calvin, *Inst.*, 권. 장. 절로 표시한다.
7 Calvin, *Inst.*, I. 3. 1-3.
8 블레즈 파스칼, 『팡세』, 정봉구 역(서울: 육문사, 1992), 264.

올인원 하이델베르크 요리문답

리스도 안에서만 하나님과 죄인의 관계가 화목됩니다. 그리스도 밖에서 인간들은 죄를 왜곡된 방식으로 인식하며, 동시에 절망에 빠져듭니다. 그리스도 밖에서 죄인은 하나님을 오직 심판자로 직면할 뿐입니다. 그리스도 밖에서 죄를 발견하는 것은 끔찍한 일입니다. 그리스도의 의(義) 없이 하나님 앞에 다가가는 일은 비극적입니다. 용서 없는, 새로운 삶의 소망이 없는 하나님과의 조우는 절망만을 가져올 뿐입니다.

그러나 그리스도 안에서 죄인 된 나를 발견하는 사람은 복됩니다. 긍휼이 많으신 하나님께서는 그리스도 안에서 죄를 발견한 자들에게 구원의 길을 보여 주시기 때문입니다. 가난한 마음을 지니고 애통하며 의에 주리고 목마른 자에게 하나님께서는 구원의 방법, 영원하고 유일한 위로를 얻는 길을 보여 주십니다. 복음은 죄인에 대한 복된 소식입니다. 하나님께서는 죄의 깊이를 상쇄시킬 깊은 은혜를 복음 안에 예비해 두셨습니다. 십자가에서 계시되는 하나님의 사랑은 절망스러운 죄의 깊이보다 깊고 깊습니다. 복음은 의인을 위한 것이 아니라 죄인을 위한 것입니다. 복음은 죄인을 구원하는 능력입니다. "내가 복음을 부끄러워하지 아니하노니 이 복음은 모든 믿는 자에게 구원을 주시는 하나님의 능력이 됨이라 먼저는 유대인에게요 그리고 헬라인에게로다"(롬 1:16). 죄를 깨달은 자들은 구원을 얻기 위한 모든 헛된 노력과 방법을 버리고 하나님의 말씀이 가르쳐 주신 방법을 깨닫고 붙듭니다. 그들은 오직 믿음으로 그리스도 안에서 용서받고 새 사람이 되는 길을 붙듭니다. 오직 이것만이 하나님과 죄인이 화목할 수 있는 유일한 방법임을 겸손히 받아들입니다.

구원의 은혜를 맛보고 누리는 자에게 합당한 최고의 태도는 감사입니다. 감사는 영원한 위로를 맛본 자만이 가질 수 있는 성도의 태도요 하나님을 향한 반응입니다. 신앙적 감사는 구원론적 감사입니다. 한 인생의 영원하고 궁극적인 위로는 구원에 있기에 성도는 환경을 초월해 감사합니다. 우리의 죄와 비참이 얼마나 저주스러운 것인지를 안다면, 그로부터 구속받은 사실을 감사하지 않을 수 없습니다. 진정한 감사는 세상에서의 일시적인 소유나 우리가 처한 변화무쌍한 환경에 따라 변하지 않습니다. 환경에 따른 감사는 세상에 속한 자의 감사입니다. 성도의 감사는 구원이 주는 견고하고 영원한 위로에 기반합니다. 이런 감사는 환경을 초월하여 나타나는 일관된 감사입니다. 구원론적 감사는 세상에 속한 환경을 초월하여 가장 값진 것을 받았다는 의식, 이 외에 더 바랄 것이 없다는 의식에서 나옵니다. 진정한 구원의 위로는 세상에 속하지 않은 초월적인 가치를 지닙니다. 그것은 세상에서 찾을 수도 구할 수도 없는 가치여서, 그 감사로 세상의 모든 환난을 극복하게 만듭니다. "평안을 너희에게 끼치노니 곧 나의 평안을 너희에게 주노라 내가 너희에게 주는 것은 세상이 주는 것 같지 아니하니라 너희는 마음에 근심도 말고 두려워하지도 말라"(요 14:27).

죄의 비참을 깊이 알수록 구원하신 은혜에 대한 감사도 깊어집니다. 그런 의미에서 감사는 구원의 주된 목적입니다(요일 3:8; 엡 1:5, 6). 우리가 구원을 알고 그 구원에 대해 감사할 때 하나님의 목적이 궁극적으로 이루어집니다. 하나님께서 우리를 구원하신 목적은 구원 안에서 계시된 하나님의 사랑과 영광을 찬양하고 감사하도록 하려는 것입니다. 그래서 감사는 믿음과 위로의 증거가 됩니다. 진정한 믿음은 우리를 예수님과 연합하게 하며, 그리스도 안에 허락된 모든 것을 누리게 합니다. 우리의 최대 감사는 우리가 그리스도의 것, 곧 그의 소유가 된 것에 있습니다. 감사의 마음은 그것을 받아들인 사람이 자신이 받은 것이 선함을 분명히 알고 있다는 증거가 됩니다. 또한 감사는 성도가 거룩해지고자 하는 동기를 제공합니다. 성도는 결코 공로를 쌓기 위해 거룩을 추구하지 않습니다. 성도는 구원에 대한 감사의 동기로 하나님을 섬기고 이웃을 섬기며 살고자 합니다.

하이델베르크 요리문답 1, 2문답은 전체 문답의 서론 역할을 합니다. 이후로 이어지는 문답들은 영원하고 유일한 위로의 근원되시는 그리스도의 복음을 진술해 갑니다. 그리고 2문답에서 언급된 위로 가운데 복되게 살고 죽기 위해 성도가 깨달아야 할 세 가지 진리에 대하여 풍성히 풀어 갑니다. 인생이 깨달아야 할 죄의 비참이 어떤 것인지, 그러한 죄의 비참에서 구원을 받는 방도가 무엇인지, 그리고 구원받은 성도들이 나타내는 거룩한 행위의 동기가 구원의 감사에 있음을 풍성히 진술해 갑니다. 우리는 구속의 위로를 주시는 하나님의 사역을 통해 지극히 존귀하신 삼위일체 하나님의 속성과 성품의 영광으로 인도됩니다.

1. 하나님의 주권과 인간의 의지는 어떤 관계에 있습니까?

2. 하나님께서 성도들에게 율법을 알려 주시는 이유는 무엇입니까?

3. 하나님께서 불신자들에게 율법을 알려 주시는 이유는 무엇입니까?

4. 죄인의 형통을 어떤 시각에서 바라보아야 할까요?

5. 성도들의 범죄를 향해 하나님께서 드시는 채찍은 어떤 의미가 있습니까?

1. 당신은 1문답이 제시한 위로가 필요한 이유를 인식하고
   있습니까?

2. 당신은 당신의 죄의 비참을 분명히 인식한 적이 있습니까?

3. 당신은 죄의 비참으로부터 해방되고 유일한 위로를 얻기
   위한 방법을 인식하며 믿음으로 수용하였습니까?

4. 당신의 감사는 세속적입니까? 성경적입니까? 당신이 모
   든 상황에서 감사해야 하는 이유를 "유일한 위로"와 관련
   하여 고백해 봅시다.

5. 당신은 선행을 추구할 때, 그 힘과 동기를 어디에서 얻습니
   까?

죄의 비참에 대하여

Knowing! sins and misery

3-5문답

올인원 하이델베르크 요리문답

2

2강: 죄의 비참에 대하여

1. 율법은 죄의 비참을 깨닫게 하는 거울

· 인간 비참의 궁극적 원인은 죄이다.
· 죄가 비참한 이유는 죄가 인간에게 반드시 비참한 결과를 가져오기 때문이다.
· 죄의 삯은 사망이며, 사망은 존재의 소멸이 아니라 하나님과의 관계 단절이다.
· 첫째 사망과 둘째 사망을 가져오는 죄의 두 가지 결과는 죄책과 오염이다.
· 완전하고 엄중하게 요구하는 율법은 죄의 비참을 깨닫게 하는 거울이다.

2. 완전한 것을 요구하는 율법과 전적 타락하여 무능한 인간

· 율법은 완전한 것을 엄중하게 요구하는 의(義)의 표준이다.
· 율법은 마음과 목숨과 뜻과 힘을 다하여 하나님을 사랑하라 요구한다.
· 율법은 하나님을 향한 사랑의 실현으로서 이웃 사랑을 요구하나 하나님 사랑에 우선순위를 둔다.
· 믿음과 사랑은 인과 관계여서 믿음이 사랑을 낳으며, 믿음과 사랑은 분리되지 않지만 구분된다.
· 율법의 요구는 완전하고 엄중하여 신자와 불신자를 막론하고 율법의 요구에 미칠 수 없다.
· 불신자는 부패하여 죄의 지배 속에 있기에 율법의 요구를 이룰 수 없고, 거듭난 신자에게는 죄가 지배력을 잃었음에도 그는 남겨진 죄의 잔재로 말미암아 율법을 완전히 지킬 수 없다.
· 신자나 불신자나 스스로의 행위로 의(義)에 이를 수 없다.

1. 율법은 죄의 비참을 깨닫게 하는 거울(3문답)

인간의 비참은 어디로부터 올까요? 불신자들을 살펴보면, 어떤 이들은 자신 안에서 비참과 같은 것을 느끼지 못합니다. 반대로 어떤 이들은 자신 안에서 큰 비참을 느끼곤 합니다. 그런데 어디에 속하였든 자연인들이 비참하다고 생각하거나 비참하지 않다고 생각하는 기준은 세상적인 것을 넘어서지 못합니다. 그 기준들은 수없이 많을 것입니다. 예를 들면, 학력, 경제적 빈부, 인간관계에 있어 원만함이나 상처, 계획한 일들의 성취나 실패, 성격 등등. 그러나 자신의 비참을 부정하는 이들이나 비참한 이유를 세상에서 찾는 이들이나 모두 성경이 가르치는 비참을 영적으로 인식하지 못했다고 할 수 있습니다. 성경은 모든 사람들이 비참한 존재라고 규정합니다. 그리고 인간이 궁극적으로 비참할 수밖에 없는 이유를 "죄"라고 가르칩니다. 인생의 비참의 본질이 하나님 앞에서 죄를 짓고 하나님과의 관계가 파괴되어 하나님과 단절된 데 있다고 성경은 가르칩니다.

　죄가 비참한 이유는 죄가 인간에게 반드시 비참한 결과를 초래하기 때문입니다. 죄의 결과는 언제나 형벌을 수반합니다. 성경은 엄중한 하나님의 목소리로 또렷이 죄인들에게 경고합니다. "죄의 삯은 사망이요"(롬 6:23). 사망은 하나님과의 분리입니다. 죄를 범한 자는 하나님과 분리됩니다. 그리고 하나님과의 분리는 한 인생을 생명으로부터 소외시킵니다. 물고기가 물에서 벗어나면 살 수 없듯, 하나님과 단절된 죄인은 하나님 안에만 존재하는 생명과 선(善)을 모두 상실하게 됩니다. 인간의 연수가 길어야 120살이지만, 하나님의 시야로 본다면 그 120년은 물에서 튀어나와 호흡이 끊어져 가는, 팔딱거리다 곧 죽어 부패될 물고기의 짧은 생과 다를 바 없습니다. "여호와여 나의 종말과 연한이 언제까지인지 알게 하사 내가 나의 연약함을 알게 하소서 주께서 나의 날을 한 뼘 길이만큼 되게 하시매 나의 일생이 주 앞에는 없는 것 같사오니 사람은 그가 든든히 서 있는 때에도 진실로 모두가 허사뿐이니이다(셀라)"(시 39:4-5).

죄를 지은 자는 사망의 지배를 받게 됩니다. 하나님과의 단절로서 죽음은 두 가지입니다. 첫째는 "첫째 사망"입니다. 첫째 사망은 영혼과 육체의 분리를 의미합니다. 불신자의 영혼이 육체를 떠나면 육체는 죽고 분해되어 흙으로 돌아가고 그의 영혼은 지옥에 떨어집니다. 둘째는 "둘째 사망"입니다. 마지막 심판 때 그들은 "사망의 부활" 가운데 영원한 고통의 장소에서 영혼과 육체로 영원히 형벌을 받게 됩니다. 따라서 사망은 단지 생명의 소멸이 아니라 하나님과의 영원한 관계 단절이며 그로부터 비롯된 저주와 고통을 의미합니다. 성경은 분명히 경고합니다. "한 번 죽는 것은 사람에게 정해진 것이요 그 후에는 심판이 있으리니"(히 9:27).

지옥은 영원하고 완전한 하나님과의 단절입니다. 지옥에서 죄인은 일반은총과 특별은총에 속한 모든 선한 것으로부터의 단절을 경험할 것입니다. 지옥에는 선(善)이라고 할 만한 것이 전혀 존재하지 않습니다. 하나님께서 지으신 것은 모두 선합니다. 하나님께서는 물 한 방울도 선하게 지으셨습니다. 지옥에는 물 한 방울도 존재할 수 없습니다. 왜 그렇습니까? 한 방울의 물은 하나님께서 지으신 일반은총의 한 부분이기 때문입니다. 절대적이고 완전한 하나님과의 단절이 있는 지옥에 그 어떤 선도 허락될 수 없습니다. 부자와 나사로에 관한 예수님의 말씀에서, 지옥에 들어간 부자는 물 한 방울을 구하였지만 그것이 허락되지 않았습니다(눅

16:24-26). 우리 인생의 길이는 그저 한 뼘에 지나지 않습니다. 이생에서는 죄인에게도 일반은총이 허락되어 태양의 따스한 빛을 잠시 누릴 수 있지만, 그들에게 진정한 생명은 존재하지 않습니다. 죄책을 가진 자에게 최대의 형벌은 오염입니다. 사망이 그들에게 임하였고(롬 6:23), 그들에게는 사망의 썩을 것이 들어와 그들은 영적으로 이미 죽어 있으며(엡 2:1), 죽음에 드리우는 온갖 부패가 그들의 육체와 영혼 곳곳에 스며 있습니다.

죄의 결과는 두 가지로 요약됩니다. 죄는 죄책과 그 형벌로서 부패 혹은 오염을 가져옵니다. 모든 사람은 생(生)을 시작할 때, 행위 언약[1]에 근거해 언약의 머리인 아담 안에서 그의 죄책을 전가(轉嫁, imputation) 받습니다. 죄책을 전가받은 죄인은 하나님과 단절됩니다. 그는 생명으로부터 단절되어 오염된 존재로 생을 살아가게

---

1   행위 언약과 은혜 언약: 행위 언약과 은혜 언약은 성경에 나타난 하나님께서 세우신 언약의 두 구분이다. 언약은 인간을 향한 하나님의 관계 방식이라 할 수 있다. 언약이 언약으로 불릴 수 있는 요소가 있는데, 그것은 언약의 "당사자", 두 당사자 간의 관계를 규정짓는 조건, 그리고 조건이 만족될 때 주어지는 "약속"과 조건이 충족되지 못할 때 주어지는 "위협"이다. 행위 언약도 은혜 언약도 이러한 언약의 요소들을 갖추었기에 언약이라 부른다.
    첫째, 행위 언약은 하나님께서 인간을 지으시고 창조주와 피조물의 관계를 넘어서 타락 전에 언약적 관계를 맺으시며 인류의 첫 조상 아담에게 순종을 조건으로 영생을 약속하신 주신 최초의 언약이다. 아담은 이 언약에서 인류의 대표자로 서 있었기에 그의 순종과 불순종이 모든 인류의 생명과 죽음을 결정하게 되었다. 하나님은 아담에게 하나님의 형상을 주시고, 타락 전 아담 안에 "원의"를 주심으로 그가 완전하게 순종할 수 있게 창조하셨다. 게다가 인간이 초월적이고 완전하신 하나님께 다가서는 것이 불가능하기에, 하나님께서는 자신을 인간의 위치로 낮추셔서 인간에게 찾아오셨고 관계하시며 언약을 맺으셨다. 이처럼 행위 언약은 구속적 자비와 구별된 의미의 자비의 요소가 있으며 하나님께서 주권적으로 맺으신 언약이다.
    둘째, 은혜 언약은 행위 언약을 파기한 아담의 채무를 그리스도께서 갚으심으로 그리스도를 믿는 자들에게 하나님과의 화목과 거룩하게 하시는 약속을 베푸시는 언약이다. 은혜 언약은 아담의 범죄 후 전적 타락하여 철저히 무능해진 인간을 위해 새로운 경륜으로 맺으신 언약이다. 아담과 아담 안에 있는 전 인류는 행위 언약 파기로 말미암아 육적인 죽음과 영원한 형벌(지옥)을 받도록 정죄되었고, 아담이 이루지 못한 완전한 순종에 이르러야만 하나님의 공의를 만족시켜 구원을 받을 수 있게 되었다. 그러나 타락한 인간이 이 채무를 갚는 것은 절대 불가능하다. 따라서 성육신하신 예수님께서 인간을 대신해 형벌을 받으시고(수동적 순종), 율법의 요구를 만족시키심으로(능동적 순종), 아담 안에서 모든 인류가 진 채무를 해결해 주셨다. 하나님께서는 은혜 언약 안에서 그리스도를 믿는 택자들에게 그리스도의 의를 전가하셔서 용서하시고 용납하심으로 당신과의 관계를 회복하시고, 성령을 베풀어 거듭나게 하셔서 거룩한 새 삶과 생명을 허락하신다. 은혜 언약은 이처럼 오직 믿음 안에서 오직 은혜를 통해 구원하시는 약속으로 주어진 언약이다. 물론 거듭난 성도들에게도 불순종을 향한 위협이 존재하지만, 그들은 은혜 언약 안에서 성화의 거룩한 삶으로 부름을 받았기에 그들에게 위협은 죄를 죽이고 교정하는 의미의 징계일 뿐이다. 은혜 언약 안에서 참된 신앙으로 구원받은 성도들은 견인의 은혜 가운데 결코 버림을 받거나 구원에서 탈락하지 않는다. 그러므로 행위 언약의 자비와 구별하여 은혜 언약의 자비는 구속적 자비(redemptive grace)라 부른다. 은혜 언약은 옛 언약(구약)과 새 언약(신약)으로 구분되는데, 전자는 예표요 후자는 성취다. 옛 언약과 새 언약 사이에 시행의 차이는 있지만 본질은 하나인 은혜 언약이다.

됩니다. 인간은 이처럼 원죄(原罪, original sin)를 지니고 태어납니다. 첫째 아담 안에서 태어난 모든 사람은 그가 진 죄책으로 양심의 속박과 정죄와 형벌의 두려움 속에서 살아야만 합니다. 또한 원죄로부터 온 부패로 말미암아 늘 어둠의 일을 행하며 추한 모습으로 살아가게 됩니다. 그는 언제나 죄 짐에 눌려 있으며, 그의 양심은 정죄 아래 짓눌립니다. 많은 사람들이 자신들에게 문제가 없고 하나님을 믿을 필요가 없다고 생각하며 자신의 뜻대로 살려 하지만, 실상 그들 속에 양심은 억눌려 있습니다.

그들의 이성은 어두워져 하나님을 모르고, 그들의 의지는 부패하여 하나님을 향해 사악한 일들만을 원하고 사랑하게 되었습니다. 그들의 의지는 언제나 하나님을 향한 증오로 그분을 반대하고 어둠을 붙잡습니다. 그들은 하나님 앞에서, 하나님을 위하여 무엇인가를 바라고 선택하며 살지 못합니다. 사망 안에 있는 죄인은 전인격 안에 죄의 독소가 두루 퍼져 부패하지 않은 부분이라고는 찾아볼 수 없게 전적으로 타락하였습니다. 이러한 오염과 부패는 인간을 괴로움과 고통 속에 신음하다 영원히 멸망케 합니다. 죄책은 하나님과의 연합을 끊어 내는 형벌로 나타난다면, 하나님과 분리됨은 그 단절로 말미암아 또 다른 죄를 짓게 하고 더 큰 죄 속에 속박되게 만듭니다. 죄인이 되어 죄를 짓는 존재가 된다는 것 자체가 하나님과 단절된 영혼의 가장 큰 형벌이며, 하나님 없이 죄를 짓고 있는 그 자체가 하나님의 진노와 정죄이며 형벌입니다. "마음에 하나님 두기를 싫어하매 하나님께서 그들을 그 상실한 마음대로 내버려 두사 합당하지 못한 일을 하게 하셨으니"(롬 1:28). 죄책으로부터 비롯된 형벌 중 최고의 형벌은 하나님께서 죄 가운데 '내버려 두시는' 관계 단절이요 연합의 끊어 냄입니다. 우리는 이것을 하나님의 '유기'(遺棄)라 부를 수 있습니다. 죄인이 저지르는 가장 어리석은 일은 생명의 근원되시는 하나님을 버리고 스스로 물을 가두지 못하는 터진 웅덩이를 판 것입니다(렘 2:13). 하나님 안에만 선한 것이 존재하기 때문입니다. 그를 떠나면 사망만이 드리울 뿐입니다. "사람이 내 안에 거하지 아니하면 가지처럼 밖에 버려져 마르나니 사람들이 그것을 모아다가 불에 던져 사르느니라"(요 15:6).

따라서 구원은 죄의 결과인 죄책과 오염으로부터 벗어나고 해방되는 것입니다. 구원은 죄책의 제거로서 칭의이며, 구원은 오염의 제거로서 중생과 성화입니다. 구원이란 죄책과 오염으로부터 발생한 하나님과의 단절에서 벗어나는 것입니다. 구원은 하나님께 돌아가고 하나님께 연합하여 하나님 안에만 존재하는 영원한 생명을 누리는 것입니다. 이렇게 구원을 받으려면 먼저 죄가 해결되어야 할 문제임을 깨달아야 합니다. 그러므로 이미 2문에서는 우리의 죄와 비참이 얼마나 큰지를 깨달아야 한다고 가르쳤습니다. 3문은 이 비참을 어떻게 깨달을 수 있는지 좀 더 구체적으로 가르칩니다.

하이델베르크 요리문답 3문은 율법의 역할 중에 "거울의 용도"를 가르칩니다. 죄를 깨닫게 하는 기능입니다. 거울은 정직합니다. 비추인 대로 보여 줍니다. 백설공주에서 사악한 왕비가 "거울아 거울아 세상에서 제일 예쁜 여자가 누구냐?" 물었지만 거울은 결코 왕비님이 가장 예쁘다고 말하지 않습니다. 거울은 정직하게 백설공주를 지칭합니다. 아무리 도덕적으로 스스로를 완전하다고 생각하는 사람들도 율법의 거울 앞에서 "거울아 거울아 누가 이 세상에서 가장 의로운 사람이냐?" 묻는다면, 거울은 "너는 하나님의 저주와 진노 아래 있는 죄인일 뿐이야, 의로우신 이는 오직 예수 그리스도 뿐이란다!"라고 냉정히 정죄하고 예수님을 믿으라 권유할 것입니다. 우리 수준의 의(義)는 하나님의 수준에서 볼 때 누더기요 오물일 뿐입니다. 누구든 그리스도를 필요로 하는 죄인일 뿐입니다. 그래서 모두는 오늘도 그리스도를 신앙으로 붙들어야 합니다.

율법은 병든 자의 몸속에 깊이 숨어 있는 병증을 드러내 주는 영적 엑스레이,

CT, MRI 같은 것입니다. 성령께서 죄인을 회개시키실 때 율법을 사용하십니다. 성령께서는 성도들을 성화시키시기 위해 그들의 불완전함을 율법으로 드러내 주십니다. 그러므로 성도들은 율법을 주야로 묵상하면서 자신의 삶을 거울로 들여다봐야 합니다. 교회는 분명하게 율법을 가르치고 선포해야 합니다. 그래야 우리 안의 죄성을 보게 됩니다. 불신자들은 교회가 바로 가르치고 전한 율법을 듣고 성령으로 말미암아 죄를 깨닫고 회개하고 회심합니다. 성도들은 율법을 묵상하고 들을 때, 자신의 남겨진 죄들을 매일매일 회개하며 성화됩니다. 율법은 완전하고 엄중하게 요구합니다. 그러므로 율법은 하나님의 수준에서 선을 보여 줍니다. 율법은 하나님의 성품을 계시하고, 그에 합당한 삶의 표준을 제공합니다. 그래서 율법 앞에서만 우리는 자신의 처지를 분명하게 깨닫게 됩니다. 우리는 율법으로 자신을 들여다보고, 우리의 때 묻은 얼굴을 씻기 위해 예수님의 보혈을 구합니다.

그러므로 죄의 비참에 관한 참된 지식은 율법으로부터 옵니다. "율법으로는 죄를 깨달음"이기 때문입니다(롬 3:20). 율법은 모든 죄인들에게 우리가 어떤 처지에 있는지를 검증시켜 줍니다. 성령께서는 자신이 무슨 위험과 질병에 걸렸는지를 알지 못하고 영원한 형벌을 향해 질주하는 어리석은 인생들에게, 율법을 통해 그들이 큰 질병에 걸려 있음을 진단해 주십니다. 더 정확히 말하면 율법은 그들이 사망 가운데 사로 잡혀 있음을 진단해 줍니다. 율법은 율법에 기록된 모든 것을 지켜야 한다고 하나님의 수준에서 명령하며, 실상 인간이 어떤 수준의 나락으로 떨어져 내렸는지를 알게 해 줍니다(신 27:26). 4문답은 죄의 지배 아래 놓인 죄인의 비참이 얼마나 깊고 심각한 것인지를 더욱 구체적으로 교훈해 줄 것입니다.

2. 완전한 것을 요구하는 율법과 전적 타락하여 무능한 인간(4-5문답)

완전한 것을 엄중히 요구하는 율법의 본성

예수님께서는 마태복음 22:37-40, 누가복음 10:27의 말씀을 통해 율법이 무엇을 요구하고, 어떤 수준에서 요구하는지를 가르쳐 주셨습니다. 그리고 이 구절들은 신명기 6:5과 레위기 19:8에 나타난 율법의 골자와 맥을 같이 합니다. 예수님께서는 "이 율법의 말씀을 실행하지 아니하는 자는 저주를 받을 것이라"(참고. 신 27:26; 갈 3:10)는 선언이 무엇을 의미하는지를 설명하신 것입니다. 즉, 본문의 말씀을 통해 율법이 요구하는 수준을 가르치려 하신 것입니다. 예수님의 말씀에서 우리가 주목할 점은 율법이 인간에게 사랑과 순종을 요구하는 수준에 관한 것이며, 율법의 완전하고 엄중한 요구 앞에 선 인간의 상태가 어떠하냐는 것입니다.

마음을 다하여 하나님을 사랑한다는 말의 의미는 성경을 통해 자신을 알려 주신 대로 하나님을 창조주요 구속주로 알고[2], 그분과의 바른 관계 안에서 그의 영광과 사랑에 응답하는 것입니다. 그의 창조와 구속 사역을 통해 알 수 있는 하나님은 무한히 선하시고 거룩하신 분입니다. 그러므로 창조와 구속 안에서 계시된 하나님은 신성한 영광과 빛을 가지셨습니다. 하나님을 사랑한다는 말은 이렇게 유일하시고 위대하신 하나님과 합당한 태도로 관계하며, 그에게서 발하는 영광과 빛을 우러러 높이고, 사모하고, 즐거워하고, 신뢰하는 것을 의미합니다. 그리고 그의 성품과 영광에 어긋난 생각과 행위가 결코 없도록 해야 하며, 이런 것들로 하나님의 영광을 욕되게 하여 하나님을 불쾌하게 만들지 않는 태도를 가리킵니다.

하나님의 율법은 하나님의 유일하심(유일성)을 가르칩니다. "너는 나 외에는 다른 신들을 네게 두지 말라"(출 20:3). 하나님은 오직 한 분이십니다. 하나님은 절대

---

2 Calvin, *Inst.*, I. 6. 1.

적인 영광과 위엄과 선(善)을 가지십니다. 그와 비교될 대상이 없으므로, 그를 향한 사랑도 절대적이어야 합니다. 그러므로 다른 대상을 향한 사랑과 구별해 하나님을 마음과 목숨과 뜻을 다해 사랑하라고 율법은 가르칩니다. 하나님보다 다른 대상을 더 사랑할 수 없습니다. 그리고 하나님의 영광을 썩어질 피조물의 영광으로 대체해서도 안 됩니다(롬 1:23). "너를 위하여 새긴 우상을 만들지 말고 또 위로 하늘에 있는 것이나 아래로 땅에 있는 것이나 땅 아래 물속에 있는 것의 어떤 형상도 만들지 말며"(출 20:4). 하나님을 향한 우리의 사랑은 그런 의미에서 예배와 경배, 찬양으로 표현됩니다(출 20:8). 하나님을 향한 사랑은 우리가 소중히 여기는 모든 것들을 넘어, 모든 고난을 감수하고서라도 드려야 하는 것입니다. 인간이 살아가는 최고의 목적과 복락은 유일하시고 최고선이신 하나님과의 연합과 교제 안에서 그분과 바른 관계를 맺는 것입니다. 그리고 그분의 영광의 빛을 받아 그에 합당하게 응답하는 삶입니다. 이것이 하나님을 향한 사랑이라 할 수 있습니다. 웨스트민스터 소요리문답 1문답이 고백하듯이, "인간의 제일 되는 목적은 하나님을 영화롭게 하며, 영원토록 그를 즐거워하는 것입니다."

우리가 하나님을 사랑할 수 있는 이유, 하나님께서 먼저 사랑하시고 찾아와 주심

하나님께 사랑으로 응답하며 살아야 하는 이유는 그분께서 우리의 하나님이 되어 주셨기 때문입니다. "너희는 내 백성이 되겠고 나는 너희들의 하나님이 되리라"(렘 30:22). 이것이 하나님께서 우리에게 은혜로 주신 약속의 본질입니다. 사랑한다는 것은 서로 바른 관계 안에 산다는 말입니다. 하나님께서 주권적인 사랑으로 자신의 아들을 내어 주심으로 당신께서 우리에게 은혜로 주신 약속을 성취하셨습니다. 그분께서 우리에게 사랑하라고 요구하시되, "주 너의 하나님"을 사랑하라고 말씀하십니다. 그렇습니다. 그분은 우리의 하나님이 되어 주셨고, 그렇기 때문에 우리는 하나님을 사랑할 수 있습니다. 우리가 그를 알기 전에 그분께서 먼저 우리를 아셨고, 우리가 그를 사랑하기 전에 그분께서 먼저 우리를 사랑하셨습니다. 그분은 말씀으로 그리스도 안에서 자신을 계시하셨고, 당신의 아들을 십자가에 내어 주셨고, 우리를 구원하시기 위해 그를 일으키셨습니다. 그분께서 먼저 값없이 우리를 은혜로 건져 주시고 십자가로 그의 사랑을 확증하셨습니다.

우리가 하나님을 사랑한다는 말은 받은 사랑을 향한 응답이며 감사여야 합니다. 그분의 영광과 빛을 받아 우리는 반사할 뿐입니다. 하나님을 향한 사랑조차 우리의 것이 아니라 그분의 것으로 받아 돌려 드릴 수 있습니다. 그러므로 하나님을 예배하지 않고, 섬기지 않고, 거역하고, 그와 그릇된 관계를 맺는 모든 일은 배은망덕(背恩忘德)입니다(롬 1:21). 하나님께서 자비로 언약을 맺으시고, 언약의 약속을 아들의 죽음과 부활을 통해 성취하셨습니다. 하나님께서 우리를 먼저 사랑하셨고 우리를 자녀 삼아 주셨습니다. 은혜 언약은 하나님과 그 백성의 사랑의 관계로 요약됩니다. "나는 그들의 하나님이 되고 그들은 내 백성이 될 것이라"(렘 31:33).

인간에게 요구된 하나님을 향한 사랑의 무게

① 네 마음을 다하고

마음은 우리 존재의 중심입니다. 마음이 우리의 애착과 욕망과 성향들을 결정합니다. 마음은 우리의 중심이기에 우리 전체를 지배합니다. 가장 귀한 분은 우리의 마음 전체가 하나님을 향하기를 바라십니다. 그래서 우리의 마음 전부가 하나님을 향해야 합니다. 최고선, 절대자이신 하나님께서 마음의 일부에만 머무르실 수 없습니다. 우리가 우리 마음의 일부만을 하나님께 드린다면 그것은 우상을 숭배하는 것이 됩니다. 즉, 온 마음으로 하나님을 사랑해야 합니다. 그분보다 더 선호하는 것이 있어서는 안 됩니다. 그분과 동등하게 선호하는 것이 있어서도 안 됩니다. 전심으로 하나님 앞에 행해야 하고, 전인을 굴복시켜야 합니다. 마음을 드린다는 것은 우리 존재의 전부를 드린다는 의미입니다.

그러나 오직 하나님만을 사랑하라는 말씀이 이웃과 부모와 친족들을 향한 사랑을 등한히 하라는 의미는 아닙니다. 여기서 금한 것은 태도이지 그 사랑 자체가 아닙니다. 즉, 이웃과 부모와 친족들을 사랑하되, 하나님을 최고로 사랑하고, 그 하나님의 사랑 안에서 다른 것을 사랑하는 태도를 가지라는 의미입니다. 다른 것을 향한 사랑이 하나님을 향한 사랑 안에서 이루어져야 한다는 말입니다. 즉, 하나님을 거스를지언정 부모를 거스르지 않는 그런 사랑을 금한 것입니다. 우리는 주 안에서 부모를, 친족을, 이웃을 사랑해야 합니다.

② 네 목숨을 다하고

여기서 목숨(soul, 혼)은 우리 존재 중에서 의지를 담당하는 부분을 뜻합니다.[3] 그러므로 이 말씀은 우리 의지가 하나님께서 기뻐하시는 것을 지향하여 그를 사랑해야 한다는 의미입니다. 우리의 모든 의지와 목적을 전부 드려 하나님을 사랑해야 합니다. 우리는 중심, 마음을 다하여, 하나님을 지향하는 삶을 살아야 합니다. 모든 삶이 하나님의 영광과 사랑을 지향하고 목적해야 합니다. 그러므로 바울 사도는 이렇게 가르칩니다. "너희가 먹든지 마시든지 무엇을 하든지 다 하나님의 영광을 위하여 하라"(고전 10:31).

---

3 Zacharias Ursinus, 『하이델베르크 요리문답 해설』, 원광연 역(서울: 크리스챤다이제스트, 2006), 72–73.

③ 네 뜻을 다하고

여기서 뜻(mind, 정신, 지성)은 깨달음 혹은 자각하는 작용을 의미합니다.[4] 그러므로 우리 앎의 최고의 지향점은 하나님이어야 합니다. 세상의 모든 것을 알면서도 하나님께 무지하다면 어리석은 것입니다. 그에게는 구원이 없습니다. 그러므로 하나님을 아는 것이 사랑하는 것이기도 합니다. 우리는 하나님을 아는 만큼 그를 사랑합니다. 물론 하나님을 아는 사람이 반드시 하나님을 사랑하지는 않지만, 하나님을 사랑하면서 하나님을 모를 수는 없습니다. 우리는 하나님을 사랑하기 위해 그분을 알아야 합니다. 하나님께 순종하고 하나님을 사랑하는 삶이 진보하기 위하여 하나님을 알아가는 일에 힘써야 합니다. 그러므로 예수님께서는 "참 하나님과 그 보내신 자 예수님을 아는 것이 영생이라"(요 17:3)고 가르치십니다. 또 "그러므로 우리가 여호와를 알자 힘써 여호와를 알자"(호 6:3)라고 성경에 기록되어 있습니다. 하나님을 모르고, 하나님의 성품과 은혜를 모르고, 그의 뜻을 모르면, 우리는 배은망덕해지고 방황과 거역의 길을 갈 수밖에 없습니다. "하늘이여, 들으라. 땅이여, 귀를 기울이라. 여호와께서 말씀하시기를 내가 자식을 양육하였거늘 그들이 나를 거역하였도다. 소는 그 임자를 알고 나귀는 그 주인의 구유를 알건마는 이스라엘은 알지 못하고 나의 백성은 깨닫지 못하는도다 하셨도다"(사 1:2-3).

④ 네 힘을 다하여

이 말은 우리의 내적인 것과 외적인 것에 속한 모든 행위와 활동들을 다하여 사랑하라는 의미입니다.[5] 우리의 마음과 행실이 하나님의 율법과 일치되도록 하는 것이 그를 사랑하는 것입니다. 율법은 하나님의 성품을 반영하고 있기 때문입니

---

4 Zacharias Ursinus, 74.
5 Zacharias Ursinus, 74.

다. 우리는 하나님의 성품에 합당한 태도로 그에게 응답하여야 합니다. "나의 계명을 지키는 자라야 나를 사랑하는 자니"(요 14:21).

사랑의 우선순위

하나님을 향한 계명은 인간을 향한 계명들의 근원입니다. 다른 계명들은 이 계명에서 나온 것입니다. 후자가 아니라 전자가 다른 계명들을 순종하도록 만드는 유효적이며 최종적인 원인입니다.[6] 이웃을 사랑하는 것은 우리가 하나님을 사랑하기 때문이요 또한 이웃을 향한 사랑은 하나님을 향한 우리의 사랑을 드러냅니다. 이 계명이 다른 계명보다 큰 이유는, 그 사랑이 지향하는 직접적인 대상이 가장 크신 하나님이시기 때문입니다. 하나님을 향한 사랑이 인간을 향한 사랑과 분리된 것이라기보다는 하나님을 향한 사랑의 계명은 다른 모든 계명들이 바라보는 목표가 되어야 합니다. 그러므로 우리는 "그리스도 안에서" 다른 계명들을 순종하는 것입니다. 주를 사랑하는 사람은 주 안에서 부모를 사랑하고, 주 안에서 부부가 사랑하며, 주 안에서 자녀를 사랑하고, 주 안에서 이웃들을 사랑해야 합니다. 그러나 그 반대일 수는 없습니다.

믿음과 사랑의 관계

하나님을 사랑하는 것이 가장 큰 계명이라면, 하나님을 사랑하는 것이 믿음보다 큰 것입니까? 오히려 믿음보다 그 사랑이 의롭다 하심을 얻게 하는 것 아닙니까? 그렇지 않습니다. 사랑은 그리스도의 의(義)를 취하지 못합니다. 믿음만이 그리스도의 공로를 깨닫고 받아들입니다. 사랑은 오히려 믿음에서 샘솟은 결과입니다. 믿음은 다른 모든 순종들의 원인입니다. 왜냐하면 그 모든 순종을 행할 수 있

---

6 Zacharias Ursinus, 74.

도록 만드는 은혜가 그리스도 안에만 있는데, 믿음만이 우리를 그리스도와 연합시키기 때문입니다. 믿음과 사랑은 인과(因果)의 관계입니다. 사랑이 믿음을 낳는 것이 아니라, 믿음으로 연합할 때 그리스도 안에서 사랑이 나타납니다. 믿음으로 먼저 그리스도와 연합되어야 그리스도로부터 거룩한 성품을 제공받게 됩니다. 용서(칭의)가 그리스도 안에 있다면, 거룩(성화)도 그리스도 안에 있습니다. 믿음만이 그리스도를 붙듭니다. 믿음만이 그리스도와 우리를 연합시킵니다. 그리고 연합되면 그리스도 안에서 은총의 열매가 맺힙니다. 사랑은 믿음의 열매요 결과입니다. 그 논리적, 인과적(因果的) 역순(逆順)은 존재하지 않습니다. 하지만 그렇게 이해될 때 공로신학이 싹틉니다. 믿음은 사랑이 아니고 사랑은 믿음이 아닙니다. 그러나 믿음은 사랑을 낳습니다. 믿음과 사랑은 분리되지 않지만 구별됩니다.

하나님 사랑으로부터 흘러나오는 이웃 사랑

이웃을 향한 사랑은 하나님을 사랑하는 데서 나옵니다. 태양의 빛을 받아 달이 빛을 내듯이, 하나님의 사랑이 우리의 마음에 부어질 때, 우리는 이웃을 사랑하게 됩니다. 이웃 사랑의 근원은 하나님의 은혜이면서, 우리의 이웃 사랑은 하나님의 사랑을 받고 깨달은 자에게서 나오는 감사의 열매입니다. 그러므로 하나님을 향한 사랑이 이웃을 향한 사랑으로 표현됩니다. 우리가 사랑해야 할 이웃은 먼저는 그리스도 안에 있는 성도들이요, 둘째는 세상의 모든 이웃들이며, 심지어 원수를 포함합니다.

하나님 사랑과 이웃 사랑은 하나입니다. 하나님의 율법은 우리를 지으신 하나님의 성품, 우리와 언약을 맺으신 하나님의 성품, 그리고 우리의 예배의 대상이신 하나님의 성품을 계시하고 있습니다. 따라서 율법은 우리가 하나님을 어떻게 예배하고, 하나님 앞에서 어떻게 살아야 하는지를 가르칩니다. 율법은 인간을 향한 하나님의 뜻을 계시합니다. 첫 돌판은 물론이요, 둘째 돌판에 기록된 율법은 모두 예배와 그의 백성의 신앙과 삶을 규정하는 법입니다. 율법을 범하는 것은 하나님을 범하는 것입니다. 하나님을 향한 사랑과 이웃을 향한 사랑에 미치지 못하여 두 돌판의 계명을 범할 때, 그 형벌은 동일합니다. 그 형벌은 영원한 것입니다. 무한하신 하나님의 영광을 업신여기는 죄의 형벌은 역시 무한하고 영원한 것이어야 합니다. 율법을 범함은 유한한 사람이나 피조물을 향한 것이 아니라 무한하시고 최고선이신 하나님의 영광을 범함이기 때문입니다. 죄는 하나님의 영광을 짓밟는 행위입니다. 율법을 범한 자가 그리스도 밖에 있다면 그에게 하나님은 오직 심판자로 서 계시며, 그는 하나님의 정죄와 진노와 형벌 아래 있습니다.

그러나 두 돌판의 계명 사이에 차이점도 있습니다. 그 직접적 대상이 다릅니다. 한편은 하나님이요, 한편은 하나님 안에서의 다른 대상들입니다. 그리고 인과적 순서로 보면 하나님 사랑이 원인이요 이웃 사랑은 그 결과입니다. 또한 사랑의 정도에서, 하나님께 최고의 사랑을 드려야 하며 인간을 향한 사랑이 하나님을 향한 사랑보다 커서는 안 됩니다. 하나님께서는 이웃을 우리 자신을 사랑하는 정도로 사랑하라고 하나님 사랑 안에 제한하셨습니다. 하나님께서는 그 성품과 능력 그리고 그 존재와 관련하여 인간과 구별된 거룩하신 분입니다. 그러므로 그를 향한 사랑도 최고여야 하며, 그 사랑이 인간을 향한 사랑과 분리되지 않더라도 구별되어야 합니다.

완전하고 엄중하게 요구하는 율법 앞에 타락한 인간의 절망

율법 전체의 가르침이 십계명에서 요약됩니다. 율법을 향한 순종은 사랑으로부터만 가능하며, 그 동기가 사랑이어야 합니다. 그리고 율법을 향한 순종은 하나님을 향한 사랑의 표현인 것입니다. 율법의 준수 기준은 결국 완전한 사랑의 요구로 나타납니다. 예수님께서 요구하신 율법과 사랑의 수준은 완전하고 엄중합니다. 그러므로 우리는 다음의 질문을 던지게 됩니다. 5문. 그대는 이 모든 것을 완전하게 지킬 수 있습니까? 답변은 절망적입니다. 불신자와 신자를 불문하고 이와 같이 완전하고 엄중한 율법의 요구를 만족시킬 수 있는 사람은 존재하지 않습니다. 전적 타락 안에서 불신자들은 허물과 죄로 죽어 있기 때문이며, 성도 안에 죄가 지배력은 잃었으나 잔재가 남아 있기에 완전한 순종과 사랑을 하나님께 드리는 것은 불가능합니다. 따라서 하이델베르크 요리문답 5문의 답은 이렇습니다. "절대로 지킬 수 없습니다. 나에게는 본성적으로 하나님과 나의 이웃을 미워하는 성향이 있기 때문입니다." 이후로 우리는 율법의 요구 앞에 무능한 죄인의 상태를 살필 것입니다. 그리스도 밖에서 율법의 요구는 모든 사람을 절망시킵니다.

1. 인간의 비참의 궁극적 원인은 무엇입니까?

2. 죄가 인간에게 반드시 가져오는 비참한 결과는 무엇입니까?

3. 성경이 가르치는 "사망"의 의미는 무엇이고 이 "사망"이
   어떤 비참을 가져옵니까?

4. 죄의 두 가지 결과인 죄책과 오염을 설명해 보십시오.

5. 율법은 인간에게 어떤 수준에서 어떤 방식으로 순종을 요구합니까?

6. 율법이 인간에게 요구하는 순종의 무게는 어떠합니까?

7. 믿음과 사랑의 관계는 어떠합니까?

8. 신자나 불신자나 율법으로 자기 의(義)에 이를 수 없는 까닭은 무엇입니까?

1. 당신은 율법을 어떤 수준으로 바라보고 있습니까? 율법을
   우리의 수준이나 상대적 수준으로 바라본 적은 없습니까?

2. 당신은 율법 앞에서 당신 죄의 비참을 분명히 깨달은 적이
   있습니까? 당신은 율법 앞에서 절망하여 당신의 죄를 회
   개하고 그리스도의 의(義)를 구한 적이 있습니까?

3. 많은 사람들이 신앙을 은혜로 시작하지만, 시간이 흐름
   에 따라 자기 의(義)나 공로로 돌아가는 경우가 많습니다.
   당신은 지금 자기 의(義)를 의지해 삽니까? 그리스도의 의
   (義)를 의지해 삽니까?

4. 당신은 당신의 삶 속에서 율법 앞에서의 부패함과 불완
   전함을 깨닫는 일이 신앙적으로 왜 중요하다고 생각합니
   까? 당신은 그 이유를 내적으로 정립하고 있습니까?

죄의 기원과 결과에 대하여

Knowing! origin and results of sins

6-7문답

올인원 하이델베르크 요리문답

내용
한눈에
보기

제3강: 죄의 기원과 결과에 대하여

1. 타락 전 인간은 하나님의 형상을 따라 선하게 지음을 받았다.

· 인간은 죄 없이 하나님의 형상을 따라 지음을 받았으나 죄를 지을 가능성은 있었다.

· 인간은 영혼과 육체의 연합체로 지음을 받았다.

· 영혼의 기능은 이성과 의지와 정서이다. 이로써 인간은 인격적 존재이며 하나님과 인격적 관계를 맺고 그분과의 연합 안에서 교제할 수 있다.

· 영혼의 기능들은 하나님께서 원의(原義)를 주심으로 올바름을 가질 수 있었다. 원의는 지식과 거룩과 의(義)로서 좁은 의미의 하나님의 형상을 의미한다.

· 넓은 의미의 하나님의 형상은 인간이 인간으로 불릴 수 있는 요소이고, 좁은 의미의 하나님의 형상은 하나님과 바른 관계를 맺을 수 있는 요소이다. 타락 후 전자는 부패하고 일그러진 상태로 잔재하고, 후자는 소멸되었다.

· 하나님께서 인간을 자신의 형상을 따라 지으신 이유는 하나님의 영광과 인간을 복되게 하시기 위함이었다.

2. 죄의 기원

· 하나님께서 아담과 자연적 관계를 넘어 행위 언약을 맺으셨다.

· 행위 언약은 원의를 통해 완전한 순종을 행하는 조건으로 영생의 약속을 맺은 것이다.

· 아담은 행위 언약의 대표 지위를 받았고 연대성의 법칙에 따라 모든 인류는 그 안에서 서거나 넘어지게 되었다.

· 아담이 처음 지은 죄를 최초의 죄(primal sin)라고 한다.

· 아담 안에서 모든 사람에게 아담의 죄책이 전가되고, 형벌로서 오염이 발생하였다. 이를 원죄(原罪)라고 부른다. 원죄는 자범죄의 샘이요 근원이다.

· 아담은 뱀의 배후에서 역사하던 사탄의 유혹과 스스로의 선택으로 타락
  했다.
· 죄는 율법을 벗어남, 하나님처럼 되고자 함, 하나님으로부터 독립을 선
  언하려는 교만과 탐욕과 이기심이란 본성을 지닌다.
· 죄의 결과는 죄책과 오염이다.
· 성경에서 요구하는 회개는 원죄와 자범죄를 인식하고 행하는 회개이며,
  성경적 죄를 깨달아야 죄인 밖에서 주어지는 의(義), 즉 그리스도의 완전
  한 의(義)를 의지하고 수용하게 된다.

내용
연구
하기

1. 타락 전 하나님의 형상으로 지음 받아 선했던 인간(6문답)

하이델베르크 요리문답은 4-5문답을 통해 인간이 완전하고 엄중한 율법을 만족시킬 수 없음을 진술하였습니다. 율법은 하나님의 성품을 반영하고 완전한 수준에서 엄중히 순종을 요구하기 때문에 신자이든 불신자이든 인간으로서 율법의 요구를 완전히 충족시킬 수 없습니다. 그러므로 하이델베르크 요리문답 6문답은 하나님의 계명에 이르지 못하고 불순종하는 비참한 인간의 상태가 어디로부터 왔는지를 살핍니다. 과연 하나님께서 인간을 원래 이렇게 비참하게 지으셨는지 우리는 묻게 됩니다. 그러나 하이델베르크 요리문답은 절대로 그렇지 않다고 고백합니다. 인간은 사탄의 유혹에 미혹되어 스스로 선택한 불순종과 배역(背逆)으로 사망에 이른 것입니다. 6문답에서는 타락을 다루기 위해 타락 전 인간의 상태를 알려 줍니다. 우리가 얼마나 비참하게 되었는지를 깨닫기 위해서는 우리가 타락하기 전에 얼마나 복된 상태에 있었는지를 인식해야 하기 때문입니다. 그러므로 칼뱅은 죄의 비참을 깨닫기 위해 타락 전 인간의 복된 상태를 아는 일이 중요하다고 가르쳤습니다.[1] 그러면 타락 전 인간의 상태가 어떠했는지 살펴보도록 합시다.

---

1 Calvin, *Inst.*, II. 1. 1.

(1) 죄 없이 하나님의 형상을 따라 지음 받았으나 죄를 지을 가능성이 있었던 타락 전 인간

영혼과 육체의 연합체로서 인간

성경을 보면, 하나님께서 인간을 흙으로 빚으시고 생명 없는 흙덩어리에 생기를 불어넣어 주실 때, 인간은 살아 있는 존재(산 존재, living being)가 되었습니다(창 2:7). 하나님께서 인간에게 생명을 주실 때, 인간은 육체와 영혼이 결합되어 존재를 이루도록 지어졌습니다. 그러므로 인간에게는 육체와 영혼이라는 두 가지 요소가 있습니다. 죄를 지은 후 육체적 죽음을 피할 수 없게 되었는데, 인간의 육체는 분해되어 흙으로 돌아가지만, 영혼은 분해될 수 있는 물질적 요소들의 합성체가 아니기 때문에(영혼의 단순성) 분해되거나 소멸될 수 없습니다. 따라서 영혼은 불멸합니다. 육체적 죽음을 맞이하면, 사람의 육체는 썩어 분해되고, 신자의 영혼은 하나님 나라에 있고, 불신자의 영혼은 지옥에 떨어집니다. 그리고 마지막 심판 때, 성도는 생명의 부활로, 불신자들은 심판의 부활로 일어나 영원한 복락과 영원한 저주를 각각 받게 됩니다.

이성과 의지와 정서라는 영혼의 기능

영혼은 이성(reason)과 의지(will)와 정서(affection)라는 기능을 합니다. 우리는 이 기능을 통해 영혼의 속성을 추론할 수 있고, 인간의 인격(person)을 논할 수 있게 됩니다. 그리고 영혼의 이러한 기능들은 하나님과의 관계에서 중요한 역할을 합니다. 하나님께서는 인간을 하나님과의 연합과 교제 안에서만 살도록 지으셨습니다. 하나님과 이러한 인격적 관계가 가능하려면, 하나님과 그분의 뜻을 인식하고 수용하여 따를 수 있는 인격이 있어야 합니다. 이를 위해 하나님께서 이성과 의지라는 기능과 능력을 인간 안에 창조하셨습니다. 인간은 하나님을 인식하고 그분의 뜻을 선택하며 하나님께 인격적, 도덕적, 종교적으로 반응할 수 있습니다. 인간은 하나님께 영광을 돌리며, 그분께서 내리시는 복을 즐거이 누리도록 지음 받았습니다.[2] 하나님과 연합하고 교제하면서 하나님께 영광을 돌리고 그분의 자비를 누리며 그분께서 주신 청지기 소명에 응답할 수 있는 것은 인간에게 영혼이 있기 때문입니다.

원의(原義)를 주신 하나님을 의존해 나타나는 이성과 의지와 정서의 선한 반응

이성과 의지라는 영혼의 기능은 하나님께 선하게 반응하거나 악하게 반응할 수 있습니다. 인간은 하나님과 하나님의 뜻을 선한 수용력으로 믿고 순종하거나 완악한 무지로 거부할 수 있습니다. 그런데 인간 스스로 바르게 인식하고 바르게 선택할 수 있는 것이 아닙니다. 영혼의 기능이 선을 지향하는 것은 하나님께서 영혼에 선한 자질, 올바름을 주셔야 가능합니다. 이성은 올바로 인식할 능력을 받아야 바르게 인식하고, 의지는 올바로 인식한 것을 선택할 능력을 받아야 선을 선택할 수 있게 됩니다. 이 능력을 하나님께 받지 못하면, 이성은 무지와 왜곡에 빠지고, 의지는 죄악된 것을 사모하고 선택하게 됩니다. 영혼의 이 올바른 자질과 성향은 하나님께서 주신 것이고, 이것을 가리켜 하나님의 형상(image of God) 혹은 원의(原義, original rigteousness)라고 부릅니다(엡 4:24). 하나님께서는 인간에게 영혼을 주셨고, 자신과의 연합 안에서 선을 인식하고 행할 수 있는 올바름을 주셨습니다. 하나님께서는 지식과 거룩과 의(義)와 같은 하나님의 형상을 창조 시 인간에게 부여하셨습니다. 하나님의 형상, 원의라는 영혼의 올바른 자질과 성향을 상실하게 되면, 인간은 선을 인식하고 선택할 수 없게 됩니다. 그러므로 인간의 이성과 의지가 인간 인격의 실재로서 존재하지만, 이 인격의 기능들은 피조물로서 당연히 하

---

2 웨스트민스터 소요리문답 1문답.

나님께 의존할 수밖에 없습니다. 그러므로 자율 이성이나 자율 의지는 존재하지 않습니다. 인간의 인격은 실재하지만, 하나님을 향해 독립적이거나 자율적이지 않습니다. 인간의 영혼은 철저히 하나님과의 관계 안에서 주어지는 자비를 의존합니다. 원래 하나님께서 인간을 이처럼 선하게 지으셨습니다. 그리고 이 선함은 하나님과의 관계와 그분께서 주신 원의, 하나님의 형상 안에 토대하고 의존합니다. 영혼은 하나님의 형상의 좌소가 되었습니다. 그러므로 영혼이 선을 행하는 것은 하나님의 은총이지만, 죄악을 범하는 것은 인간의 책임입니다. 인간이 범죄하는 이유는 영혼이 선을 인식하고 선택할 능력을 상실했기 때문입니다. 하나님과의 관계 안에서만 인간은 선을 행합니다. 그러므로 인간의 의지가 하나님의 은총을 의지하기에 자율 의지(autonomous will)가 될 수 없고, 성경적인 의미에서 인간의 의지는 바라는 것을 인격적으로 행한다는 의미로 '자원의 의지'(voluntary will)라 불릴 수 있습니다.

하나님 형상의 두 측면과 구분

하나님의 형상인 원의를 좁은 의미의 하나님 형상이라고 부르기도 합니다. 위에서 언급한 영혼의 올바름 혹은 원의로서 지식과 거룩과 의(義)는 하나님을 알고 섬기는 것과 관련됩니다. 이 의미 외에도 하나님의 형상은 넓은 의미도 가집니다. 넓은 의미의 하나님 형상이란 말은 인간이 인간되게 하는 것을 가리키기 위해 쓰입니다. 인간이 타락했을 때, 좁은 의미의 형상으로서 원의는 완전히 파괴되었습니다. 에베소서 2:1에서 "허물과 죄로" 죽었다는 말은 바로 좁은 의미의 형상이 완전히 파괴되었다는 의미입니다. 그럼에도 넓은 의미에서 인간에게는 여전히 인간으로 불릴 만한 그 잔재가 남겨져 있습니다. 비록 매우 망가진 모습의 이성과 의지를 지녔지만, 인간은 여전히 땅에 속한 일들을 인식하고 선택하며 수행할 수 있습니다. 일그러진 채 남겨진 넓은 의미의 하나님 형상을 통해 인간은 여전히 학문과 예술 그리고 기예와 법 제도에 속한 분야에서 업적을 남기기도 합니다. 그러나 이성과 의지에 부여되었던 원의(原意)는 완전히 소멸되었기에, 하나님과 관련해서는 그 어떤 것도 행할 수 없습니다. 그러므로 자연인들이 땅에 속한 일과 관련하여 많은 것을 수행할지라도, 하나님과의 연합과 교제의 차원에서는 하나님을 향한 사랑의 동기를 가지고 무엇을 할 수 없습니다. 구원과 관련하여 자연인은 아무것도 할 수 없습니다. 그러므로 모든 인생은 말씀과 성령 안에서 거듭나야 하나님과 관계를 가질 수 있습니다. "예수께서 대답하시되 진실로 진실로 네게 이르노니 사람이 물과 성령으로 나지 아니하면 하나님의 나라에 들어갈 수 없느니라"(요 3:5). 즉, 소멸된 좁은 의미의 하나님 형상이 회복되어야 하나님 나라를 볼 수 있고 참여할 수 있습니다.

(2) 하나님께서 인간을 당신의 형상을 따라 선하게 지으신 목적

인간 창조의 목적은 찬양과 영광을 받으시기 위해서

하나님께서는 인간에게 자신과 자신의 뜻의 영광을 계시하셔서 인간이 그 진리와 빛을 깨닫고 하나님을 영화롭게 하고 그를 영원히 즐거워하도록 지으셨습니다. 인간은 하나님의 존재와 그분의 뜻을 계시를 통해 깨닫고 응답하는 존재로 지음 받았습니다. 인간은 하나님을 찬양하도록 지음 받은 것입니다(사 43:7). "이 백성은 내가 나를 위하여 지었나니 나를 찬송하게 하려 함이니라"(사 43:21).

인간 창조의 목적은 인간에게 행복과 복락을 주시기 위해서

하나님 안에는 절대선과 절대 진리 그리고 절대미가 있습니다. 그분은 최고선이십니다. 인간은 진선미의 가치 안에서 행복해합니다. 인간에게 최고의 만족과 완전한 기쁨과 행복은 하나님과의 연합 안에만 있습니다. 사람들이 세상에서 미친 듯이 찾아 헤매는 가치들이 존재하지만, 사실 그 모든 것들은 하나님께서 지으신 피조물에 지나지 않으며 하나님의 가치에 이르지 못합니다. 그러니 하나님을 모신 것이 모든 것을 가진 것보다 더 큰 것입니다. 하나님보다 더 큰 영광과 탁월함을 가진 존재는 상상조차 할 수 없습니다. 하나님께서 인간을 처음 지으셨을 때, 사람에게는 하나님의 영광을 볼 수 있는 영적 감각이 존재했습니다. 그러므로 인간은 만물의 근원 되시고, 모든 행복의 근원이신 하나님을 사랑하고 즐거워할 줄 알았습니다. 즉, 하나님의 모든 능력의 속성들을 그분의 선하신 성품 안에서 바라볼 수 있는 이성이 있었고, 인식한 하나님의 영광을 지극히 사모할 수 있는 의지가 존재했습니다. 인간은 그 이성과 의지를 통해 하나님께 속한 선한 것들을 누릴 수 있었습니다. 하지만 인간은 죄를 통해 여기로부터 떨어져 내렸습니다.

2. 죄의 기원(7문답)

우리는 인류 죄의 기원을 알기 위해 '인간의 타락'과 '첫 범죄' 그리고 '죄 문제' 전반에 대한 이해, 특히 원죄와 관련하여 살피도록 하겠습니다.

모든 죄들의 샘, 원죄(original sin)

모든 사람들의 마음속에 죄의 샘이 있습니다. 죄의 종류와 경중을 떠나 모든 개인의 죄악 된 생각, 언어, 행위로부터 그 죄악들이 사회적으로 발현되어 나타나는 모든 구조 악에 이르기까지, 모든 악취 나는 죄의 현상들이 한 샘에서 흘러나온다고 성경은 가르칩니다. 그 누구도 벗어날 수 없는 죄의 샘을 인간은 마음 깊은 곳에 지니고 사는데, 그것을 원죄(original Sin)라고 부릅니다. 모든 사람들의 마음속에 자리 잡고 있는 죄의 샘, 원죄의 기원은 창세기 3장에 기록되어 있습니다. 원죄는 아담의 최초의 죄(primal Sin)로부터 비롯되었습니다. 한 죄인이 믿고 회개한다는 것은 구체적으로 지은 죄들(자범죄)만이 아니라 우리의 마음속에 마르지 않는 죄악의 샘, 곧 원죄에 대한 회개를 포함합니다. 원죄를 인정하지 않는다면, 그리고 원죄의 비참함을 인식하지 못한다면, 그는 참된 회개에 이를 수 없습니다. 우리는 우리 안에 있는 죄의 샘과 그로부터 흘러나온 악한 열매들을 모두 그리스도 앞에 회개하고, 그분의 구원의 보혈로 씻어 내야 합니다.

행위 언약의 대표, 아담이 범한 최초의 죄(primal sin)

우리는 창세기 3장을 통해 우리가 어디에 서 있는지, 우리가 하나님 앞에 어떤 존재가 되었는지 발견하게 됩니다. 창세기 3:3-8은 왜 그리스도 안에서 하나님께서 우리를 구속주로 만나 주시는지, 하나님의 구원이 죄인에게 얼마나 필요한 것인지를 알려 줍니다.

아담은 하나님께 흙으로 지음을 받았습니다. 하나님께서 흙으로 사람을 지으시고 그 코에 생기를 넣어 산 존재가 되게 하셨습니다. 그리고 하나님께서는 아담을 하나님의 형상을 따라 지식과 의와 거룩(원의, 좁은 의미의 하나님의 형상)을 가진 존재로 지으셨습니다. 하나님께서는 사람을 몸과 영혼이 연합된 산 존재가 되게 하시고, 그 영혼에 하나님과 이웃을 사랑하며 살 수 있는 선한 성향과 능력을 넣어 주셨습니다. 그러므로 인간은 하나님과의 연합 안에서 교제하며 생명을 누릴 수 있었습니다. 아담은 자신이 흙, 티끌로부터 온 존재임을 인식하고, 자신의 탁월함이 오직 하나님께 부여받은 것임을 가슴에 새기고 살았어야 했습니다. 그는 하나님을 의지하고 하나님께 순종함으로 하나님과의 바른 관계를 유지했어야 했습니다.

처음 지음을 받았을 때, 아담은 하나님과 '자연적 관계'에 더하여 '행위 언약적 관계'에 있었습니다. 자연적 관계는 하나님께서 인간을 지으셨으므로, 하나님과 인간 사이에 자연적으로 창조주와 피조물의 관계가 성립한다는 의미입니다. 그런데 자연적 관계와 행위 언약적 관계의 차이점은 다음과 같습니다. 자연적 관계 속에서 순종은 어떤 상급이 없습니다. 왜냐하면 창조주와 피조물의 관계에서 순종은 상급이 주어질 공로가 아니라 창조주 앞에 피조물이 가져야 할 당연한 태도이기 때문입니다. 그러나 행위 언약적 관계 안에서 하나님께서는 당연한 순종에 약속을 더하셨습니다. 그래서 언약은 자비로운 것입니다.[3] 하나님께서는 자신을 낮추어 인간에게 내려오셔서, 결코 받을 자격 없는 인간에게 순종에 따른 영생의 상급을 약속하셨습니다. 이 약속은 행위 언약에 따라 주어진 것입니다. 언약에는 항상 약속의 요소가 있습니다. 물론 타락 전 아담은 죄가 없었고, 하나님의 원의를 덧입어 이성과 의지가 올바랐습니다. 그는 충분히 순종할 수 있는 능력을 하나님께 받은 가운데 순종을 요구받은 것입니다. 그리고 그 순종에 자비로운 약속이 주어진 것입니다.

아담은 하나님께 인류의 머리라는 행위 언약의 대표자 지위를 받았습니다. 그러므로 아담과 모든 인류는 행위 언약을 통해 묶여 있습니다. 아담의 순종과 불순종의 여부에 따라 모든 인류의 영생과 죽음이 결정되게 되었습니다. 모든 인류는 행위 언약 안에서 아담 안에 있는 것입니다(롬 5:12–21). 그는 자신과 온 인류의 영생(eternal life)을 위해 하나님께서 주신 능력으로 하나님께 완전한 순종을 드렸어야 했습니다. 그는 하나님께서 선악과 명령을 통해 주신 영생의 약속을 붙들어야 했습니다. 그는 죄가 없었고, 그의 마음속에는 하나님의 지식, 거룩, 의(義)가 충만했

---

3 웨스트민스터 신앙고백서 제7장 1–2절.

습니다. 그러나 죄를 선택할 수 있는 가능성을 가지고 있었습니다. 어렵지 않게 순종할 수 있었던 인류의 머리는 영생의 약속을 쟁취할 수 있었지만 유혹을 이겨 내지 못하고, 스스로 뱀의 배후에 있던 사탄에게 자신의 영혼을 내어 주고 말았습니다. 첫 아담이 사탄의 도구가 된 뱀으로 말미암아 타락하게 된 과정을 살펴봄으로 우리는 죄가 어떤 성격을 가지고 인간에게 다가오고 어떻게 인간을 파멸시키는지, 또 죄의 본질이 무엇인지 성경 본문을 통해서 좀 더 살펴볼 수 있습니다.

죄의 본성, 교만과 탐욕 그리고 이기심

인간이 타락하게 된 동기는 교만과 탐욕에 있었습니다. 하나님께서 탁월한 많은 것들로 인간을 치장하셨지만, 사실 인간 자체는 흙으로부터 왔을 뿐입니다. 인간을 인간 되게 하신 분도 하나님이시고, 그 인간이 인간으로서 생존할 수 있는 것도 하나님의 섭리 때문입니다. 하나님으로부터 오지 않은 것이 없었고, 그는 참으로 많은 것을 받았습니다. 하나님께서는 흙으로부터 온 미천한 인간에게 세상 모든 만물을 주셨습니다(창 1:28). 그러나 단 한 가지만 금하셨습니다. 그것은 '선악과'입니다. 선악과는 넘지 말아야 할 선을 암시하고 있습니다. 인간은 하나님께 순종하고 의지해야 하는 존재이고, 하나님은 그에게 명령하시고 주관하시는 분이십니다. 세상의 모든 것을 받았음에도 불구하고, 인간은 더 소유하고 싶어 했고, 그는 하나님의 보좌까지 욕망했습니다. 그들이 선악과를 먹게 된 이유는 하나님처럼 되고자 하는 마음 때문이었습니다. "너희가 그것을 먹는 날에는 너희 눈이 밝아져 하나님과 같이 되어 선악을 알 줄 하나님이 아심이니라 여자가 그 나무를 본즉 먹음직도 하고 보암직도 하고 지혜롭게 할 만큼 탐스럽기도 한 나무인지라 여자가 그 열매를 따먹고 자기와 함께 있는 남편에게도 주매 그도 먹은지라"(창 3:5-6).

하나님의 명령과 요구를 불순종하는 것 자체가 죄입니다. 죄는 빗나간 화살처럼, 하나님의 계명을 어기는 것입니다. 하나님의 계명은 하나님의 성품과 뜻의 계시이므로, 하나님의 계명을 어기고 짓밟는 것은 하나님을 향한 모독이요 대적인 것입니다. 죄는 하나님께서 넘지 말라고 그어놓으신 하나님의 영역, 보좌 앞 데드라인(deadline)을 범하는 것입니다. 그러므로 죄는 하나님처럼 되려고 하는 교만이며, 주어진 것으로 만족하지 않고 피조물로서 탐하지 말아야 할 것을 탐내는 탐욕인 것입니다. 최초의 인류는 넘지 말아야 할 선을 교만과 탐욕으로 넘었고, 결국 그들은 죽었습니다. 하나님과 그들의 연합과 교제는 단절되고, 그들은 생명의 근원으로부터 단절된 사망의 노예가 되었습니다. 그들은 이제 산 존재가 아니라 사망 가운데 있는 존재가 되었습니다. 하나님의 보좌를 넘본 인간의 배은망덕(背恩忘德)으로 말미암아 인간은 하나님의 진노 아래 버림 받은 존재가 되었습니다. 언제나 죄의 포장을 거두어 내면 교만과 탐욕의 알맹이가 드러나게 됩니다. 교만의 본질은 하나님처럼 되고자 함입니다. 죄는 하나님을 향한 독립 선언입니다.

　죄는 언제나 하나님의 말씀을 떠날 때 벌어집니다. 죄는 하나님을 바라보던 눈을 세상과 마귀에게 돌릴 때 일어납니다. 아담은 교만해져서 하나님께 고정되어 있던 귀와 시선을 마귀의 얼굴과 음성에 돌렸습니다. 그가 하나님께 고정되어 있던 귀와 시선을 마귀의 얼굴과 음성에 돌렸기에 교만해진 것이기도 합니다. 이 둘은 동전의 양면과 같습니다. 인간은 누구나 하나님께서 말씀하신 것을 망각하고 무시하고 외면할 때, 마귀를 바라보게 됩니다. 하나님에게서 시선을 돌릴 때, 인간은 타락합니다. 그는 흙으로 지음 받은 존재요, 모든 것을 하나님께 받았기에, 그 존재의 보존과 번영도 하나님께 달려 있습니다. 그는 하나님의 말씀을 의지하고 신뢰하고 순종해야 했습니다. 그러나 인간의 최초 조상은 거짓의 아비며 살인자인 마귀가 걸어오는 대화를 외면하지 않았고 물리치지 않았습니다. "그런데 뱀은 여호와 하나님이 지으신 들짐승 중에 가장 간교하니라 뱀이 여자에게 물어 이르되 하나님이 참으로 너희에게 동산 모든 나무의 열매를 먹지 말라 하시더냐"(창 3:1). 이 첫 마디를 외면하지 않은 인간의 최초 조상들은 마귀의 전략에 말려들어 마귀의 말에 한 마디 두 마디 귀 기울이게 된 것입니다. 마귀는 거짓말로 사람을 파멸에 이르게 하는 살인자라고 성경은 가르칩니다. 마귀와는 대화 자체를 하지 말아야 합니다. "너희는 너희 아비 마귀에게서 났으니 너희 아비의 욕심대로 너희도 행하고자 하느니라 그는 처음부터 살인한 자요 진리가 그 속에 없으므로 진리에 서지 못하고 거짓을 말할 때마다 제 것으로 말하나니 이는 그가 거짓말쟁이요 거짓의 아비가 되었음이라"(요 8:44). 마귀는 밖에서 인간의 마음을 두드리지만, 마음을 열어 주는 것은 인간에게 속한 일입니다. 그는 마귀가 말을 걸어올 때 하나님의 말씀을 기억해야 했고 하나님의 얼굴을 구해야 했습니다. 마귀가 그들에게 말을 걸어올 때, 첫 인류는 목소리 높여 "하나님, 하나님, 나의 하나님!" 불렀어야 했습니다. 그러나 첫 조상들은 이 일에 실패했습니다. 교활한 질문에 맞장구를 치며 왜곡된 답변으로 응하고 있는 모습만 보입니다. 하나님의 말씀을 외면하고 마귀와 대화를 주고받을 때, 먹으면 정녕 죽으리라는 선악과는 눈을 밝혀 하나님처럼 만드는 선악과로 둔갑했습니다(창 3:5). 아담과 하와는 하나님의 말씀보다 마귀의 말을 더욱 신뢰하였고, 결국 그들은 타락했습니다. 그들의 주인이 바뀌었습니다.

인생의 주인이 되고자 한 하나님으로부터의 독립 선언, 배도(背道)

첫 아담의 이러한 불순종의 반역은 매우 무책임하고, 팥죽 한 그릇에 장자의 명분을 팔아먹은 에서와 같이 미련하고 경솔한 행위였습니다. 아담은 하나님으로부터 특별한 지위를 부여받았습니다. 그의 지위는 행위 언약의 머리였습니다. 하나님께서는 그와 행위 언약을 맺으심으로 그가 순종하면 영생을 주시기로 약속하셨고,[4] 그가 불순종하면 영원한 형벌과 사망에 처할 것을 경계하셨고 위협하셨습니다. 그리고 그의 영생과 영원한 형벌은 그 자신만의 것이 아니었습니다. 이후 모든 후손의 미래가 행위 언약의 머리인 아담에게 달려 있었습니다(롬 5:16-21; 고전 15:21-22). 그는 하나님을 등지고 마귀에게 전향했습니다. 그 죄로 말미암아 첫 사람, 그리고 아담 안에서 모든 후손들은 하나님과 관계의 단절, 즉 사망에 거하게 되었습니다. 하나님께서는 인생이 범죄할 때 심판주가 되셨고, 그들을 향해 정죄와 진노를 발하셨습니다. 하나님과 인간의 관계는 불화 속에서 단절되었습니다. 따라서 금단의 열매를 따먹은 것은 작고 사소한 범죄가 아니라 교만과 감사치 않음과 배도 등을 다 포괄하는 지극히 심각한 죄였습니다. 하나님께서는 이에 공의롭게 형벌을 내리신 것입니다. "죄의 삯은 사망이요"(롬 6:23).

죄의 책임은 아담에게

첫 사람의 범죄의 기원은 하나님께 있지 않습니다. 하나님께서는 당신의 주권과 지혜 안에서 죄가 발생하는 것을 허용하셨습니다. 그러나 하나님께서는 죄의 조성자가 될 수 없습니다. 죄조차 하나님의 섭리 안에 있지만, 하나님께서는 죄의 기원이 아니십니다. 죄는 하나님께서 지으신 인격이 있는 피조물로부터 비롯되는 것입니다. 그런 의미에서 죄의 직접적인 원인은 마귀의 유혹과 첫 사람의 자원 의지(voluntary will)입니다. 마귀가 사람을 유혹했지만, 마귀가 사람의 마음을 로봇 조

---

4 Louis Berkhof, 『조직신학』, 권수경, 이상원 역(서울: 크리스챤다이제스트, 2008), 425. "어떤 학자들은 그와 같은 약속에 대한 성경상의 증거가 없지 않느냐고 반문한다. 물론 그와 같은 약속이 명백히 문자적으로 명시되어 있는 것은 아니다. 그러나 그 약속은 불순종의 결과가 죽음이라는 사실에 명백히 암시되어 있다. 죽음이 찾아오리라는 경고는 순종할 경우에는 죽음이 찾아오지 않는다는 것이요, 생명이 지속되리라는 것을 뜻한다. 여기서 다시, 이 말씀이 의미하는 바는 아담의 자연적인 생명이 지속된다는 뜻일 뿐, 성경이 말하는 영원한 생명을 의미하는 것은 아니라는 반론이 제기될 수 있다. 그러나 이와 같은 반론에 대하여 성경이 말하는 생명은 하나님과 교제하는 생명이요, 아담이 소유한 생명도 바로 이 생명이었다는 반박이 가해질 수 있다. 그러나 여기서 말하는 생명은 실수할 수 있는 생명이다. 만일에 아담이 시험을 통과했다면, 이 생명은 그대로 보존되었을 뿐만 아니라 실수할 수 없는 더 고차적인 단계로 올라섰을 것이다."

종하듯 그렇게 지배하지 않았습니다. 사람은 자신의 판단과 의지로 죄를 선택합니다. 마귀의 역할은 그의 의지 밖에서 그를 충동질하는 것이었습니다. 첫 사람은 이 충동질에 기만당해 스스로 잘못된 판단을 내리고 자신의 의지로 죄를 선택했습니다. 즉 타락한 것입니다. 이 모든 죄의 비참은 생명과 복의 근원이신 하나님을 버린 것으로부터 비롯합니다.

첫 아담의 타락의 결과

먼저, 첫 아담은 행위 언약의 머리였기에 그는 인류의 대표로서 그와 그의 후손은 묶여 있습니다. 그러므로 아담이 타락할 때, 아담 안에서 아담의 죄책이 모든 인류에게 연대성의 법칙에 따라 전가됩니다. "그러므로 한 사람으로 말미암아 죄가 세상에 들어오고 죄로 말미암아 사망이 들어왔나니 이와 같이 모든 사람이 죄를 지었으므로 사망이 모든 사람에게 이르렀느니라(롬 5:12). … 한 사람이 순종하지 아니함으로 많은 사람이 죄인 된 것 같이 한 사람이 순종하심으로 많은 사람이 의인이 되리라"(롬 5:19).

죄책이 전가되면, 한 인간은 죄인이 됩니다. 그러므로 죄의 책임에 따라 정죄되고 동시에 하나님과의 관계가 단절됩니다. 하나님과 관계가 깨지고 단절된 인생에게 하나님의 생명은 존재하지 않고, 그 인생은 사망의 지배를 받습니다. 이런 이유로 죄의 전가 이후에, 하나님과의 단절은 형벌로서 오염을 수반합니다. 인간은 죄책을 지는 동시에 생명을 상실하고 부패한 존재가 됩니다.[5] 따라서 인간은 죄책과 오염으로 말미암아 늘 하나님을 심판자로 직면하며 하나님의 정죄와 진노를 사게 됩니다. 이것이 사망의 노예 된 상태입니다. 타락 후 인간은 이성과 의지가

---

5 Louis Berkhof, 460. "하나님은 의로운 판단 안에서 언약의 머리가 범한 최초의 죄에 대한 죄책을 계약적으로 그와 관계되어 있는 모든 자들에게 전가시킨다. 그 결과 그들은 부패하고 타락한 상태에서 출생하며, 이 같은 내적인 부패는 죄책을 포함한다."

오염되어 완악한 무지 속에서 하나님을 대적하며 삽니다. 첫 아담의 최초의 죄는 후손들에게 원죄를 부여하여 인생이 죄책과 오염 안에 살게 만들었습니다.

원죄와 자범죄를 깨달을 때, 우리 밖에 있는 완전한 의(義), 그리스도의 의(義)를 의지함

아담의 최초의 죄의 결과인 죄책과 오염이 우리 안에서도 발견됨을 인식하는 사람만이 낮아져서 회개하게 됩니다. 우리의 겸손은 우리가 죄인인 것을, 우리가 비참 속에 있는 것을 인식할 때 발생합니다. 이 큰 비참이 우리 안에서 발견될 때, 우리는 우리 자신의 영적 빈곤을 깨달아 가난한 마음이 되고 그것을 애통하게 됩니다. 그리고 우리는 구원의 주를 바라보고, 의지하고, 붙들기 시작합니다. 이러한 죄에 대한 인식 없이는 회심할 수 없습니다. 죄를 인식하며 죄를 슬퍼하고, 혐오하고, 그것으로부터 벗어나려는 욕구가 충만해질 때, 그리고 죄의 저주로부터의 해방, 탈출, 출애굽이 오직 그리스도의 십자가의 대속에만 있다는 사실을 인식할 때, 우리는 구속주의 손을 붙들게 됩니다. 죄에 대한 각성이 없는 사람에게 복음은 복음이 될 수 없습니다. 하나님께서는 이렇게 교훈하십니다. "만일 우리가 죄가 없다고 말하면 스스로 속이고 또 진리가 우리 속에 있지 아니할 것이요"(요일 1:8). "기록된 바 의인은 없나니 하나도 없으며"(롬 3:10). 죄의 문제는 모든 인류의 보편적 문제입니다.

복음과 율법은 연관성이 있습니다. 율법은 죄를 깨닫게 하여 복음을 붙들게 합니다. 복음은 율법을 통해 죄를 깨닫는 일을 전제합니다. 율법은 죄를 드러내고 복음은 그 드러난 죄에 대한 해결책으로서 제시됩니다. 죄를 깨달은 자만이 복음을 붙듭니다. 율법을 통해 죄를 깨달은 자는 우리 밖에 있는 그리스도의 완전한 '의'(義)만을 구하게 됩니다. 그런 의미에서 의에 주리고 목마른 자는 복이 있습니다. 그들이 예수님의 완전한 의(義)로 배부를 것이기 때문입니다. 자신의 의(義)가 무가

073

3 죄의 기원과 결과에 대하여

치함을 깨닫고 자기 의(義)를 멸시할 수 있는 자만이 그리스도의 완전한 의(義)를 붙들고 받을 수 있습니다. 그런 의미에서 복음을 말할 때, 죄에 대한 자각과 확증이 중요한 것입니다. 우르시누스(Zacharias Ursinus)는 다음과 같은 증거를 통해 우리가 하나님 앞에 죄인들이라는 것을 알 수 있다고 말합니다. "하나님 자신의 증거", "하나님의 율법의 구체적인 증거", "복음의 일반적인 증거", "죄를 범하지 않았다면 우리에게 가해지지 않았을 하나님의 갖가지 형벌들의 증거."[6]

---

6 Zacharias Ursinus, 94.

1. 하나님께서 인간을 영혼과 육체의 연합체로 지으셨는데, 영혼의 기능은 무엇입니까?

내용
확인
하기

2. 영혼의 기능으로서 이성과 의지가 하나님을 올바로 인식하고 올바로 선택하도록 하기 위해 하나님께서 인간의 영혼 안에 무엇을 베푸셨습니까?

3. 인간 영혼의 인격이 실재하지만, 성경에서 말하는 인간의 이성과 의지가 자율 이성, 자율 의지가 아닌 이유는 무엇입니까?

4. 넓은 의미의 하나님 형상과 좁은 의미의 하나님 형상은 어떻게 구분됩니까?

5. 행위 언약의 약속은 어떤 조건으로 주어집니까? 아담이 이 조건을 원하기만 했다면 성취할 수 있었던 이유는 무엇입니까?

6. 행위 언약 안에서 아담에게 주어진 독특한 지위는 무엇입니까?

7. 아담이 타락한 원인은 무엇입니까?

8. 인류는 어떻게 원죄를 갖게 되었습니까?

9. 죄의 두 가지 결과는 무엇입니까?

1. 당신은 원죄와 자범죄를 성경과 성령님의 조명 안에서 인식하고 있습니까? 그리고 죄의 문제를 해결하기 위해 그리스도의 의(義)를 전적으로 신뢰하고 의존합니까?

2. 우리의 인격, 이성과 의지는 하나님의 형상의 회복을 통해서만 올바른 인식과 선택을 할 수 있습니다. 하나님을 향한 당신의 이성과 의지는 하나님과 그분의 뜻을 올바로 인식하고 있습니까? 또 당신의 의지는 깨달은 하나님과 그분의 뜻과 호의를 사모하는 마음으로 수용하며 좇아가고 있는지 성찰해 봅시다.

3. 자율 이성과 자율 의지를 추종하는 세속성 속에서 하나님의 은총을 의지하여 사고하고 선택하며 생활하는지 돌아봅시다.

4. 하나님께서는 영광을 받으시고 인간을 복되게 하시려 하나님의 형상을 따라 인간을 지으셨는데, 당신의 마음과 생활 속에 하나님을 영화롭게 하며 그를 즐거워하는 마음이 있는지 성찰해 봅시다.

의지의 속박에 대하여

Knowing! bondage of will

8-10문답

올인원 하이델베르크 요리문답

내용
한눈에
보기

제4강: 의지의 속박에 대하여

1. 하나님께서 인간에게 주신 의지는 자원의 의지이다.

· 하나님께서는 주신 의지는 자율 의지가 아니라 자원의 의지이다.

· 자원의 의지는 누군가 원하여 인격적으로 무엇을 선택하는 것을 의미하
  지만, 선한 것을 선택하려면 하나님께서 주시는 선한 것을 선택할 수 있
  는 의지의 능력을 의존해야 한다.

· 하나님의 주권적 은총과 의지는 인과적 관계다.

· 의지의 올바름과 능력을 잃으면, 죄만을 선택하는 죄에 속박된 노예 의
  지가 된다.

· 의지가 선을 택하는 것은 은총에 달렸으나 죄를 선택하는 것은 자신에게
  책임이 있다.

2. 무능한 죄인에게 율법에 대한 순종을 요구하시는 하나님의 행위는
   정당하다.

· 율법에 대한 순종에 철저히 무능해진 것은 죄를 범한 인간 자신의 탓
  이다.

· 하나님의 속성과 성품을 계시하시고, 예배와 생활의 표준을 알려 주시고
  요구하시는 행위는 하나님의 공의로우신 속성에 부합한 행위다.

· 하나님께서 성도들에게 거듭난 생활의 이정표로서 또 성화의 수단으로
  서 율법을 알려 주신다.

· 하나님께서 불신자들에게 어떤 이의 회심을 위해, 변명의 여지를 주지
  않으시기 위해, 그리고 죄를 억제해 사회를 유지하도록 하시기 위해 율
  법을 알려 주신다.

3. 공의로우신 하나님께서 죄인을 향해 진노하신다.

· 범죄의 결과는 엄중한 형벌로 나타난다.
· 죄에 대한 형벌은 사망이다. 죄인은 육체적 죽음과 영원한 지옥의 형벌에 처해진다.
· 하나님과의 분리가 사망의 본질이며 지옥은 일반은총마저 허락되지 않는 절대 고통의 형벌을 의미한다.
· 죄인의 형통은 복이 아니다. 현세와 내세에서 죄인의 머리 위에 진노가 머문다. 죄인의 형통은 그 자체가 저주이다. 그들은 하나님의 진노와 형벌에 늘 직면해 있다. 형통 자체가 죄인에게 회개를 가로막는 재앙이 된다.
· 여죄 때문에 성도도 때로 범죄한다. 성도가 범죄할 때 하나님께서 드시는 채찍은 형벌이 아니라 성화와 교정을 위한 부성애적 사랑의 손길이다.

하이델베르크 요리문답 8문답은 "인간의 자유 의지"를 다룹니다. 모든 인류가 아담 안에서 죄인이 됨으로 그들은 의지의 선함을 잃었습니다. 즉, 모든 사람들의 의지가 죄에 속박된 것입니다. 이처럼 타락하여 악해진 의지를 노예 의지라고 부릅니다. 인간은 전적으로 타락하여 구원에 속한 일과 관련하여 철저히 무능합니다.

1. 하나님께서 주신 자원의 의지(voluntary will)

하나님께서 주신 능력을 의존하는 의지의 선택

앞에서 언급했듯이, 인간이 인격적인 존재로 하나님께 인격적 반응을 할 수 있는 이유는 하나님께서 인간에게 영혼을 지어 주셨기 때문입니다. 인간은 인식과 선택이라는 영혼의 기능을 통해 도덕적, 종교적 반응을 보일 수 있습니다. 하나님께서 인간을 향해 "계시"(revelation)를 주시는 이유는 인간이 주어진 계시를 인식하고 사모하여 수용하고 지향할 수 있기 때문입니다. 이성과 의지가 인간에게 주어지지 않았다면, 인간은 하나님의 계시에 고목처럼 반응했을 것입니다. 인간이 하나님과의 연합 안에서 교제를 누릴 수 있는 근거는 인격에 있습니다. 엄밀히 말하면, 이성과 의지는 구분되지만 분리될 수 없습니다. 의지는 이성이 파악한 것을 선택하는 기능이기 때문에 의지는 이성의 연장이라 할 수 있습니다. 인식 없는 사랑과 거부, 인식 없는 선택은 존재하지 않기 때문입니다.

인간은 의지가 있기 때문에 스스로 무엇인가를 원하고 선택하고 행할 수 있습니다. 선을 택하거나 악을 택하는 것도 의지가 있기 때문입니다. 무엇인가를 사랑하거나 거부할 수 있는 것도 의지가 있기 때문입니다. 의지가 존재하지 않는다면, 죄에 대한 책임도 존재하지 않을 것입니다. 그런데 성경이 가르치는 의지는 분명 '스스로 원하여 선택할 수 있는 기능'이기는 하지만, '자율 의지'를 의미하지는 않습니다. 자율 의지는 하나님과 완전히 독립된 의지를 말합니다. 그러나 이 세상에 그런 자율 의지는 존재할 수 없습니다. 의지도 하나님께서 지으신 것이기에 하나님의 생명이 떠나면 바른 방향으로, 정상적으로 기능할 수 없기 때문입니다. 스스로 원하여 선택하는 의지가 존재하나, 스스로 옳은 것을 인식하는 데도 하나님께서 주시는 능력이 필요하며, 스스로 옳다 판단하여 선택하고 사모하는 데 이르는 것도 하나님께서 주시는 능력이 필요합니다. 다시 말해 스스로 원하여 무엇인가 선한 것을 선택하려면, 하나님의 영의 조명과 그분께서 주시는 생명의 능력을 받아야 합니다. 영혼을 하나님께서 지배하셔야, 그 영혼이 하나님과 연합되어 있어야, 그 안에 생명이 있어야, 생명에 속한 것을 깨닫고 추구하고 지향하고 선택할 수 있습니다. 의지가 은총을 상실하면, 하나님과의 연합과 교제가 끊어지면, 하나님의 생명이 떠나가면, 의지의 기능은 존재하지만 그 의지가 본연의 역할을 하지 못합니다. 이런 의지는 역기능(逆機能)만을 합니다. 역기능이란 하나님의 뜻을 사모하고 선택하지 못하여 죄악을 선택한다는 의미입니다. 하나님 없는 의지, 하나님의 생명이 상실된 의지를 죄의 노예(Slave of the Sin) 된 의지라고 부릅니다. 이처럼 죄에 속박된 의지(bondage of will)는 선을 선택하지 못하고, 죄만을 사랑하고 선택하게 됩니다. 마르틴 루터는 말과 기수의 비유를 통해 이를 가르칩니다. 말(馬)이 있습니다. 그런데 그 말에 예수님께서 타시면 그 말은 천국을 향해 달립니다.

4 의지의 속박에 대하여

그러나 그 말에 죄와 사탄이 타면 그 말은 지옥을 향해 달립니다. 달리는 것은 말이지만, 말을 조종하는 것은 기수의 몫입니다. 말은 기수가 이끄는 방향을 향해 달립니다. 기수가 누구냐에 따라 자유 의지는 차별된 선택을 하게 됩니다.

거듭나야 하는 노예 된 의지

하나님과의 바른 관계 안에서 능력을 공급받는 의지만이 진정 선한 것을 택할 자유(*libertas*)를 갖습니다. 선을 택하지 못하고 죄를 본성적으로 선택하는 의지는 타락한 의지이며 속박된 의지로 그 안에는 능력도 자유도 없습니다. 아담 안에서 부패한 영혼은 죄의 노예가 되었습니다. "우리는 다 양 같아서 그릇 행하여 각기 제 길로 갔거늘 여호와께서는 우리 모두의 죄악을 그에게 담당시키셨도다"(사 53:6). "누가 깨끗한 것을 더러운 것 가운데에서 낼 수 있으리이까 하나도 없나이다"(욥 14:4). 아담 안에서 죄인 된 인간은 악한 것을 선택하며 더러운 행위를 사모하게 되었습니다. 타락한 인간의 의지는 죄를 사랑하고 행하는 데 빠르지만, 선을 행하는 데는 절대적으로 무능해졌습니다. 따라서 타락한 인간은 결코 스스로 신앙과 순종을 선택할 능력이 없습니다. 이들의 영혼 안에 올바름이 소멸되었습니다. 즉, 타락 후 인류는 원의(原義)를 잃었습니다. 죄인은 구원에 속한 일들에 철저히 무능해졌습니다. 신앙을 갖고 하나님께 순종하려는 의지의 능력은 자연에 속한 것이 아닙니다. 의지가 하나님께 올바로 반응하려면 초자연적인 생명을 받아야 합니다(요 3:5-8). 말씀을 들을 때 성령께서 유효적 부르심(efficacious calling)을 주시면 죄인은 거듭납니다. 말씀을 들을 때 성령께서 우리의 존재의 중심인 마음속에 생명의 원리를 심으실 때 우리는 거듭납니다. 거듭날 때, 우리의 의지는 하나님의 형상을 회복하여 선한 것을 사모하고 선택할 수 있게 하는 능력과 의지의 올바름을 갖게 됩니다. 거듭날 때 죄의 지배력이 죽어 회복이 확보되고 일생 자라 가게 됩니다. "그런즉 누구든지 그리스도 안에 있으면 새로운 피조물이라 이전 것은 지나갔으니 보라 새 것이 되었도다"(고후 5:17).

성도 안에 있는 죄와 의지와의 투쟁

신자 안에도 죄성이 남아 때로는 새롭게 된 의지와 투쟁을 벌입니다. 그러나 우리의 의지가 죄의 지배력으로부터 벗어났고, 성령께서 우리의 영혼을 다스리시기 때문에 우리가 믿음으로 깨어 있을 때, 우리는 죄를 이길 수 있습니다. 때로는 넘어지기도 하지만, 새 생명 가운데 회복된 의지는 죄를 지을 때 회개합니다. 그리고 은혜로 충만할 때, 죄를 상대로 기꺼이 용감한 투쟁을 합니다. 마지막 때 우리의 의지는 하나님을 온전히 향하고 완전한 사모함으로 하나님께 나아갈 것입니다. 죄에 대한 책임은 우리의 선택에 있지만, 선한 열매는 은총의 힘을 빌려 가능합니다. 따라서 죄는 나의 탓이지만, 선행은 은총의 결과로서 감사해야 합니다.

우리의 의지는 하나님의 주권과 은총 가운데 놓여 있습니다. 하나님의 주권은 인간의 의지를 배제하지 않습니다. 하나님께서 계획하시고 작정하신 바에 따라 우리의 구원이 성취되고 적용되고 완성되지만, 하나님께서 우리의 진정한 '의지'를 수단으로 사용하셔서 당신의 뜻을 이루십니다. 그러므로 작정하신 대로 우리의 의지가 나타난다는 사실을 '물리적 필연성', '강제적 필연성'이라 부르지 않고, '가정적 필연성'이라고 부릅니다. 하나님께서 당신의 주권대로 모든 일들을 이루어 가시지만, 우리의 의지가 사라지지 않도록 우리의 의지를 본연의 의지대로 두시고 그것을 수단으로 사용하십니다. 주님께서 우리에게 은총을 주시면, 우리를 거듭나게 하시면, 우리를 성화시키시면, 우리는 자원하여 선한 일을 이루어 갑니다. 하나님의 주권 안에서 우리의 의지가 그 본성을 잃지 않고 수단으로서 하나님의 역사를 성취해 가는 이치는 신비롭습니다. 알미니안주의는 하나님의 은총과 인간의 의지의 관계를 '협력'으로 보지만, 개혁신학은 하나님의 은총과 인간의 의지를 '인과적인 것'으로 봅니다. 선행과 관련하여 하나님의 주권과 은총이 원인이라면, 인간의 의지의 열매들은 결과입니다. 그러므로 알미니안주의에서 인간의 선행은 공로가 될 수 있으나 개혁신학에서는 공로가 될 수 없습니다. 선행은 하나님의 은총을 원인으로 한 결과요 열매입니다.

거듭난 성도들도 남은 죄 때문에 믿음이 잠들면, 의지가 이상한 짓을 하기 시작합니다. 예배드리고, 하나님을 섬기고 사랑하며, 그 안에서 이웃을 사랑하는 일들이 모두 귀찮게 여겨지기 시작합니다. 어느 순간부터 그 모든 선한 일들을 향한 의욕과 사모함을 상실합니다. 성도도 죄에 깊이 붙들려 주님과의 교제를 상실한 채, 어둔 삶을 살게 되는 것입니다. 그러므로 신자들도 영혼이 성령 충만하고, 그리스도의 영의 지배를 받도록 깨어 기도하고, 말씀을 가까이 하며, 하나님께 자신의 영혼을 의탁하고 살아야 합니다. 성령의 은혜를 의존하며 은혜의 수단들을 사용해야 합니다. 우리의 영혼은 주님의 손에 붙들려 있어야 합니다. 그러면 열매를 맺을 것입니다. 능력과 자유가 주께 있으니 우리는 주를 바라보아야 합니다. "믿음의 주요 또 온전케 하시는 이인 예수를 바라보자"(히 12:2). "주는 영이시니 주의 영이 계신 곳에는 자유가 있느니라"(고후 3:17).

2. 만족시킬 수 없는 율법에 대한 순종을 죄인에게 요구하시는 이유와 정당성

앞 문답들을 통해 우리는 인간이 결단코 율법을 온전히 준수할 수 없다는 진리를 인식했습니다. 이 요리문답은 그 이유를 인간이 율법을 결코 준수할 수 없을 만큼 전적으로 타락하고 부패했기 때문이라고 가르칩니다. 9문에서는 이 문제와 관련해 다음과 같은 질문을 던지고 답합니다. 인간이 그렇게 타락했고 무능하다면, 왜 하나님께서는 지키지도 못할 율법에 대한 순종을 인간에게 요구하시느냐는 것입니다. 그리고 그렇게 요구하시는 하나님이 부당하신 것 아니냐는 것입니다. 이에 대해 하이델베르크 요리문답 9문답은 다음과 같이 답합니다.

이미 앞에서 언급했듯이, 율법의 요구에 철저히 무능해진 이유는 아담 안에서 온 인류가 타락했기 때문입니다. 율법에 순종하지 못하는 이유는 우리의 죄 때문입니다. 그것은 우리의 책임입니다. 하나님께서 율법에 대한 순종을 요구하시는 것은 공의의 하나님으로서의 자신의 본성에 합당한 행위입니다. 하나님께서는 당신의 속성을 계시하시며 당신 앞에서 어떻게 예배하고 생활할지에 대한 표준을 알려 주시고 요구하실 수 있습니다. 하나님께서는 죄인을 구원하시고, 구원하신 자들을 선히 양육하시며, 끝까지 회개치 않고 믿지 않는 자들을 심판하시기 위한 여러 목적으로 율법을 주셨습니다. 비록 인간이 타락하여 율법을 완전히 순종할 수 없다 하여도, 하나님께서는 당신의 공의에 부합한 정당한 방식으로, 하나님의 영광과 인간을 향한 선하신 하나님의 뜻을 따라 여전히 율법을 계시하시고 요구하십니다. 특별히 율법을 계시하시고 요구하시는 목적과 관련해서는 성도와 불신자를 구분하여 생각할 필요가 있습니다.

성도들을 향한 목적

하나님께서 성도들의 성화를 위해 율법을 사용하십니다. 성도들에게는 지배력은 잃었으나 남겨진 죄가 내재합니다. 그러므로 성도들은 연약하고 불완전합니다. 따라서 하나님께서는 성도들이 율법을 통해 자신을 성찰하기를 원하십니다. 자신의 불완전함을 깨닫고 복음의 능력과 성령의 은총을 구하게 만드십니다. 율법을 통해 성도들은 죄를 깨닫고 성화의 회개를 이룹니다. 성령이 충만할 때, 율법은 성도들이 걸어가야 할 길을 안내해 줍니다. 성도들은 늘 자신들의 불완전함을 용서받으며 율법의 안내를 받아 거룩을 향해 나아갑니다. 그런 의미에서 성도에게 율법은 신앙생활의 거울이며 이정표입니다. 성령께서 율법을 통해 성도들을 성화시켜 가십니다. 하지만 거듭난 자의 성화조차도 완전하지 못하고, 그들 안에 죄가 잔재하기에 결코 이 땅에서 율법의 완전한 성취를 경험할 수는 없습니다. 또한 율법은 언제나 완전한 것을 요구하기에 율법의 목표를 향해 나아가는 동안에 예수 그리스도의 용서가 함께하지 않으면 아무도 그 길을 견디어 낼 수 없습니다. 성도는 용서 안에서 성령의 은혜와 율법의 안내를 통해 목표를 향해 달려갑니다.

불신자들을 향한 목적

첫째, 불신자들 중에 택함 받은 자들을 구원으로 부르실 때 하나님께서 율법을 사용하십니다. 여기서 율법은 회심의 도구입니다. 하나님께서 인간이 무능하다는 사실을 알지 못하셔서 율법을 요구하시는 것이 아니라 오히려 그들이 스스로 율법을 준수하지 못할 만큼 타락했고 무능하다는 사실을 깨닫게 하시려고 여전히 율법을 요구하시는 것입니다. "율법으로는 죄를 깨달음이니라"(롬 3:20). 이렇게 하시는 이유는 율법의 엄중성을 깨닫고, 율법의 맑은 거울 앞에 벌거벗은 자신의 수치를 발견하라는 것입니다. 이렇게 하심은 그들의 영적 빈곤함을 깨닫게 하셔서 오직 그리스도만이 생명의 길임을 믿게 하시려는 것입니다.

둘째, 회개하지 않는 자들에게 변명할 수 없도록 하시기 위해 하나님의 뜻을 그들에게 알려 주십니다. 그들을 향한 하나님의 정죄는 정당합니다. 하나님께서 그들의 양심에 당신이 선하게 여기시는 것과 진노하시는 것을 미리 알려 주셨으므로, 그들은 심판 때 핑계치 못할 것입니다.

셋째, 율법을 믿는 자와 믿지 않는 자들이 사회에서 더불어 살고 있기 때문에 하나님께서 대중들의 죄성을 억제하십니다. 하나님께서 죄에 대한 수치와 처벌에 대한 두려움을 주시지 않는다면, 사람들은 자신의 완악성을 따라 날뛸 것입니다. 세상의 질서와 안정은 붕괴되고, 그런 세상에 세워진 교회도 온전히 세워지기 힘들 것입니다.

결론적으로, 하나님께서 선한 것을 주시지 않고 율법을 요구하신다면 부당할 것이나 그분은 주실 것을 이미 다 주셨기에 정당합니다. 그래서 그것에 순종하지 못하는 인간의 무능과 비참은 자신에게 책임이 있습니다. 그러나 믿음으로 회개한 자들, 거듭난 자들, 그 죄를 용서받은 자들은 복됩니다. 하나님께서 그리스도 안에서 성도들을 거듭나게 하셨고 그들에게 성화의 은총을 베푸셨습니다. 그리고 그들에게 성령을 주셨습니다. 이제 성도들은 죄와 싸우고 승리를 맛볼 수 있습니다. 때로는 넘어지더라도 그리스도의 용서로 말미암아 다시 일어나 목표를 향해 경주할 수 있습니다. 성도는 죄와 싸우든지 이기든지 넘어지더라도 회개해야 합니다. 그들에게 죄의 지배력이 상실되었기 때문입니다. 그러므로 아우구스티누스는 이렇게 고백합니다. "주여, 주께서 명령하시는 바를 주시며, 주께서 뜻하시는 바를 명령하시며, 그리하여 주께서 헛되이 명령하시지 마옵소서"(*De bono persever*, cap. 10)[1].

3. 죄인을 향한 공의로우신 하나님의 거룩한 진노

이 질문의 의도는 범죄의 결과로 그 뒤를 따르는 형벌의 엄중함을 이해시키려는 것입니다. 우리는 이 질문에 대한 답을 묵상하면서 하나님 앞에서의 범죄의 결과

---

1 Zacharias Ursinus, 140.

가 얼마나 비참한지를 인식하고, 오직 이 재앙을 피할 곳이 예수 그리스도의 품밖에 없음을 인식해야 합니다. 주님께서 우리의 죄를 해결해 주시지 않는다면 죄인들은 어떻게 되었을까요? 하나님께서는 공의로우시기에 당신의 성품에 일관되게 지극히 공의롭게 죄를 벌하십니다. 하나님께서는 범죄한 자에게 이생과 내세에 영원한 형벌로 벌하십니다. 그 형벌이 영원한 이유는 죄는 무한하시고 존엄하신 하나님을 향한 것이기 때문입니다. 모든 죄는 그 경중을 떠나 하나님의 율법을 거스르는 것입니다. 하나님의 율법을 거스름은 하나님을 거스르는 것과 동일합니다.

하나님께 범죄한 사람은 하나님과의 단절로서 사망에 이르게 됩니다. 지옥은 영원하고도 완전한 하나님과의 단절이며, 그것으로 말미암아 경험하게 되는 고통입니다. 하나님으로부터 단절되면, 하나님과의 관계에서 오는 복을 상실하게 됩니다. 지상에서는 하나님께서 죄인에게도 해(일반은총)를 비추십니다. 그러나 그들에게 진정한 영적 생명(특별은총)은 존재하지 않습니다. 그리고 고집하다 회개의 기회를 잃은 자들은 죽어 영원한 저주, 일반은총마저 거두어진 절대적인 고통 속에서 영원히 신음하게 됩니다. 하나님께서는 진실하시므로 그의 성품을 따라 명령하신 율법을 공표하신 후 그것을 변경하시지 않습니다. "누구든지 율법 책에 기록된 대로 모든 일을 항상 행하지 아니하는 자는 저주 아래에 있는 자라"(갈 3:11)라는 하나님의 말씀대로, 누구든지 모든 율법을 완벽히 지키지 못한다면 저주 아래 있는 것입니다. 하나님의 성품이 완전하듯이, 율법은 완전하고 엄중하게 명령하고 그것에 미치지 못할 때 저주합니다. 아담은 하나님의 명령을 거역하므로 저주 아래 놓이게 되었고, 아담 이후 원죄와 자범죄로 하나님을 거역하는 그 모든 후손들도 저주 아래 있습니다. 따라서 모든 죄인들은 그리스도의 구원이 필요합니다.

그런데 악인들이 형통하게 사는 경우도 있지 않습니까? 시편 73편에서 시편 기자는 바로 이 문제를 고민하며 하나님께 질문합니다. "나는 거의 넘어질 뻔하였고 나의 걸음이 미끄러질 뻔하였으니 이는 내가 악인의 형통함을 보고 오만한 자를 질투하였음이로다"(시 73:2-3). 악인들이 때로는 세상적으로 형통하고 잘되는 것처럼 보이지만, 하나님의 말씀을 통해 보면 이미 그들은 하나님의 형벌 아래 있다고 보아야 합니다. 왜 그렇습니까?

먼저, 불신과 불의 속에 사는 자들에게 이미 하나님의 진노가 머물러 있다고 성경은 기록합니다(롬 1:18). 불신과 불의 속에 사는 자들은 세상적으로 아무리 형통할지라도, 하나님과의 단절로부터 온 사망은 이미 그들을 지배하고 있습니다. 이 땅에서 아무도 죽음을 피할 수 없을뿐더러, 영원한 사망, 두 번째 사망인 지옥의 형벌을 피할 수 없습니다(롬 6:23). 둘째, 아무리 현세적인 풍요를 누린다 할지라도 죄인들은 양심의 찔림을 받으며 살기에 진정한 자유와 쉼이 없습니다. 죄 속에 사는 자는 그 양심이 심판자가 되어 자신을 정죄합니다(롬 2:15). 셋째, 악인은 형통함으로 더욱 안심하게 되고, 그 형통과 풍요 때문에 회개의 필요성에 대한 감각이 더욱 무뎌질 수 있습니다. 그런 경우 그의 형통은 복이 아니며 저주입니다. 그 형통으로 그는 더 큰 죄를 범하게 되고, 죄의 가중(加重)은 더 큰 정죄를 가져오기 때문입니다.

하나님의 은혜 가운데 시편 기자는 외적인 형통 배후에 있는 악인을 향한 영원한 형벌을 발견했습니다. 그는 형통하는 악인들의 말로(末路)를 보았습니다. 그래서 그는 하나님의 공의를 찬양하게 되었습니다(시 73:17-20). 하나님의 공의 때문에 예수님께서는 택하신 자들을 죄로부터 구원하시기 위해 이 땅에 오신 것입니다. 주님께서는 그들을 대신해 완전한 순종을 이루고, 십자가에서 우리를 대신해 형벌을 받으셨습니다. 하나님께서는 예수님의 대속의 공로를 통해 죄인을 용서하시고 자녀로 받아 주십니다. 예수님께서는 죄인을 품으신 후 그들을 거룩하게 만드십니다. 이 땅에서 성도는 연약하지만 그리스도는 당신의 보혈로 용서하시고 그들이 끝까지 인내하며 목표에 다다를 수 있도록 보존(견인)의 은혜를 베푸십니다. 이 모든 것이 그리스도 안에 거함으로, 곧 그리스도와 연합함으로 누리게 되는 은혜입니다. 성도들이 여죄 때문에 때로 범죄할 때 하나님께서 채찍을 드십니다. 그러나 그리스도 안에 있는 성도들에게 하나님께서는 정죄와 형벌을 내리지 않으시고, 그들을 교정하시고자 징계를 하십니다. 성도에게 징계는 저주가 아니라 사랑입니다. 그들을 성화시키시고 죄를 교정하셔서 거룩하게 만드시는 부성애로 가득한 아버지의 손길입니다. "고난 당한 것이 내게 유익이라 이로 말미암아 내가 주의 율례들을 배우게 되었나이다"(시 119:71).

1. 하나님의 주권과 인간의 의지는 어떤 관계에 있습니까?

2. 하나님께서 성도들에게 율법을 알려 주시는 이유는 무엇
   입니까?

3. 하나님께서 불신자들에게 율법을 알려 주시는 이유는 무
   엇입니까?

4. 죄인의 형통을 어떤 시각에서 바라보아야 할까요?

5. 성도들의 범죄를 향해 하나님께서 드시는 채찍은 어떤 의
   미가 있습니까?

**삶에
적용
하기**

1. 개혁신학은 하나님의 주권과 인격적 실재로서의 의지를 인과 관계로 규정합니다. 그렇다면 당신이 선한 것을 선택할 때와 악한 것을 선택할 때, 각각의 선택에 대해 어떤 태도를 지녀야 할까요?

2. 하나님께서는 거듭난 성도들에게 생활의 이정표로 율법을 주십니다. 당신은 율법을 은혜의 수단으로서 상고하며 실천하고 있습니까?

3. 당신은 범죄함으로 하나님의 쓰라린 채찍을 맞을 때, 그 환난을 부성애적인 하나님 아버지의 징계로 인식하고 감사합니까? 또 징계의 손길이 닿을 때, 우리의 죄를 깨닫고 성화의 회개를 이루는지 성찰해 봅시다.

죄의 심판에 대하여

Knowing! judgement of sins

11문답

올인원 하이델베르크 요리문답

제5강: 죄의 심판에 대하여

1. 하나님의 단순성에 따라 하나님의 공의와 사랑은 그분만큼 무한하
게 완전하다.

· 하나님의 사랑과 공의는 십자가에서 완전히 계시된다.

· 불의를 행하고 끝까지 믿지 않고 회개하지 않는 불의에 대한 하나님의
심판은 공의로운 것이다.

· 불신자들은 죄의 형벌로서 이생에서도 내세에서도 환난을 당한다. 이생
에서의 환난은 일시적이지만, 지옥에서의 환난은 영원하다.

· 불신자들은 지상에 속한 환난, 육체적 죽음 그리고 영원한 지옥의 형벌
을 받는다.

2. 신자도 지상에서 환난을 당하나 이 환난들은 그리스도 안에서 합
력하여 선을 이룬다.

· 하나님께서는 신자들의 지상적 환난을 징계로 사용하셔서 그들의 죄성
을 죽이시고 교정하신다.

· 하나님께서는 환난을 통해 성도의 무능을 깨닫게 하시는 동시에 당신의
능력과 은총의 가치를 깨닫게 하신다.

· 성도들의 죽음은 영원한 하나님 나라에 들어가는 관문이 된다.

· 성도들은 환난을 통해 하나님께서 주신 신앙이 진정한 것이었음을 인식
하고 감사하게 된다.

1. 하나님의 사랑과 공의

하나님께서는 공의로운 자비를 베푸시며, 자비로운 공의를 베푸십니다. 즉, 하나님께서는 완전한 자비와 완전한 공의를 소유하셨습니다. 하나님의 사랑도 하나님 안에서 무한하게 완전한 속성으로 존재하며, 하나님의 공의도 하나님 안에서 무한하게 완전한 속성으로 존재합니다. 하나님 안에서 사랑과 공의는 부분으로 존재하지 않고, 하나님 안에서 하나님만큼 완전하고 무한하게 존재합니다. 하나님의 속성들은 그분 안에서 부분들이 모여 전체를 이루는 식이 아닙니다. 엄밀히 말하면 하나님 안에서 공의와 사랑은 하나로서 존재합니다. 이러한 하나님의 속성을 하나님의 단순성(simplicity)이라고 부릅니다. 그래서 서로를 배제할 수 없고 서로가 부분으로 존재하지 않습니다. 인간이 인식의 한계 때문에 사랑과 공의를 각각 구분하여 인식하지만, 하나님 안에서는 하나의 속성입니다. 하나님의 사랑과 공의는 치우치지 않습니다. 그러므로 십자가에서 하나님의 공의와 사랑이 함께 만나고 교차합니다. 십자가는 하나님의 속성을 잘 반영합니다. 하나님께서는 죄를 공의롭게 다루시지만, 악인의 멸망을 기뻐하시지 않으며 (겔 18:23; 33:11), 인간이 타락했을 때 회개할 기회를 주셨을 뿐만 아니라 당신의 아들을 이 땅에 보내셔서 죄인들의 죄악을 그에게 담당시키셨습니다. 하나님께서는 십자가 사건을 통해 우리를 향한 당신의 사랑을 확증하셨습니다. 그러나 인생이 하나님의 사랑을 거부하고 불신과 회개하지 않는 마음으로 죄를 고집할 때, 그를 궁극적인 형벌에 처하심은 하나님께 정의로운 것입니다. 죄의 형벌에는 환난이 따릅니다. 그러나 죄에 따른 환난과 관련하여 신자와 불신자를 구분해야 합니다.

2. 불신자들이 심판으로 받는 일시적인 환난과 영원한 환난

이 땅에서의 환난

일시적 환난이란 육체적 죽음 이전에 겪는 이 땅에서 경험하는 환난입니다. 이들이 겪는 일시적 환난에는 질병, 가난, 치욕, 비방, 압박, 유배, 전쟁 등, 이 땅에서 겪을 수 있는 다양한 환난들이 있습니다.[1] 이러한 환난들은 이 땅에서 살아가는 거의 모든 사람들이 육체적 죽음(첫째 사망)에 이르기 전에 보편적으로 겪는 환난입니다(창 3:16-19). 심지어 이러한 일시적 환난은 예수 그리스도 안에 있는 하나님의 자녀들에게조차 임합니다. 그러나 일시적 환난을 생각할 때, 그리스도인들은 그리스도 안에 있으며 그리스도의 구속의 은총 안에 있다는 사실 때문에 그리스도인들에게 그 환난의 의미가 불신자들과는 다릅니다. 신자에 관련된 일시적 환난의 의미는 뒤에서 설명하고, 여기서는 불신자의 경우를 먼저 다루려 합니다. 일시적인 환난과 관련하여 환난이 성도들에게는 궁극적으로 긍정적이지만, 불신자들에게는 긍정적이지 않습니다. 왜냐하면 불신자들에게는 환난이 환난으로 끝나고 말기 때문입니다. 그리스도 밖에 있는 불신자들에게 환난이 궁극적으로 영적인 유익을 가져오지 못합니다. 세상 사람들에게도 환난은 일종의 성숙한 품성을 만드는 도구가 될 때도 있지만, 불신자들은 성도들이 누리는 궁극적이고 영적인 유익

---

1 Zacharias Ursinus, 146.

을 경험할 수 없습니다. 때로는 환난이 불신자들로 하여금 영원을 사모하도록 만들 때도 있지만, 불신자들이 그리스도에 대한 믿음에까지 이르지 못한다면 그러한 통찰도 궁극적인 유익을 가져올 수 없습니다. 사람은 환난 가운데 인생의 한계를 깨닫고, 인생의 덧없음을 깨닫고, 인생의 무능함을 깨닫습니다. 환난이 긍정적 효과를 내는 때는 이생에서의 삶을 넘어선 영원을 사모하게 하는 자극제가 될 때입니다(전 3:1-11). "하나님이 모든 것을 지으시되 때를 따라 아름답게 하셨고 또 사람들에게는 영원을 사모하는 마음을 주셨느니라 그러나 하나님이 하시는 일의 시종을 사람으로 측량할 수 없게 하셨도다"(전 3:11).

하나님께서는 인간이 이 땅의 한계를 깨닫고 영원한 세계를 동경하도록 하시기 위해 이 땅이 낙원 되는 것을 허락하지 않으셨습니다. 많은 사람들이 이성을 계몽(啓蒙)시키면 유토피아가 올 것이라고 장담했으나 우리가 사는 세상에서 유토피아는 발견된 적도 없고 앞으로도 불가능할 것입니다. 만일 그렇게 하셨다면, 타락한 인간은 더욱더 깊은 타락으로 빠져들어 갈 뿐이며, 영원을 향한 사모함은 더 멀어졌을 것입니다. 하나님의 구원을 목말라하라고 허락하신 환난을 통해 그리스도께로 나가지 못한다면, 일시적 환난은 그저 환난일 뿐이며 일시적 환난이 끝나는 동시에 영원한 환난으로 옮겨질 뿐입니다. 불신 속에서 조우하는 환난은 궁극적으로 형벌이요, 저주입니다. 불신 속에서 예수님 없이 건너는 환난의 강은 강박과 불안과 우울과 허무와 공포를 가져다 줄 뿐입니다.

환난 중에 최고의 환난은 자신의 양심이 스스로를 정죄하는 것입니다. 날마다 부패한 마음속에서 구정물 같은 죄성이 흘러넘치는데도 이를 제어할 능력이 없을 때, 인생은 무거운 양심의 정죄로 말미암아 신음해야 합니다. 양심의 속박을 받는 삶 속에는 평안이나 안정이나 기쁨이 존재할 수 없습니다. 전인격을 다해 사랑해야 할 하나님을 심판자로 직면할 때, 하나님의 공의는 증오의 대상이 됩니다. 그는 하나님과의 무서운 불화(不和)를 경험하게 됩니다. 양심의 정죄 속에서 서서히 다가오는 죽음을 대면할 때, 인생은 불안과 공포에 휩싸이게 됩니다.

첫째 사망, 영혼과 육체의 분리로서 죽음의 환난

두 번째로 불신자들이 겪는 환난은 육체적인 죽음입니다(창 3:19). 이 환난도 신자와 불신자가 함께 겪는 환난이긴 하지만, 역시 그 의미가 다릅니다. 육체적 사망이란 영혼이 몸으로부터 분리됨을 의미합니다. 그런데 불신자에게 죽음은 하나님과 영원히 분리되고 완전히 버림 받는 지옥으로 들어가는 문(門)의 역할을 합니다. 그러나 믿는 자에게 죽음은 부활의 생명으로 들어가는 문(門)의 역할을 합니다. 불신자는 죽음의 문 앞에서 피할 수 없는 진노에 직면하게 됩니다. 그들은 직면한 죽음 앞에서 어떤 소망도 가질 수 없습니다. 죽음 자체가 저주인 것입니다. 그들의 죽음은 죄를 해결할 수 있는 기회를 상실하는 것이며, 해결책 없이 하나님을 심판자로 직면하는 순간이 됩니다. 인간이 범죄하여 사망이 왕 노릇하게 되었지만, 하나님께서는 인간을 곧바로 죽이지 않으셨고, 죄 지은 인생이 곧바로 지옥에 떨어지지 않게 하셨습니다. 인생이 길면 120년까지도 살 수 있도록 그들의 생명을 연장시켜 주셨습니다. 이렇게 하신 이유는 인생들이 회개하고 돌아올 기회를 부여하시기 위함입니다. 이 땅에서 잠시 살 수 있도록 육체적 삶을 연장시켜 주신 자비는 일종의 집행유예(執行猶豫)와 같은 성격을 지닙니다. 그러나 많은 사람들이 하나님께서 주신 시간을 헛된 일에 소모합니다. 사람들은 이 땅에서 해결해야 할 일을 해결하지 않고, 몹시 헛되고 헛된 일에 인생을 쏟아붓고 허송하다가 죽음의 문제를 해결할 기회를 놓칩니다. 지옥에 떨어진 부자처럼 불신자들은 영혼을 위한 근심 없이 세상 쾌락만 일삼다가 죽음을 직면합니다. 이러한 영적 나태와 무감각은 구원의 기회를 박탈합니다. 이들은 때를 놓치고 영원한 불 못, 하나님의 진노의 손에 빠져들어 갈 것입니다. 그러므로 우리는 흘러가는 시간을 헛된 일에 소진해서는 안 됩니다. 시간을 아껴야 합니다. "세월을 아끼라 때가 악하니라"(엡 5:16).

영원한 형벌, 지옥의 환난

마지막 때에 믿지 않고 회개하지 않은 죄인들은 심판의 부활을 맞게 되어 몸과 영혼의 고통을 영원히 받게 될 것입니다. 영혼은 죄를 범하는 원천이며, 몸은 영혼의 도구로서 범죄에 가담하였기에 죄는 전인적인 형벌로 다스려집니다. 그러므로 지옥의 고통은 영적인 측면과 육체적인 측면을 모두 포함합니다. 그러나 그 고통의 깊이는 이 땅에 존재하는 그것을 넘어서기에 천국의 기쁨을 유추할 수 있듯 지옥의 고통도 유추할 수 있습니다. 그런 의미에서 지옥은 더욱 두려운 곳입니다. 그곳에는 지상에서 경험하지 못한 고통이 존재할 것입니다.

영원한 환난은 마귀와 회심하지 않고 죽은 자들에게 임합니다. 이 영원한 형벌은 지옥, 둘째 사망, 영원한 죽음 등으로 불립니다. 이 환난이 두려운 것은 이 고통이 영원히 지속되는 데 있습니다(영원성). 죽고 싶어도 죽을 수 없는 상태로 영원히 고통을 당하게 될 것입니다. 지옥의 고통은 영원할 뿐 아니라 그 고통의 무게도 지극할 것입니다. 모든 선한 것이 하나님 안에만 있기에 지옥에서는 그 어떤 선한 것도 기대할 수 없습니다(고통의 궁극성). 지옥의 괴로움은 말로 할 수 없이 극대화된 고통을 영원성 안에서 겪어야 하는 괴로움입니다. 그러므로 죄인들은 이생이 지나가기 전에 지옥의 환난을 깨닫고 그리스도께로 돌아와야 합니다. "몸은 죽여도 영혼은 능히 죽이지 못하는 자들을 두려워하지 말고 오직 몸과 영혼을 능히 지옥에 멸하실 수 있는 이를 두려워하라"(마 10:28). 믿는 자들은 자신들이 그러한 고통에서 구원받은 것을 알고 감사해야 하며, 은혜로 받은 구원에 합당한 삶을 살아야 합니다. 또 하나님의 사랑과 구원을 경험한 자로서 구원의 복음을 전해야 합니다.

인생은 그 생명이 영원하지 않다는 사실을 인식해야 합니다. 사람은 한 번 죽습니다. 사람이 한 번 죽는다는 명제는 진리 중에 진리이며 공리(axiom) 중에 공리입니다. 그러나 사람들이 가장 잘 망각하고 인정하려 하지 않는 것이 죽음이기도 합니다. 모두 영원히 살 것처럼 생각하며 하나님과 자신의 관계, 사후에 겪게 될 문제들에 관심이 없습니다. 죽음과 함께 손에서 모두 놓아야 할 것들에 마음이 사로잡혀 영원의 문제를 무시하다 결국 죽음을 맞고 회개할 기회를 놓치게 됩니다. "한 번 죽는 것은 사람에게 정해진 것이요 그 후에는 심판이 있으리니"(히 9:27). 성경은 사람이 잠시 살다가 반드시 죽음을 맞을 것이기에 믿고 회개하여 그리스도와 바른 관계를 맺어야 한다고 교훈합니다. 성경은 신앙에 이르지 못한 영혼들에게 지옥의 실재를 분명히 경고하고 있습니다(사 66:24; 마 25:41; 막 9:43; 벧전 4:18).

3. 긍정적 의미를 함축하고 있는 신자들이 겪는 이 땅에서의 환난

믿는 자, 경건한 자에게 환난은 불신자들의 그것과는 다른 의미로 다가옵니다. 불신자에게 환난은 심판 혹은 형벌이지만, 믿는 자에게 환난은 징계 혹은 십자가로 불립니다.[2] 믿는 자에게 환난은 형벌이 아닙니다. 신자를 향한 이 환난은 죄를 심판하거나 배상하기 위한 것이 아니기 때문입니다. 예수 그리스도의 공로가 우리에게 전가(imputation)되어 우리의 죄책을 완전히 없앴습니다. 성도에게 정죄와 심판은 없습니다. "그러므로 이제 그리스도 예수 안에 있는 자에게는 결코 정죄함이 없나니"(롬 8:1). 다만 하나님께서는 성도들이 범죄할 때, 부성애적인 사랑으로 당신의 자녀들을 징계하여 회개시키며 삶을 교정하도록 만드십니다.

---

2 Calvin, *Inst.*, III. 8. 6.

신자는 한편으로는 용서받아 하나님의 자녀가 되는 은혜를 받았고, 한편으로는 거듭나 성화를 이루는 은총을 부여받았습니다. 그러나 지상에서 성도들은 완전하지 못합니다. 그들은 죄의 지배력으로부터 해방되었지만, 여전히 죄와 투쟁합니다. 모든 그리스도인은 거듭난 생명을 가진 새로운 피조물이지만(고후 5:17), 그들 안에는 죄성이 남아 있기에 평생 자신들의 오염을 씻어 내고 성화되어야 합니다. 성도가 이 땅에서 환난을 당하는 것은 하나님의 섭리 안에서 일어난 일이며, 하나님의 은혜 안에서 일어난 일들입니다. 징계와 십자가는 하나님의 자녀이기에 받는 성도의 표인 것입니다. "징계는 다 받는 것이거늘 너희에게 없으면 사생자요 친아들이 아니니라"(히 12:8). "무릇 내가 사랑하는 자를 책망하여 징계하노니 그러므로 네가 열심을 내라 회개하라"(계 3:19). 징계는 하나님 아버지의 부성애의 한 측면입니다. 징계는 성도 안에 남아 있는 죄성을 죽이고, 성품을 성화시키는 섭리의 도구입니다. 성도의 환난은 몇 가지 의미로 구분해 볼 수 있습니다.

교정하시고 성화시키시는 도구로서의 징계와 십자가

성도가 죄를 범할 때 하나님께서는 성도의 죄를 결코 간과하지 않으십니다. 그러나 성도의 범죄는 용서 안에서 형벌이 아닌 징계로 다스려집니다. 하나님께서는 범죄한 성도를 죽이지 않으시고, 징계하심으로 교정하십니다. 성도가 범죄할 때, 하나님께서는 그를 자비와 부성애 안에서 교정하십니다. 불신자의 정죄와 달리, 신자의 범죄는 교정에 초점이 맞추어집니다.

성도들은 용서와 교정을 구분해야 합니다. 하나님께서는 당신의 자녀를 용서하셨지만 그들의 망가진 성품을 그대로 두지 않으십니다. 오히려 용서하셨기에 우리를 고치십니다. 다윗은 밧세바를 범하고 그의 남편 우리아를 간접 살인하였습니다. 그는 이 범죄 이후에 하나님과의 교제의 단절과 그로부터 오는 영혼의 고통을 느꼈습니다. 이 쓰라린 징계로 말미암아 그는 통렬한 회개, 진정한 회개를 올리게 됩니다. 하나님께서 다윗을 용서하셨습니다. 그러나 용서받은 이후 그를 교정하시기 위해 하나님께서는 수술용 메스를 드셨습니다. 다윗을 용서하셨기에 그를 교정하기 시작하신 것입니다. 그는 패륜아 압살롬에게 모반(謀反)을 당했고 아들의 칼에 위협당하여 피난을 떠나는 수치를 당했습니다. 다윗은 그것을 하나님의 자비로 여겼고, 겸손해졌습니다. 그러나 이것을 죄의 배상으로 여겨서는 안 됩니다. 인간은 죄를 배상할 힘이 없습니다. 죄에 대한 배상은 언제나 그리스도의 완전한 의(義)로만 가능합니다.

내면의 신앙의 진정성을 드러나게 하는 시험(test)으로서의 징계와 십자가

성도들에게 환난은 하나님의 자녀들의 성품, 신뢰, 소망, 인내, 사랑의 증거를 드러내는 하나님의 시험(test)을 포함합니다. 하나님께서는 때로 우리의 믿음을 확증하고 검증하시기 위해 환난을 주십니다. 더 큰 믿음으로 성장시키시고 신앙 성품을 단련하시기 위해 주시는 것입니다. 때로 환난은 성도의 연약함을 드러내어 하나님을 의지하여 사는 이치를 깨닫게 하기도 합니다. 욥과 요셉이 그런 환난을 당했습니다. 징계의 환난은 단지 구체적인 범죄를 저질렀을 때에만 나타나지 않습니다. 우리가 구체적이고 가시적인 죄를 범하지 않더라도, 우리 안에는 죄성이 남아 있습니다. 드러나지 않은 죄성을 성화시키시기 위해 하나님께서는 특별한 범죄 없이도 연단을 주십니다. 이런 연단이 필요 없을 만큼 완전한 자는 없습니다. 그러므로 환난의 때에 "아무 짓도 하지 않은 나에게 왜 이런 환난의 채찍을 가하십니까?"라고 원망하는 것은 옳지 않습니다.

또한 환난은 우리의 믿음이 진정한 것인지 확인하게 만듭니다. 환난의 때야말로 우리의 믿음이 가장 왕성하게 하나님께 집중하고 그를 붙드는 때입니다. 환난의 때에 성도는 믿음의 잠재력을 발견합니다. 그리고 우리에게 주신 믿음으로 예수님을 붙드는 복이 얼마나 큰 것인지 깨닫게 됩니다. 그는 숨겨져 있던 믿음을 환난을 통해 표명하게 되고, 증거 받게 되고, 인정받게 됩니다. 환난이 없다면 우리는 언제나 모든 일이 우리의 능력과 자질로 성취되었다고 믿을 것입니다. 그러나 십자가, 곧 환난을 겪게 되면, 우리의 무능이 드러납니다. 우리의 믿음은 그때 깨어나고 내가 아닌 하나님을 의지해 살아가는 법을 깨닫게 됩니다. 환난의 때에 하나님의 능력으로, 그분의 사랑으로, 그분의 은혜로 살아가는 법을 배우고 그분만을 붙들게 됩니다. 신앙 성품은 이러한 하나님을 믿고 살아가는 겸손과 신뢰를 의미합니다. 평상시에는 동일해 보이는 믿음도 환난의 때가 되면 그 정체를 드러냅니다. 환난의 때에 드러나는 믿음이 진정한 믿음이요 환난의 때에 드러나는 하나님을 향한 사랑이 진정한 사랑입니다.

하나님께서 미래를 알지 못하시거나 어떤 사람이 진정한 믿음을 가졌는지 그렇지 않은지를 모르셔서 시험하시는 것이 아닙니다. 하나님께서는 당신께서 주신 믿음의 가치를 시험을 통해 드러내시기를 원하고 기뻐하시는 것입니다. 사람의 편에서는 시험을 통해 자신의 믿음의 진정성을 다시 확인하며, 이런 연단의 과정을 통해 믿음이 더욱 진보해 가는 것입니다.

결론적으로, 위에 언급한 환난의 의미들을 이해할 때, 우리는 다음과 같은 위로를 받습니다. 징계와 십자가가 우리에게 주어진 것이 복입니다. 그것은 그리스도 안에서 하나님과 화목된 자에게만 임합니다. 잠시 동안 징계를 받고 십자가를 지며 인내하는 것이, 세상에서 안락을 누리다가 영원한 지옥에서 고통당하는 것보다 낫기 때문입니다. 불신자들에게는 징계가 없습니다. 그들의 머리 위에는 하나님의 진노가 머물러 있습니다.

**내용
확인
하기**

1. 하나님의 단순성(simplicity) 안에서 하나님의 사랑과 공의
   는 어떻게 설명됩니까?

2. 십자가는 어떤 의미에서 사랑과 공의의 교차점이 됩니까?

3. 불신자들이 겪는 이생에서의 일시적 환난과 영원한 환난
   은 무엇입니까?

4. 지옥의 고통은 어떠한 것입니까?

5. 신자가 겪는 환난은 불신자의 그것과 어떻게 다릅니까?

6. 하나님의 섭리와 사랑 가운데 성도에게 주어지는 환난은
   어떤 목적과 유익을 위해 주어집니까?

올인원 하이델베르크 요리문답

1. 당신은 십자가에 담긴 하나님의 공의를 인식하고 있습니까? 우리가 받은 용서와 거룩한 새 생활이 얼마나 철저한 공의의 대가를 치르고 성취된 것인지 감사하고 있습니까?

2. 당신도 죄와 허물로 죽었던 자로서 은혜로운 부르심이 없었다면 지옥의 고통을 당했을 것입니다. 당신은 지옥으로부터 구원받은 은혜에 대하여 항상 감사하고 있습니까? 또 지옥의 심각성을 인식하여 죄인들에게 복음을 성실히 전하고자 하는 마음을 지니고 있습니까?

3. 당신은 때때로 찾아오는 환난을 하나님의 섭리와 사랑 속에서 맞이하는 신앙을 가지고 있습니까? 당신은 환난을 통해 자신의 무능을 깨닫고, 은총과 믿음의 가치를 확인하게 됩니까? 혹은 환난 속에서 불평과 원망과 절망에 휩싸입니까? 그리스도인이 환난을 어떻게 해석하고 대면해야 할지 성찰해 봅시다.

죄로부터의 구원에 대하여:

믿음으로 말미암은 구속을
성취하신 그리스도와의 연합

Knowing! how to be delivered
from all my sins and misery: only
by faith, union with Christ
who have accomplished
redemption

12-21문답

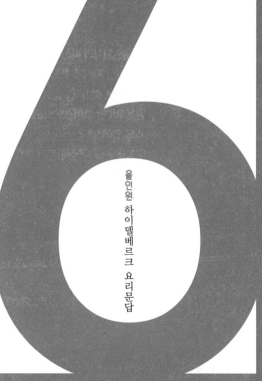

올인원 하이델베르크 요리문답

6강: 죄로부터의 구원에 대하여
– 믿음으로 말미암은 구속을 성취하신 그리스도와의 연합

1. 죄인의 중보자는 참 하나님이시면서 동시에 참 사람이셔야 한다.

· 죄인을 대신해 속죄를 이루시기 위해서는 인간의 본성을 지니셔야 했다.
· 참 인간만이 인간을 대신해 실제적인 형벌을 당하고 율법 아래 놓여 순종할 수 있었다.
· 그리스도께서 죄인의 죄책을 전가받아 감당해야 할 형벌의 무게는 무한해서 신성의 협력이 필요했다. 따라서 중보자는 인간일 뿐만 아니라 하나님이셔야 한다.
· 인간의 죄를 대속할 희생 제물의 가치는 범한 죄만큼 무한해야 했다.

2. 믿음은 구원의 도구적 원인이다.

· 믿음은 지식과 확신과 신뢰의 요소를 갖는다.
· 믿음이란 지식과 확신과 신뢰는 전인격적으로 하나님과 그분의 약속을 지향하는 것이다.
· 믿음으로만 그리스도와 연합할 수 있다. 구원에 속한 모든 것들이 그리스도 안에 있다.
· 말씀을 들을 때 성령께서 유효적 부르심을 통해 택자의 마음에 믿음을 일으키신다.

1. 참 하나님이신 동시에 참 인간이신 중보자 예수 그리스도와 복음

(1) 죄인을 위한 유일한 중보자, 예수 그리스도(12-17문답)

우리는 이제까지 하나님께 불순종함으로 인간이 어떠한 비참에 처했는지를 살펴보았습니다. 이제는 우리가 우리의 비참을 인정한다면, 우리와 같은 비참한 죄인들이 구원받을 수 있는 길이 무엇인지 질문할 때가 되었습니다. 하이델베르크 요리문답 12문답에서 19문답까지를 통해 우리는 이 문제를 다룰 것입니다.

구원과 하나님의 공의의 만족

12문답은 인간 편에서 구원을 획득할 길이 있는지 묻습니다. 가정이지만 그렇게 되려면 인간 편에서 하나님의 공의를 완전히 만족시켜야 합니다. 그러나 하나님의 율법의 요구는 완전하고 그분의 공의도 완전하여 전적으로 타락하고 무능한 죄인은 결코 율법과 공의의 요구를 만족시킬 수 없습니다. 죄인이 공의를 충족시킨다는 말의 의미는 무엇입니까? 하나님의 공의를 만족시킨다는 의미는 첫째, 우리가 받을 형벌을 다 받아 낸다는 의미입니다. 둘째, 완전한 순종을 성취한다는 의미입니다. 죄인은 아담 안에서 범죄함으로 지게 된 형벌을 받아야 할 뿐 아니라, 행위 언약 안에서 요구된 완전한 순종도

만족시켜야 했습니다. 만일 이 두 가지를 만족시킬 수 있다면 구원받을 수 있을 것이지만, 이는 순전히 가정일 뿐입니다. 우리에게 주어진 형벌은 영원한 것이어서 이 저주를 끝낼 수 없습니다. 또한 완전한 순종의 요구가 타락하고 무능한 죄인으로서는 결코 이룰 수 없는 수준이기 때문에, 역시 순종을 통해 하나님의 공의를 만족시킬 수 없습니다. 율법이 요구하는 수준은 완전하고 엄중합니다. "무릇 율법 행위에 속한 자들은 저주 아래에 있나니 기록된 바 누구든지 율법 책에 기록된 대로 모든 일을 항상 행하지 아니하는 자는 저주 아래에 있는 자라 하였음이라"(갈 3:10).

이처럼 인간 편에서 하나님의 공의를 만족시키는 일이 불가능함을 13문답이 답합니다. 모든 인류는 아담 안에서 무한하신 절대자를 향해 범죄했고, 이는 무한하시고 거룩하신 하나님의 영광을 범한 것입니다. 그러므로 그 형벌도 무한하고 영원합니다. 아담 안에서 지게 된 죄책과 형벌은 무한하지만, 우리의 순종은 불완전하고 미약합니다. 그러므로 영원한 형벌을 스스로 보상한다는 의미는 멈추지 않는 쳇바퀴를 영원히 돌리며 영원히 고정된 제자리에 머무는 것과 다를 바 없습니다. 더욱더 서글프고 절망적인 사실은 이러한 죄책과 형벌의 채무를 진 인간이 지금, 날마다, 순간마다 새로운 죄를 쌓고 있다는 것입니다. "다만 네 고집과 회개하지 아니한 마음을 따라 진노의 날 곧 하나님의 의로우신 심판이 나타나는 그 날에 임할 진노를 네게 쌓는도다"(롬 2:5).

타락 후 인간은 생명에 속한 것들을 위해 아무것도 할 수 없는 무능한 존재가 되었습니다. 죽은 자는 아무것도 할 수 없습니다. 타락할 때 하나님의 형상이 파괴되었습니다. 모든 사람들이 아담 안에서 원의(original righteousness)를 상실하여 영혼의 올바름을 잃었습니다. 곧, 이성과 의지의 올바름을 상실했습니다. 죄인은 하나님의 뜻을 인식할 수도 없을뿐더러, 설사 하나님의 뜻을 안다 해도 순종하거나 사모하거나 그 뜻을 따라갈 힘이 없습니다. 모든 죄인은 허물과 죄로 죽은 자들이며 본질상 진노의 자녀입니다(엡 2:1-3). 불신자들은 죄의 지배력 아래 있습니다. 그들은 죄의 노예입니다. 결코 하나님 앞에서 생명 길을 깨닫고 좇을 수 없습니다. "그러나 너희가 그 때에는 하나님을 알지 못하여 본질상 하나님이 아닌 자들에게 종 노릇 하였더니"(갈 4:8). "전에는 우리도 다 그 가운데서 우리 육체의 욕심을 따라 지내며 육체와 마음의 원하는 것을 하여 다른 이들과 같이 본질상 진노의 자녀이었더니"(엡 2:3). 자연인도 도덕적 행위를 할 수 있습니다. 그러나 그것은 생명에서 나온 것이 아닙니다. 죄를 억제하시는 하나님의 손길에서 나온 것입니다. 그러므로 하나님을 향한 신앙과 사랑의 동기가 결여된 행위일 뿐입니다.

그러므로 예수님 없이 구원을 생각하는 것은 시력 없는 자가 보겠다는 의미와 같고, 발 없는 자가 걷겠다는 의미와 같으며, 헤엄칠 줄 모르는 자가 바다 한가운데서 뭍으로 나오겠다는 의미와 같은 것입니다. 죽은 자는 인식도, 감각도, 의지도 없습니다. 육체는 살아 있지만, 예수 밖에 있는 사람들은 하나님과 영적 일들에 관해 철저히 무능합니다. 영적으로 죽어 있는 자는 자신의 구원을 위해 아무것도 할 수 없습니다. 그러므로 하나님의 공의를 만족시키고, 우리를 대신할 존재가 필요합니다. 왜냐하면 우리 안에 해결책이 없기 때문입니다.

하나님의 공의를 만족시킬 중보자의 필요성

그렇다면 누가 우리를 대신하여 죄의 문제를 해결할 수 있을까요? 12문답에는 "다른 이를 통해서든"이라고 기록되어 있습니다. 그렇습니다. 우리는 안 되니 우리 밖에서 구원을 찾아야 하는데, 누가 우리를 대신할 수 있을까요? 우리 아닌 "다른 이"는 누구일까요? 14문답은 누가 우리를 대신할 수 있는지를 좀 더 깊이 생각하도록 만듭니다. 14문답에서는 피조물 가운데 우리를 대신할 자가 없다고 고백합니다. 다른 피조물들 가운데 우리를 대신해 구속을 이루어 줄 대상이 존재하지 않는 이유는 무엇입니까?

첫째, 앞에서 언급한 것처럼, 인간이 하나님께 저지른 죄는 무한하고 영원한 형벌을 자초했습니다. 그러므로 그 죄를 속량하는 제물은 무한한 가치를 지녀야 하는데, 어떤 피조물도 무한한 가치를 갖지 못합니다. 천사도 유한한 피조물일 뿐입니다. 둘째, 인간을 대신하려면 그의 대리자가 되기 위해 대신하는 대상과 같은 본성을 지녀야 하는데, 천사나 동물에게는 인간의 본성이 없습니다. 셋째, 동일한 본성을 지닌 인간이라 할지라도, 부패한 인간은 다른 죄인을 구원할 수 없습니다. 부패한 인간도 제물의 가치가 없습니다. "아무도 자기의 형제를 구원하지 못하며 그를 위한 속전을 하나님께 바치지도 못할 것은 그들의 생명을 속량하는 값이 너무 엄청나서 영원히 마련하지 못할 것임이니라"(시 49:7-8). 그러나 이러한 비참한 상황 중에도 구원을 위한 한 길(only one way)이 마련되어 있습니다. 15문답은 길이 없는 것처럼 여겨지는 죄인들에게 소망을 줍니다.

한 인격 안에 신성과 인성이 연합된 유일한 중보자, 그리스도

15문답은 죄인을 위한 중보자로서 예수 그리스도를 제시합니다. 하나님께서는 중보자 예수 그리스도를 세우셔서 사랑과 공의를 성취하는 십자가를 통해 구속을 성취하셨습니다. 죄인의 중보자가 세워진 일은 영원 전 성부와 성자 사이에 맺어진 구속 언약(covenant of redemption)[1]에 기원합니다. 하나님께서 선택을 통해 구원의 대상을 정하시고, 구속 언약을 통해 택자들을 죄로부터 구원할 방법을 계획하셨

---

1 구속 언약은 영원 전에 구원의 방법을 삼위 안에서 정하신 삼위 간의 언약이다. 즉, 성부께서는 성자를 선택하신 자들의 머리와 구주로 주시기로, 성자께서는 성부께 순종하여 성부께서 자기에게 주신 자들을 구원하시기로, 성령께서는 성자께서 이루신 구속을 성부께서 선택하신 자들에게 적용하시기로 협정을 맺으셨다. 구속 언약과 예정의 차이는, 구속 언약이 구원의 방법을 영원 전에 정하신 하나님의 사역이라면, 예정은 구원의 대상을 정하신 하나님의 사역이라 할 수 있다.

습니다. 영원 전에 성부께서는 인류의 중보자로 성자를 세우셨고, 성자께서는 자발적으로 기꺼이 성부께 동의하고 순종하셨습니다. 은혜 언약은 예수 그리스도의 중보 사역의 성취로 역사 속에서 열매 맺게 된 것입니다. 그러므로 그리스도께서는 언약의 중보자, 언약의 보증인으로 불립니다. 영원 전 구속 언약은 은혜 언약의 토대요 기초입니다. 그런 의미에서 성도들은 그리스도 안에서 하나님과 은혜 언약을 맺는 언약의 당사자들이 될 수 있는 것입니다.

중보자가 되기 위한 조건은 16-18문답을 통해 알 수 있습니다.

중보자가 인간이셔야 하는 이유

성부께서 세우신 중보자는 우리를 대신할 수 있는 자격을 갖추신 분입니다. 그 조건이 무엇입니까? 16문답에 따르면 중보자는 인간이셔야 합니다.

첫째, 인간을 대신하기 위해 인간의 본성을 가져야 합니다. 중보자는 인간이어야 합니다. "사망이 한 사람으로 말미암았으니 죽은 자의 부활도 한 사람으로 말미암는도다"(고전15:21). "율법이 육신으로 말미암아 연약하여 할 수 없는 그것을 하나님은 하시나니 곧 죄로 말미암아 자기 아들을 죄 있는 육신의 모양으로 보내어 육신의 죄를 정하사"(롬 8:3). "그러므로 주께서 친히 징조를 너희에게 주실 것이라 보라 처녀가 잉태하여 아들을 낳을 것이요 그의 이름을 임마누엘이라 하리라"(사7:4). 둘째, 중보자가 되기 위해서는 무한한 인간의 죄책과 영원한 형벌을 상쇄할 만큼 가치 있는 제물이어야 합니다. 무한한 가치는 하나님께만 존재하니, 그 제물은 인간인 동시에 하나님이셔야 합니다(요 1:1; 사 23:6). 셋째, 인성을 가진 중보자는 흠 없는 제물이 되셔야 하니, 중보자에겐 죄가 없어야 합니다. "우리에게 있는 대제사장은 우리 연약함을 체휼하지 아니하는 자가 아니요 모든 일에 우리와 한결같이 시험을 받은 자로되 죄는 없으시니라"(히 4:15). 그렇습니다. 바로 우리의 죄를 대신하여 형벌을 받으시고, 우리를 위해 모든 율법을 흠 없이 만족시킬 분은 예수 그리스도 한 분뿐이십니다. 그러므로 성경은 우리의 죄책을 제거하시기 위해 자기의 의(義)를 전가하시는 분은 오직 유일한 중보자 그리스도뿐이심을 알려 줍니다.

중보자가 하나님이셔야 하는 이유

16문답은 중보자가 참 인간이셔야 하는 이유를 알려 주었다면, 17문답은 중보자가 왜 하나님이셔야 하는지 알려 줍니다. 그 이유는 다음과 같습니다.

첫째, 성자 예수님께서 인성을 취하셔서 인간이 되심으로 우리의 형벌과 순종의 채무를 대신 지셨습니다. 그런데 예수님께서 대신 지신 무한하고 영원한 하나님의 진노와 형벌의 죄 짐은 너무도 무거워 신성의 조력이 필요합니다. 예수님께서 십자가 위에서 경험하신 형벌은 시간적으로는 일시적이나 형벌의 질과 본질에서는 무한한 것이었습니다. 예수님께서는 하나님으로부터의 단절, 곧 지옥의 고통을 관계적으로 경험하셨습니다. 이러한 극한 고통을 연약한 인성만으로는 감당할 수 없습니다. 자카리아스 우르시누스(Zacharias Ursinus)는 본 문답을 다음과 같이 해설합니다. "우리의 중보자께서 그저 사람에 불과했고, 그런 상태로 하나님의 진노의 짐을 스스로 짊어지셨다면, 그는 그 무게에 눌려 뭉개졌을 것이다. 그러므로 그가 절망 가운데 빠지거나 뭉개지지 않고 무한한 형벌을 감당하시기 위해서는 반드시 무한한 힘을 소유한 분이셔야 했고, 그렇기 때문에 하나님이셔야 했던 것이다."[2] 우르시누스는 또 말합니다. "그 형벌의 기간에 있어서는 일시적이지만 그 중함과 위엄과 가치에 있어서는 무한한 것이었다."[3] 요약하자면, 무한한 가치의 제

---

2 Zacharias Ursinus, 171.
3 Zacharias Ursinus, 171-172.

물로서 예수님께서 질적으로 영원한 형벌을 받으실 때, 제물의 무한한 가치 때문에 그 시간적 무한성이 상쇄됩니다.

둘째, 인간이 감당해야 할 죄악과 형벌이 하나님을 향해 무한한 것이었기에, 구속자는 무한한 가치의 제물이어야 했습니다.[4] 인간의 죄책을 용서하기 위한 희생 제물은 하나님께서 요구하시는 공의의 완전함과 엄중함의 정도를 만족시킬 수 있는 제물이어야 했습니다.

셋째, 창조와 섭리와 구속은 하나님의 영광을 드러내는 하나님의 사역입니다. 창조와 섭리와 구속에서 하나님의 영광이 계시됩니다. 하나님의 사역의 목적과 인간이 창조되고 구원받는 목적도 궁극적으로 하나님을 영화롭게 하는 데 있습니다. 중보자는 대속을 성취하실 뿐만 아니라 대속의 행위를 통해 하나님의 영광을 생명 안에서 죄인들에게 계시하십니다.[5] 예수님께서는 성부 하나님의 형상을 가장 완전하게 계시하실 수 있는 유일한 분이십니다. "그는 보이지 아니하시는 하나님의 형상이요 모든 창조물보다 먼저 나신 자니"(골 1:15). 예수님께서는 성부와 동일한 본질을 가지셨으며, 삼위일체 제2위 하나님이십니다. 예수님께서는 인간처럼 모형적인 의미에서 하나님의 형상을 가지신 것이 아니라 동일한 본질 안에서 성부를 계시하십니다. 예수님 안에서 진정 하나님을 발견하게 됩니다. "예수께서 가라사대 빌립아 내가 이렇게 오래 너희와 함께 있으되 네가 나를 알지 못하느냐 나를 본 자는 아버지를 보았거늘 어찌하여 아버지를 보이라 하느냐"(요 14:9). "본래 하나님을 본 사람이 없으되 아버지 품속에 있는 독생하신 하나님이 나타내셨느니라"(요 1:18). "그가 태초에 하나님과 함께 계셨고 만물이 그로 말미암아 지은 바 되었으니 지은 것이 하나도 그가 없이는 된 것이 없느니라"(요 1:2-3)

---

4 Zacharias Ursinus, 171.
5 Zacharias Ursinus, 173.

넷째, 중보자가 참 하나님이셔야 하는 이유는 부활 이후에도 승천을 통해 하늘에서 자녀들을 중보하셔야 하기 때문입니다. 예수님께서는 모든 의(義)를 이루시어 구속을 성취하시고 높아지셔서 하늘과 땅의 권세를 가지시고 왕으로 등극하셨습니다. 그분은 만유 안에서 만유를 충만케 하시는 충만으로 교회를 충만케 하십니다. 예수님께서는 죄와 마귀와 사망을 이기시고, 합법적으로 죄인을 구원하시며, 그들을 교회로 모으십니다. 그리고 영화의 날까지 그들을 통치하실 자격을 지니셨습니다. 예수님의 육체는 하늘에서 영화된 채로 계시지만, 그분은 하나님이시기에 그의 권능과 능력으로 온 세상에 흩어진 교회에 역사하십니다. 그리고 주께서 성령을 파송하여 교회에 용서와 거룩 그리고 세상을 이길 능력을 제공하고 계십니다. 단지 인간이셨다면, 예수님께서는 이러한 온 우주적 통치를 감당하지 못하셨을 것입니다. 진정한 영원한 중보자는 우주를 통치하실 수 있는 분이셔야 합니다. 종말이 오기까지 세상에는 죄와 마귀와 사망이 역사하는데, 중보자가 세상 역사를 주관하실 수 없다면 세상 속에 세워진 교회가 안전할 수 없을 것입니다. 예수님께서는 세상과 우주 역사를 주관하시고 섭리하심으로 그 안에 세워진 연약한 교회를 보존하시고 이끌어 가십니다. 예수님께서 육체로는 하늘에 오르셨고, 그의 신성과 성령으로는 교회를 중보하고 계십니다. 그분은 인간이시기에 우리를 대신하며, 참 하나님이시기에 하나님을 계시하시고, 하나님과 우리의 교제의 다리가 되어 주십니다. 그의 핏값으로 이루신 것들을 그분의 신성으로 온 세상에 나누어 주고 계신 것입니다. 세상 끝 날까지 교회는 중보자의 보호와 인도 아래 있습니다. 이 영광스럽고 복된 일들은 예수님께서 참 사람이시면서 참 하나님이시기에 가능합니다.

예수 그리스도께서는 하나님의 본성(divine nature)과 인간의 본성(human nature)을 한 인격 안에(in one person) 가지신 분으로서 구속자의 자격을 모두 지니셨습니다.

제2위 성자께서 인성을 취하여 신-인(God-man)이 되신 것입니다. "그 안에는 신성의 모든 충만이 육체로 거하시고"(골 2:9). 예수님께서는 무한한 사랑으로 이 땅에 오시되, 우리를 대신해 고통 받으시고 죽음을 친히 받아 내시기 위해 완전한 사람이 되신 것입니다. 그러므로 신성의 충만이 육체로 거하신 성자의 성육신 사건은 우리를 향한 큰 사랑의 증거입니다. 이런 하나님의 능력과 지혜 그리고 영광이 그리스도의 성육신 안에서 온 누리에 빛납니다. 예수 그리스도, 유일한 중보자이시기에 오직 그분만을 믿어야 합니다. 오직 그분 안에 구원이 있습니다. "다른 이로써는 구원을 받을 수 없나니 천하 사람 중에 구원을 받을 만한 다른 이름을 우리에게 주신 일이 없음이라 하였더라"(행 4:12). 우리의 중보자 그리스도만을 붙들 때, 용서받고 변화되어 하나님을 영화롭게 할 수 있습니다. 인생 속에 샘솟는 진정한 감사가 오직 그리스도 안에 있습니다.

(2) 복음을 통해 계시된 중보자 그리스도의 구속 성취(18-19문답)

19문답은 복음을 다룹니다. 복음은 인간의 비참에 대한 응답입니다. 즉, 인간론에서 중요한 주제인 인간의 타락에 대한 대안입니다. 복음은 인간의 비참을 전제합니다. 그런 의미에서 19문답은 인간의 비참을 다루는 3문답에 상응합니다.[6] 죄로부터 비롯된 비참에서 구원받는 길을 전하는 것이 복음입니다. 복음은 타락한 인간이 중보자 예수 그리스도 안에서 구원의 은총에 참여하는 길을 전합니다. 복음은 죄인을 위해 예수 그리스도께서 은혜 언약의 보증인이 되셔서 하나님의 영원한 언약을 성취하신 바를 전합니다. 그런 의미에서 복음의 주체는 예수 그리스도이십니다. 복음의 주체가 예수 그리스도이시기에, 예수 그리스도의 오실 것을

---

6 Zacharias Ursinus, 191.

계시하는 구약과 예수 그리스도의 오심을 계시하는 신약은 모두 복음입니다. 왜냐하면 신구약의 중심이 예수 그리스도이시기 때문입니다. 따라서 성경 전체가 복음입니다.[7] 더 좁은 의미로 그리스도와 그분의 구속의 성취 그리고 성령을 통한 구속의 적용이 모두 복음의 내용을 이룹니다.

복음은 구약 시대에 족장들과 선지자들을 통해 약속으로 전해졌고, 모세 시대에는 율법을 통해 전해졌습니다. 도덕적 규례와 희생 제사와 의식들을 통해 그림자와 예표로서 예수 그리스도는 전해지셨습니다. 모세 시대 은혜 언약은 율법으로 시행되었지만, 율법은 언제나 그리스도를 가리키기 위한 것으로 사용되었습니다.[8] 율법으로 죄를 깨닫게 하여 그리스도의 필요성을 인식하게 했고, 율법의 의식들을 통해 예수 그리스도를 예표하였습니다. 전자를 율법의 초등 교사 역할이라 부르고, 후자를 예표의 역할이라 합니다. 그런고로 구약 역시 은혜 언약의 본질에서는 신약과 다를 바가 없습니다. 창세기 3:15의 원시 복음으로부터 요한계시록까지 옛 언약과 새 언약 모두는 본질이 하나인 은혜 언약입니다.

때가 차매, 예수님께서 성육신하셔서 그의 전 생애와 십자가 고난을 통해 구속을 성취하시고, 성도들의 지혜와 의로움과 거룩함이 되셨습니다. 성령의 내주를 통해 예수님께서 성도의 마음을 통치하심으로 하나님의 나라가 임하였습니다. 예수 그리스도와 그분 안에 있는 구원에 속한 신령한 복들을 신뢰하고 믿는 성도들에게 영생이 임합니다. 예수 그리스도와 그분 안에 있는 구원의 복된 소식이 성경을 통해 심령에 들려질 때, 성령께 조명받은 자들은 중생하고 죄 사함을 받고 성화됩니다. 그리고 그들은 성령의 보증 안에서 신앙의 분투를 하다 부활에 이릅니다.

---

7 신약과 구약, 옛 언약과 새 언약이 외적, 부차적 형식에서는 다양하지만, 본질에 있어서는 동일한 은혜 언약이라는 의미를 신구약의 통일성이라 부른다. 구약이나 신약이나 모두 그리스도 안에서의 구속을 계시한다. 구약과 신약의 중심과 본질은 그리스도이시며 그분 안에서 예표, 예언되고 성취된 구속의 약속이다. 참조. Calvin, *Inst.*, II. 10-11.

8 Calvin, *Inst.*, II. 7. 1-2.

이 모든 일들이 예수 그리스도의 복음을 통해 역사하시는 성령의 사역으로 성취됩니다. 복음은 구원을 주시는 하나님의 능력입니다(롬 1:16; 요 6:40).

복음은 예수 그리스도와 그분 안에 있는 구속의 신령한 복들을 소개할 뿐 아니라, 성령께서 이 복음을 듣고 믿게 함으로 택자들을 불러 모아 구원하심을 알려 줍니다. 복음은 구원의 주체되신 그리스도를 전합니다. 그리고 복음은 그리스도 안에 있는 복음의 내용을 전합니다. 그리고 복음은 구원받는 방법을 전하는 동시에 구원받는 방법 자체입니다. 성도는 복음을 믿음으로 구원을 받습니다. "그러므로 믿음은 들음에서 나며 들음은 그리스도의 말씀으로 말미암았느니라"(롬 10:17). 복음이 들려질 때 성령께서 믿음을 주시므로, 죄인은 거듭나고 죄 사함을 받고 성화됩니다. 성령께서 성도들의 마음에 내주하시고 통치하시는 복음의 효력은 성도의 마음과 교회 속에 하나님의 나라를 이룹니다.

복음이 들려지는 곳에서만 성령의 역사가 있습니다. 복음이 들려지지 않는 곳에는 구원이 없습니다(롬 10:13-15). 복음이 들려질지라도 성경대로 진정한 복음이 전해져야 합니다. 오늘날 말씀과 교리를 진지하게 전하고 배우지 않는 풍토 때문에, 많은 강단에서 축소되고 왜곡되고 희석된 다른 복음(any other gospel, 갈 1:8)이 전해지고 있습니다. 율법주의 신학에 물든 복음, 방종주의 풍조에 물든 복음, 세속 심리학에 물든 복음, 물질만능주의와 실용주의에 물든 복음이 만연합니다. 복음의 내용을 결여한 채 기복주의와 인간의 심리를 긁어 주는 힐링, 웰빙의 메시지로 가득 찬 복음이 판을 칩니다. 예수 그리스도와 그 안의 신령한 구속의 복들을 성실히 전해야 합니다. 성경은 경고합니다. 인본주의적인 복음, 세속화된 복음, 율법주의와 방종주의에 오염된 복음이 결코 구원의 역사를 일으킬 수 없으며, 복음의 궁극적 목적인 하나님의 영광을 드러낼 수도 없습니다. 이제 강단에서 목사들은 인간과 자기 이야기를 내려놓고, 성경을 전하고 선포해야 합니다. 오직 복음이 들려질 때만, 죽은 영혼이 중생할 수 있고 회심할 수 있기 때문입니다. 성경을 전할 때만 잠든 그리스도인들을 흔들어 깨울 수 있습니다. "그러나 우리나 혹 하늘로부터 온 천사라도 우리가 너희에게 전한 복음 외에 다른 복음을 전하면 저주를 받을지어다"(갈 1:8).

2. 구원의 도구적 원인, 믿음

(1) 그리스도와의 연합의 유일한 도구, 믿음(20문답)

하이델베르크 요리문답 20문답에 따르면, 그리스도와의 연합 안에 있는 구원의 은총이 오직 믿음으로 말미암아 주어집니다. 그러나 믿음이 모든 사람들에게 주어지지는 않습니다. 성경의 증거와 우리의 경험을 통해 모든 사람들이 구원받지 못한다는 사실을 알 수 있습니다. 모든 사람이 구원에 이르지 못하는 것은 그리스도의 속죄의 공로와 보상의 효력이 부족해서가 아닙니다. 먼저는 하나님께서 타락한 사람들 가운데 일부만을 선택하셨으며, 이 선택에 따라 일부에게만 믿음이 허락되기 때문입니다. 그런 의미에서 믿음으로 말미암은 그리스도와의 연합은 오직 택자에게만 나타납니다. 칼뱅은 그리스도와의 연합 안에서 성도가 누리는 칭의와 성화를 이중 은총(dual grace)이라고 표현합니다. 그리고 이 이중 은총을 받도록 그리스도와 죄인을 연합시키시는 "띠"(bond, *vinculum*)가 성령이십니다.[9] 그리스도와의 연합과 그 안에서 받은 구속의 은총들은 선택의 경험적(posteriori) 증거입니다. 하나님께서 선택한 사람에게 말씀을 들려주시고, 성령의 조명으로 믿음을 일

---

9 Calvin, *Inst.*, III. 1. 1.

으키십니다.[10] 믿음은 그리스도와 죄인을 연합하게 만드는 유일한 도구입니다. 성령께서는 말씀을 통해 역사하셔서 죄인에게 믿음을 주시고, 그들을 그리스도께 연합시키십니다. "그러므로 믿음은 들음에서 나며 들음은 그리스도의 말씀으로 말미암았느니라"(롬 10:17).

(2) 믿음의 정의와 믿음의 3 요소(21문답)

하이델베르크 요리문답 21문답은 믿음을 정의합니다. 그리고 참된 믿음이 갖는 요소들을 해설합니다. 믿음은 그리스도께 연합하고 그리스도 안에 있는 은총들을 받는 수단입니다. 그러므로 신학자들은 믿음을 구원의 '도구적 원인'(meritorious cause)이라고 부릅니다. 믿음은 구원을 받는 공로(merit)가 아니라 도구(instrument)입니다. 믿음이 없이는 그리스도와 연합할 수도, 그리스도의 은총을 받을 수도 없습니다. 따라서 성도는 믿음이 무엇인지, 어떤 역할을 하는지 바로 인식해야 합니다. 믿음은 그리스도의 구원과 은총을 받는 "빈손"과 같습니다.

믿음의 정의

개혁신학은 믿음이 믿음 되게 하는 세 가지 요소를 중심으로 믿음을 정의해 왔습니다. 믿음이 믿음 되도록 만드는 세 가지 요소는 지식(knowledge), 동의(agreement) 혹은 확신(assurance), 신뢰(trust)입니다. 이 세 가지 요소를 구분하여 설명해야겠지만, 실제로 이 세 가지 요소는 분리되거나 어떤 한 요소를 결여할 수 없습니다. 믿음은 하나님을 향한 전인격적 반응이기 때문입니다. 이 세 요소 중 하나만 결여

---

10 이와 같은 은혜를 외적 부르심과 내적 혹은 유효적 부르심이라 부른다. 외적 부르심은 말씀을 들리게 하는 사역을 말하고, 내적 부르심은 성령께서 죄인의 마음을 조명하셔서 믿고 깨닫게 하시는 성령의 사역을 말한다.

되어도 구원받는 믿음이 될 수 없습니다. 이 세 요소는 구분(區分)돼야 하지만, 분리(分離)되서는 안 됩니다. 믿음은 율법과 복음 안에서 하나님께서 전해 주신 말씀을 진리로 인식하고, 동의하고, 신뢰하는 것입니다. "기독교 신앙" 혹은 "사도적 신앙"이란 하나님의 말씀이 우리에게 전해 주시는 하나님과 그분의 복음을 알고, 동의하고, 신뢰하는 것입니다.

믿음의 요소

① 지식(*notitia*, knowledge)

지식이 없이 믿음의 다른 두 요소를 논할 수 없습니다. 알지 못하는데 동의하고 신뢰할 수 없기 때문입니다. 지식 없는 믿음은 그 지향하는 대상이 부재하거나 불분명한 맹목적 믿음일 뿐입니다. 맹목적 믿음은 성경에 근거하지 않은 믿음이요, 이런 믿음은 미신과 우상과 자의적 숭배를 낳습니다. 물론 신앙의 세계에서 지식이란 단지 사변적 지식만을 의미하지 않습니다. 경건한 지식은 인격적인 지식이며, 관계적 지식입니다. 하나님께서 주시는 계시의 목적은 관계를 위한 것이기 때문입니다. 이런 영적 인식은 거듭난 자만이 가질 수 있습니다. 믿음의 요소로서 지식은 단지 사물과 사실을 바라보는 인식이 아닙니다. 믿음의 지식은 인식한 대상을 사랑하고 수용하고 즐거워하고 기뻐하는 인식이며, 관계에 이르게 하는 지식입니다. 믿음의 지식은 단지 어떤 대상을 정보로 인식하는 것이 아니라, 사랑과 수용이라는 의지와 정서를 수반하는 지식입니다. 이러한 지식은 단지 정보의 소유와 축적이 아니라 인격적 관계를 낳습니다. 즉, 하나님에 대해 무지하다거나 하나님을 안다는 의미는 일종의 종교적, 관계적, 도덕적 성격을 내포합니다. 신앙의 지식에 무지한 것은 단지 모름이 아니라 죄입니다. 신앙의 지식을 갖는 것은 단지 아는 것이 아니라 성령께서 죄인의 마음에 거듭남을 주시고 하나님께 합당한 인격과 태도로 반응함을 함축합니다. 신앙적으로 바르게 아는 일은 하나님과 바르게 관계하는 일과 직결됩니다. 하나님을 바로 아는 일은 신앙과 구원에 있어서 필수적인 요소입니다.

참된 믿음은 성경과 성경이 함축한 교리[11]를 인식합니다. 그러므로 성경을 듣고, 알고, 이해하는 것은 참 중요합니다. 우리가 무엇을 믿어야 하는지, 믿음의 대상을 알아야 동의하고 신뢰할 수 있습니다. 참된 믿음은 그리스도로 말미암아 주어지는 값없는 죄 사함과 성령께서 새 생명을 심으셔서 중생시키시고 그를 거룩하게 하시는 역사를 인식하고 신뢰합니다. 성령께서는 복음을 들려주시고 마음을 조명하여 진리를 인식시키시되, 그 인식이 신뢰하는 데로 나아가 반응하도록 역사하십니다.

② 동의 혹은 확신(*assensus*, agreement, assurance)

참된 믿음은 말씀과 성령의 조명으로 인식한 사실을 확신하는 믿음입니다. 동의는 확신을 의미합니다. 믿음은 경건한 정서 속에 나타나는 확신을 의미합니다. 확신하지 못한 것을 신뢰한다는 것은 불가능한 일입니다. 믿음의 대상을 아는 일이 중요하고 인식한 바를 확신하는 일이 중요합니다. 확신은 진리를 인식함으로

---

11 교의(敎義)라고도 불리는 교회의 공적 성격을 띤 교리는 성경과 무관한 것이 아니다. 성경과 교의의 관계를 바르게 인식하는 일은 신앙에 있어 매우 중대한 문제이다. 성경을 해석할 때, 성경 해석의 총괄 혹은 요약적 체계로서 교리가 발생한다. 교리들 중에는 개인의 견해로서 많은 교리들이 존재할 수 있기 때문에, 그리스도의 몸인 교회의 검증과 확증이 필요하다. 이처럼 몸 된 교회가 교리들을 성경에 근거하여 검증하고 수용하게 되면 그 교리는 교회로부터 권위를 부여받게 되는데, 이것을 가리켜 교의라고 부른다. 그러므로 교의의 권위는 오직 성경에 근거해 발생하며, 또한 교회의 검증과 확증 그리고 수용을 통해 발생한다. 참된 교의는 성경에서 나와 성경으로 인도한다. 교의는 성경을 통해 검증되고 성경으로부터 나온 교리는 성도들을 성경으로 바르게 인도한다. 교의는 그런 의미에서 개인적이고 사적인 해석과 그 결과로서 개인들의 견해가 갖지 못한 권위를 성경으로부터 부여받았다. 하나님께서는 교회에 교리 제정권과 교육권을 주셨다. 이는 교회가 갖는 권세 중에 하나이다. 그리스도께서는 성경을 바르게 해석하고 바른 교리를 설교하고 가르치는 교회를 당신의 말씀으로 통치하신다. Calvin, *Inst.*, IV. 8. 1-9.

나타나는 정서적인 신앙의 반응입니다. 우리는 진리를 동의하고 확신할 때 마음이 뜨거워집니다. 인식이 확정되는 지점에서 우리의 정서는 "제가 인식한 당신의 말씀이 진리임을 확신합니다!"라고 반응하게 됩니다. 성도의 마음은 늘 확신 가운데 거해야 하고, 우리의 뜨거움은 하나님의 말씀에서 비롯됩니다. "그들이 서로 말하되 길에서 우리에게 말씀하시고 우리에게 성경을 풀어 주실 때에 우리 속에서 마음이 뜨겁지 아니하더냐 하고"(눅 24:32).

③ 신뢰(*fiducia*, trust)

우리 믿음의 확신은 의지적인 신뢰로 이어져야 합니다. 신뢰는 의지의 작용 혹은 움직임입니다. 이 신뢰에는 기쁨과 안식이 뒤따릅니다. 신뢰는 의지적으로 하나님을 붙드는 것이기 때문입니다. 진리를 인식하고 확신한 사람은 인식하고 확신한 대상을 향해 다가가 믿음의 대상을 의지적으로 수용하게 됩니다. 예수 그리스도 앞에 다가가 믿음의 의지로 그 안에 들어가는 것입니다. 다른 비유를 들자면, 어떤 사물을 자신이 좋아하는 음식으로 인식하고 확신했을 때, 그 음식 앞으로 다가가 음식을 실제로 취하여 먹는 것에 비할 수 있습니다. 지식과 확신에 이른 믿음은 의지적으로 예수 그리스도를 붙들어야 합니다. 그의 구원의 선물을 믿음이라는 빈손을 내밀어 받아 내야 합니다. 신뢰는 믿음의 의지적 반응입니다. 성령의 유효적 부르심과 중생의 은총 없이, 죄의 지배력 아래 노예 된 의지는 스스로 이런 반응을 보일 수 없습니다. 은총만이 죄인의 의지가 하나님께 손을 내밀 수 있는 능력을 베풉니다.

결국 믿음의 세 요소를 살펴볼 때, 믿음은 오직 말씀 안에서 계시된 그리스도만을 바라보는 전인격적 지향성(指向性)입니다. 믿음은 그리스도만을 지향합니다. 신앙은 지적으로 그리스도를 인식하고, 정서적으로 그분을 확신하며, 의지적으로 그분을 붙듭니다. 믿음은 믿음의 대상을 지향하도록 주신 것입니다. 믿음의 절정은 그리스도를 유일한 구원자요 우리 인생의 주권자로 의지하고 신뢰하는 것입니다. 믿음은 그런 이유로 그리스도와 우리를 연합시키는 도구입니다. 우리가 그리스도를 영접한다는 것은 그리스도와 그의 약속을 알고, 동의하고, 신뢰하는 것을 총체적으로 일컫는 말입니다. 이것 없이는 그리스도와 연합할 수 없습니다. 믿음은 성령께서 주시는 선물로 구원의 도구입니다. 따라서 믿음은 공로가 아닙니다.

1. 하나님의 공의와 구원의 관계를 설명해 보십시오.

2. 죄인의 중보자가 하나님이시면서 동시에 사람이셔야 하는 이유는 무엇입니까?

3. 그리스도의 양성 교리를 설명해 보십시오.

4. 믿음의 3요소는 무엇입니까?

5. 그리스도와의 연합과 관련하여 말씀(성경)—성령—신앙의 관계를 설명해 보십시오.

1. 예수 그리스도께서 죄인의 유일한 중보자가 되시는 이유는 하나님의 공의와 관련이 있습니다. 당신은 당신의 전적 타락 상태를 인식하며, 이러한 이유로 스스로 하나님의 공의를 결코 만족시킬 수 없음을 분명히 인식합니까? 그리하여 구원과 관련해 오직 그리스도만을 당신의 의(義)로 삼습니까?

삶에
적용
하기

2. 구원과 구원의 삶을 숙고할 때, 당신은 자신 혹은 그 외의 어떤 것들을 의지합니까? 아니면 오직 그리스도로부터 시작하고 오직 그분만을 의지합니까?

3. 당신은 믿음의 대상이신 하나님과 그분의 약속을 온전히 지향하고 있습니까? 당신의 신앙에서 지식과 확신과 신뢰의 상태가 어떠한지 성찰해 봅시다.

4. 당신이 그리스도와 연합되어 있음을 어떻게 확신할 수 있습니까?

사도신경(1):
사도신경의 의미와 삼위일체

Knowing! Apostles' Creed(1):
the meaning of Apostles' Creed and Trinity God

22-28문답

7

7강: 사도신경(1) – 사도신경의 의미와 삼위일체

1. 사도신경은 참된 신자가 믿어야 할 성경의 총괄이다.

· 신조와 신앙고백서, 요리문답 등은 교회에 주신 성경 해석의 요약이요
총괄로서, 성경에 충실한 내용일 때, 성경을 총괄하여 가르치고 고백하
는 수단으로 권위를 갖는다.

2. 삼위일체는 본질의 단일성(통일성)과 위격의 구별성을 가지신 유일
하신 하나님을 가리킨다.

3. 섭리는 창조의 연장으로 창조하신 세계와 구원하신 교회를 보존,
협력, 통치하심을 의미한다. 섭리 신앙을 갖지 못하면, 우연과 기
계적이고 비인격적인 결정론 혹은 운명론에 빠진다.

1. 믿어야 할 성경의 총괄로서의 사도신경: 우리는 무엇을 믿는가?

사도신경의 의미(22문답)

믿음의 참된 의미와 역할은 믿음의 대상에 따라 결정됩니다. 믿음은 믿음의 대상을 알고 확신하고 신뢰하는 것입니다. 믿음은 믿음의 대상에 대한 전인격적인 지향입니다. 따라서 믿음을 정의한 후, 믿음이 지향하는 대상에 대한 언급이 나와야 합니다. 믿음의 대상은 하나님의 말씀 전체입니다. 왜냐하면 하나님의 말씀은 믿음의 대상인 하나님과 복음을 계시하기 때문입니다. 특별히 죄인이 용서를 받고 하나님의 자녀로 용납되며 성화되는 믿음은 복음의 주체인 그리스도를 바라보는 믿음입니다. 믿음은 신구약 성경이 한결같이 전하는 핵심이며 본질인 그리스도 안에 있는 구속의 은총입니다. 복음은 의롭다 하심을 얻는 믿음의 대상이며, 거듭나고 거룩하게 변화되는 믿음의 대상입니다. 따라서 복음은 우리가 믿어야 할 일들에 관한 교리입니다. 율법은 복음과 구분되어 용서받고 변화된 자들이 행해야 할 일들을 알려 주는 이정표로서 행해야 할 일들에 관한 교리입니다.[1]

그러나 복음을 믿음이 바라봐야 할 대상이라고 할 때, 우리는 하나님 자신과 그분의 영광을 놓쳐서는 안 됩니다. 복음은 언제나 하나님의 영광을 드러냅니다. 복음이 영화로우신 하

---

1 Zacharias Ursinus, 215.

나님을 통해 성취되었고, 그렇기에 복음은 하나님과 그분의 영광을 계시합니다. 그러므로 믿음의 궁극적 대상은 하나님입니다. 믿음의 모든 대상과 내용은 하나님의 인격과 사역과 연관됩니다. 복음의 부차적인 목적이 우리의 구원이라면, 복음의 일차적이고 궁극적인 목적은 하나님의 영광입니다.[2] 하이델베르크 요리문답 1문답이 성도의 '위로'를 전한다면, 웨스트민스터 소요리문답 1문답은 하나님의 영광을 전합니다. 이 둘은 분리된 것이 아니라 유기적으로 연결되어 있습니다. 사나 죽으나 유일한 위로를 제공하는 복음은 하나님의 능력과 거룩한 성품의 영광으로 성취되고 적용되는 것인 동시에 복음을 통해 하나님의 영광이 계시됩니다. 우리는 하나님을 영화롭게 하기 위해 구원받았습니다. 예수님께서는 십자가 구속을 성취하시는 일이 하나님과 자신을 영화롭게 하는 일이라 말씀하셨습니다. 십자가는 죄인을 하나님께 인도하며, 하나님의 영광을 찬송하게 만듭니다(요 17:1-5).

믿음의 대상은 오직 성경(sola scriptura) 안에서 알 수 있습니다. 따라서 믿음의 대상으로서 복음의 진리가 말씀과 말씀에 근거한 교의(敎義)를 통해 들려지는데, 만일 그 교의가 성경에 근거한 것이 아니라면 받아들여질 수 없습니다. 그러므로 종교개혁 시대에 개혁교회는 교황들의 인간적인 전통들과 규정들 그리고 성경을 떠난 교회 회의들의 교령을 받아들이지 않았습니다.[3] 성경을 떠난 교훈과 교리들은 이단적이며, 인간의 부패한 마음에서 나온 견해들일 뿐입니다. 참된 교리는 오직 말씀에서 확증됩니다. 성경에 계시된 복음을 믿을 때, 구원을 받고 하나님을 영화롭게 하고 그분을 즐거워할 수 있습니다. "회개하고 복음을 믿으라"(막 1:15). 복음을 듣고 믿을 때, 구원의 능력이 나타나며 하나님의 영광이 나타납니다. 그런데 복음의 내용, 곧 우리들이 믿어야 할 신앙의 요지와 핵심이 사도신경에 나타납니다.[4]

---

2 웨스트민스터 소요리문답 1문답.
3 Zacharias Ursinus, 215.
4 Zacharias Ursinus, 215.

사도신경은 바른 성경 해석의 결과이며, 성경으로부터 나온 참된 교리에 대한 교회, 즉 몸의 인식과 고백입니다. 신조(信條)와 신경(信經)은 교회의 표지와 같은 역할을 합니다. 신조(symbol) 혹은 신경(creed)이라는 용어는 어떤 사람이나 사물을 다른 사람이나 사물과 구별하는 증표, 표시를 의미합니다.[5] 신조와 신경은 교회와 그 교회를 구성하는 회원들을 다양한 이단들과 구별해 주기 위해 간결하게 요약된 형태로 작성된 기독교 신앙 내용을 의미합니다.[6] 신조와 신경은 오직 말씀에 근거해 교회가 검증하고 합의한 신앙 고백 내용들의 요약, 곧 교의(敎義)라고 할 수 있습니다. 신조와 신경은 개인의 견해와 다른 권위를 갖습니다. 왜냐하면 이러한 고백은 역사적이고, 공적인 의미에서 교회에 주신 진리에 대한 인식이기 때문입니다. 칼뱅은 교회의 표지를 말씀 선포와 성례라고 하였는데, 말씀 선포는 성경과 성경이 가르치는 근본 교리에 합당한 말씀을 선포함을 의미합니다. 신경과 신조를 부정하거나 왜곡하는 곳에서 성경의 교훈이 파괴됩니다. 즉 교회가 그 표지를 잃게 됩니다. 성경에 근거해 역사적으로 공적으로 고백되는 신앙의 교훈을 부정할 때, 교회의 얼굴을 잃게 됩니다. 칼뱅은 종교개혁 당시 로마 가톨릭 교회가 이처럼 스스로의 얼굴, 표지를 상실했다고 판단했습니다. 근본 교리의 부패는 교회 표지의 상실을 의미합니다.[7]

사도신경은 교회의 신경, 신조로서, 사도들이 작성한 것으로 알려지기도 했지만, 그 사실 여부는 알 수 없습니다. 사도신경이라 부르는 이유는 모든 정통 그리스도인들이 동의하고 받아들인 신앙의 특정한 형식 혹은 규칙을 이 신경이 함축하고 있기 때문입니다. 사도적 신조라 함은 이 신경이 초신자들이 이해하고 믿고

---

5 Zacharias Ursinus, 216.
6 Zacharias Ursinus, 216.
7 Calvin, *Inst.*, IV. 1. 9–12.

고백해야 할 "사도들의 가르침의 골자"를 포함하고 있기 때문입니다.[8] 사도들이 전한 복음의 내용이 그들의 제자들에게 전해졌고, 이후 시대의 교회가 그것을 받아들였습니다. 사도신경은 공교회적(Catholic) 신조입니다. 왜냐하면 이 신경의 내용이 모든 그리스도인이 고백해야 할 신앙 내용을 담고 있기 때문입니다.[9]

신조가 성경의 전부를 다루지는 않지만 신조는 성경을 함축한 근본적인 교리의 총괄이어서 성경의 가르침과 이설과 이단을 가르는 기준이 되기에 중요합니다. 개인적 신학 작업을 통해 얻은 통찰을 공교회에서 권위와 정당성을 가지고 가르치려면, 공교회의 성경적 검증과 합의를 통해 교의(敎義)의 자격을 획득해야 합니다. 성경에 대한 몸의 인식을 통해 교의(敎義)로 인정되기 전까지 개인의 해석과 개인적 교리 인식들은 그야말로 개인의 견해(view)일 뿐입니다. 이런 사적 견해들이 역사적이고 공적인 고백 위에 설 수 없습니다.

사도신경의 구조

사도신경의 구조는 삼위일체 하나님의 세 위격의 구분을 따릅니다. 하이델베르크 요리문답 24문답은 삼위일체 하나님의 각 위격에 특정한 사역을 돌립니다. 이처럼 각 위(位, person)에 특정한 사역을 돌리고 구분하는 방식으로 삼위일체를 설명하는 것을 "경세적 혹은 경륜적 삼위일체"라고 부릅니다. 창조와 구속 사역을 통해 계시된 삼위일체 교리는 경세적 혹은 경륜적 삼위일체를 가르치고 있습니다. 분명히 성경은 각 위에 독특한 사역을 돌립니다. 경륜적 삼위일체는 세상을 향한 그 사역에 있어 각 위에게 고유한 질서나 양식을 돌립니다.[10] 질서라 함은 성부께서는 성자와 성령을 통하여 스스로 모든 일들을 행하시고, 성자께서는 성령을 통

---

8 Zacharias Ursinus, 216-217.
9 Zacharias Ursinus, 217.
10 Zahcarias Ursinus, 220.

하여 성부의 모든 일들을 행하시며, 성령께서는 성부와 성자의 모든 일들을 자기 자신을 통해서 행하심을 의미합니다.[11] 창조 사역과 관련해서는 성부께서는 창조하시되, 성자로 말미암아 창조하셨고, 성령께서는 성부께서 성자로 말미암아 지으신 세상을 운행하십니다. 구속 사역과 관련해서도 성부께서는 구속을 작정(decree)하셨고, 성자께서는 구속을 성취(achievement)하셨으며, 성령께서는 성취된 구속을 각 성도의 마음과 교회 가운데 적용(application)하십니다. 그러나 이와 같은 사역의 구분은 결코 배타적인 의미일 수 없습니다. 삼위는 모든 사역을 서로 공유하시고 개입하십니다. 왜냐하면 삼위는 본질(essence)의 통일성 안에서 상호 내주(perichoresis, mutual indweling 또는 mutual interpenetration)하셔서 연합(communion)을 이루시기 때문입니다. 따라서 성부와 성자와 성령의 사역을 구분할지라도, 때로는 한 위에 속한 사역을 다른 위에 적용하고 돌리는 성경 구절도 있는 것입니다. 그런데 경륜적 삼위일체는 삼위의 외부적 사역, 곧 피조 세계에 대한 삼위의 사역을 의미합니다. 위에서 언급한 창조와 구속 사역과 관련하여 각 위의 독특한 사역들은 외부적인 피조 세계와 연관되어 있습니다. 이러한 사역을 외재적(ad extra) 사역이라고 부릅니다. 그러나 외부가 아닌 하나님 자신 안에서 일어나는 각 위의 독특한 사역도 존재합니다. 이것을 내재적(ad intra) 사역이라고 부릅니다.

　결론적으로, 경륜적 삼위일체의 관점에서 삼위일체를 논할 때, 우리는 각 위에 돌려지는 고유한 사역이 있음을 고백해야 합니다. 성경 자체가 각 위에 독특한 사역을 돌리기 때문입니다. 하지만 한편으로는 모든 위들이 다 창조하시고 구속하시고 거룩하게 하십니다. 성부께서는 성자와 성령을 통하여 간접적으로 행하시고, 성자께서는 성령을 통하여 간접적으로 행하시며, 성령께서는 자기 자신을 통

---

11 Zahcarias Ursinus, 220.

해서 직접적으로 행하시되, 성자를 통하여 간접적으로도 행하십니다.[12]

2. 사도신경 각론 해설 - 삼위일체 하나님(25문답)

삼위일체 교리는 우리의 구원의 터가 되는 근본 진리 중에 진리입니다. 왜냐하면 하나님께서 자신을 우상과 이교의 거짓 신들과 구별하시기 위해 성경을 통해 계시하셨기 때문입니다.[13] 삼위일체는 성경에 기록된 하나님의 창조와 구원에 속한 하나님의 사역을 통해 계시됩니다. 하나님께서는 성경에 기록된 하나님의 사역들을 통해 자신을 삼위일체 하나님으로 나타내셨습니다. 그러므로 삼위일체 진리를 파악하지 못한 채 하나님의 이름을 부른다면, 그것은 우리의 부패한 머리에서 떠돌아다니는 단지 공허한 이름이 되고 맙니다.[14] 삼위일체 하나님에 대한 인식과 신앙 고백을 떠나 하나님을 생각하고 예배하는 행위는 우상 숭배와 다름없습니다. 그러므로 삼위일체는 구원에 직결된 교리입니다.

삼위일체(trinity)란 용어

삼위일체라는 용어는 성경에 존재하지 않습니다. 그러므로 성경에 삼위일체라는 용어가 나타나지 않는다는 이유로, 이단자들은 삼위일체 교리를 부정하려 합니다. 그러나 용어가 없다고 개념이 없는 것은 아닙니다. 성경은 삼위일체라는 용어가 전하고자 하는 진리의 내용들을 담고 있습니다. 이 용어는 단지 성경의 진리를 전달하고 표현하고자 사용된 것입니다. 이 용어는 성경의 진리를 잘 전달할 뿐

---

12 Zahcarias Ursinus, 220.
13 Calvin, *Inst.*, I. 13. 2.
14 Calvin, *Inst.*, I. 13. 2.

올인원 하이델베르크 요리문답

만 아니라 이단자들을 위해, 그리고 성경의 진리들을 교회에 전달하는 데 매우 유용합니다. 예를 들어, 아리우스주의자들(Arians)은 예수님께서 성부와 동일한 본질을 가진 하나님이시라는 사실을 부정하며, 예수님을 피조물이었다가 신성을 부여받은 분으로 여깁니다. 이들에 따르면 예수님은 성부보다 열등한 존재입니다. 교회는 이러한 이단을 논박하고 이들의 거짓 교리를 참된 성경의 교리와 구분하기 위해 "동일본질"(homoousios)이란 용어를 사용하였습니다. 왜냐하면 아리우스주의자들은 예수님을 성부와 "유사본질"(homoiousios)로 보았기 때문입니다.[15] 예수님은 성부와 동등한 본질이 아니라 피조물로서 신격화된 유사본질이라 생각한 것입니다. 그러므로 교회는 아리우스주의자들의 거짓 교리를 논박하기 위해 "동일본질"이라는 용어로 맞섰던 것입니다. 성경을 고수하는 교회는 예수님께서 성부와 동일한 본질을 가지신 하나님이시라고 고백합니다. 그렇습니다. 삼위일체라는 용어보다 성경의 진리를 더욱 잘 표현할 수 있는 용어가 발견된다면, 교회는 검증과 합의를 거쳐 그 용어를 교회의 언어로 사용할 수 있을 것입니다. 그러나 삼위일체라는 표현보다 더 성경의 진리를 잘 표현할 수 있는 용어가 아직까지 없었고 지금도 마찬가지입니다. 밖으로는 이단을 막아 내고, 안으로는 성경이 가르치는 중대한 진리를 정립하기 위해 교회는 성실히 삼위일체 교리를 가르쳐야 합니다.

삼위일체의 정의와 의미 – 한 본질의 통일성 안에 세 위격의 구별성(존재론적 삼위일체)

삼위일체는 한 분 하나님께서 구별된 세 위격(three persons)으로 존재하시면서, 동시에 한 본질(one essence) 안에서 통일성을 갖는다는 의미입니다. 구별된 세 위격은 본질로서는 한 본질 안에 한 분 하나님이십니다. 즉, 하나님께서는 위격으로서는 구별성을 갖지만, 본질로서는 통일성을 가지십니다. 한 본질의 유일하신 한 하

---

15 Calvin, *Inst.*, I. 13. 4.

나님께서는 구별된 세 위격이라는 방식으로 존재하십니다. 그러므로 하나님께서는 세 분이 아니라 세 위격의 구별성을 가지신 한 분 하나님이십니다.

① 세 위격(three persons)의 구별성

성경은 성부와 성자와 성령이 본질로서는 한 하나님이지만, 한 본질 안에 구별된 세 위격적 실재로 존재하신다고 가르칩니다. 칼뱅은 위(位)를 인격을 지닌 세 "실재"(subsistence)로 봅니다.[16] 여기서 실재란 구별되고 독립된 인격적 실재를 의미합니다. 인격이란 지성과 의지를 가진 존재를 의미합니다. 한 본질의 하나님 안에는 독립된 인식으로 의지 활동을 하는 세 위격이 존재합니다. 한 본질의 통일성 안에 세 구별성은 바로 이 세 독립된 위격으로부터 비롯됩니다. 세 위격은 한 본질 안에 연합되어 있습니다. 세 위격은 상호 관계성을 갖고 존재하십니다. 그러므로 위격이란 말에는 인격성이라는 의미가 담겨 있습니다. 다만 인격이란 말을 사용할 때, 하나님의 인격과 사람의 인격 사이의 거룩한 질적 차이를 감안하면서 사용해야 합니다. 어찌되었든, 인격이란 말은 사유 능력과 의지 능력 곧 이성(reason)과 의지(will)의 기능을 가진 실재를 의미하기 때문에, 하나님 안에 구별된 위격 셋이 존재합니다.

그러므로 마태복음 3:16–17에서 성부와 성자와 성령이 각각 구별된 존재로서 인격적 교제와 관계를 갖고 계심을 볼 수 있습니다. 본문을 보면, 세례를 받으신 위격은 예수님이십니다. 그리고 세례 시에 비둘기처럼 예수님 머리 위에 내려오신 위격은 성령님이십니다. 그리고 하늘에서 음성을 들려주신 위격은 성부 하나님이십니다. 즉, 세례를 받으신 분은 성부도 성령도 아닌 성자이시고, 분명 비둘기처럼 내려오신 분은 성부도 성자도 아닌 이 위격들과 구별되는 성령이셨습니다.

---

16 Calvin, *Inst.*, I. 13. 2.

올인원 하이델베르크 요리문답

그리고 음성을 들려주신 분은 성자도 성령도 아닌 성부이셨습니다. 이처럼 성부는 성자와 성령이 아니고, 성자는 성부와 성령이 아니며, 성령은 성부와 성자가 아닙니다. 이처럼 구별된 인격적 실재, 곧 사유하고 의지를 가지고 행위를 하시는 인격적으로 구별되는 세 위격이 존재한다는 말입니다. 마태복음 28:19를 보면, 세례를 삼위의 이름으로 주지만, 세 위격이 세 분의 하나님을 의미하지 않기 때문에 에베소서 4:5는 세례가 셋이 아닌 하나라고 가르칩니다. "주도 한 분이시요 믿음도 하나이요 세례도 하나이요". 구별된 세 위격이 본질에서는 한 하나님이시기 때문입니다.[17] 이처럼 성경은 한 본질의 하나님께서 삼위라는 구별된 인격적 세 실재라는 방식으로 존재하심을 가르치고 있습니다.

② 한 본질(one essence)의 단일성 안에 일체성

하나님께서는 위에서 언급한 것처럼 구별되고 독립된 인격적 실재로서 삼위의 방식으로 존재하시지만, 본질에서 삼위는 한 분 하나님이십니다. 하나님은 한 하나님으로 존재하시되 한 존재가 삼위라는 구별된 인격적 실재로 존재하십니다. 하나님께서 한 분 하나님이신 이유는 삼위가 한 본질 안에 있기 때문입니다. 신명기 6:4는 "여호와는 오직 유일한 여호와"시라고 가르칩니다. 이사야 45:5는 "나는 여호와라 나 외에 다른 이가 없나니 나밖에 신이 없느니라"고 말합니다. 로마서 3:30도 "하나님은 하나이시니라"고 말합니다. 이외에도 디모데전서 2:5과 야고보서 2:19에서 하나님께서 한 분이심을 증언합니다. 이와 같은 방식으로 존재하는 존재가 세상에는 존재하지 않습니다. 많은 사람들이 삼위일체를 비유적으로 설명하려고 애썼지만, 오히려 인간의 비유는 신비한 이 교리에 대한 인식을 흐려 놓을 뿐입니다. 그러므로 삼위일체와 관련해서는 성경이 말하는 데까지만 사고해야 합니다.

---

17 Calvin, *Inst.*, I. 13. 16.

이와 같은 삼위일체 하나님의 존재 방식이 어떤 메카니즘(mechanism, 원리 또는 구조)으로 가능한지 우리는 알 수 없습니다. 이 부분은 하나님께서 당신의 뜻에 따라 가르쳐 주시지 않은 부분입니다. 그러므로 이러한 메카니즘은 사유의 진공 상태로 있어야 합니다. 곧 이 사유의 진공 상태는 신비의 영역입니다. 삼위와 본질의 관계를 도식으로 나타낸다는 것이 한계가 있으나 우리의 인식을 위해 최소한의 도식을 사용해 보려 합니다.

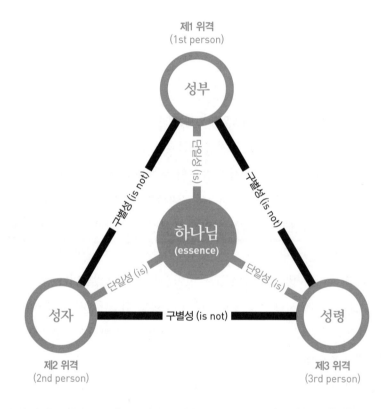

삼위일체가 갖는 신비를 나타낸 그림입니다. 피조 세계에서 모든 만물에 속한 독립된 개체의 인격적 실재는 각각 한 실재 안에 각각의 본질을 갖습니다. 그러므로 사람이 셋일 때, 본질도 셋입니다. 그러므로 사람의 경우 세 인격이 한 사람이 될 수 없고 늘 세 사람인 것입니다. 그러나 하나님의 경우는 다릅니다. 하나님께서는 구별된 세 인격적 실재를 가지셨지만, 그 본질이 각각의 인격 안에 세 본질로 존재하지 않고 세 인격적 실재가 한 본질 안에 있습니다. 그러므로 하나님께서는 삼위로 계시지만 성부, 성자, 성령 하나님은 본질에 있어 한 분이십니다. 위의 그림은 삼위가 한 본질 안에 있음을 보여 주는 도식입니다. 따라서 우리의 사고는 삼위의 구별성을 생각하는 동시에 한 본질 안에 한 하나님, 곧 본질의 단일성과 통일성을 생각해야 합니다. 그러므로 성부, 성자, 성령 삼위는 위(位)로는 구별된 특성을 가지고 계시지만, 본질에 있어서는 동등한 능력, 위엄, 영광, 존귀, 권세를 가지고 계십니다.

천지를 창조하신 전능하신 하나님을 아버지로 신앙하는 믿음(26문답)

하이델베르크 요리문답 26문답은 성부 하나님에 대한 신앙 고백을 담고 있습니다. 하나님을 향한 신앙 고백은 하나님을 창조주로서 믿는 믿음인 동시에 그리스도 안에서 선하신 아버지로서 믿는 믿음을 포함합니다. 창조를 베푸신 전능하신 성부를 그리스도 안에서 성도를 구원하시고 돌보시는 사랑의 아버지로 고백합니다. 자카리아스 우르시누스는 "하나님을 믿는다"는 의미를 구분하여 생각합니다. 그에 따르면, '하나님의 존재 사실을 믿는 것'(to believe God)과 '하나님을 믿는 것'(to believe in God)은 다른 의미입니다.[18] '하나님의 존재를 믿는다는 것'은 하나님의 존재에 대하여 역사적인 신념을 갖는다는 것을 의미하고, '하나님을 믿는 것'은 참된 믿음 혹은 확신을 수반한 신뢰를 의미합니다.[19] 전자는 사변적이거나 인식적

---

18 Zacharias Ursinus, 251.
19 Zacharias Ursinus, 251.

인 것에 한정될 경우 구원받는 믿음이 될 수 없습니다. 그러나 구원받는 믿음은 하나님의 존재에 대한 믿음만이 아니라 인격적으로 하나님을 신뢰함을 포함합니다. 진정한 믿음만이 하나님과 연합하고 교제를 가능하게 합니다. '믿음'이라는 단어를 사용할 때, 그것이 헬라어이든 영어이든 믿음이 수반하는 '전치사'에 주목할 필요가 있습니다. 단지 하나님의 존재를 믿는다 할 때, "believe"에 전치사가 붙지 않습니다. 그러나 하나님을 인격적으로 신뢰한다는 의미로 "believe"가 사용될 때, 전치사 "in"이 수반됩니다. 칼뱅도『기독교 강요』에서 믿음과 함께 사용되는 전치사의 중요성을 언급한 바 있습니다. 우리가 "교회를 믿는다"고 할 때, 믿음은 전치사를 갖지 않습니다. 교회는 신앙의 직접적인 대상이 아닙니다. 왜냐하면 오직 하나님만이 신앙의 대상이 될 수 있기 때문입니다.[20] 하나님을 믿는다고 할 때는 전치사가 붙습니다. 전치사가 의미하는 바는 "지향성"입니다. 관계적 믿음은 하나님을 전인격적으로 지향하는 것입니다. 믿음의 요소대로 설명하자면, 지식과 정서와 의지 전체가, 곧 인격 전체가 하나님을 지향하는 것이 '믿음'입니다. 이런 지향성 때문에 전치사가 붙는 것입니다. 우리의 믿음은 어떤 사물을 향한 믿음이 아니라 오직 하나님을 향한 믿음이어야 합니다. 사물은 신뢰의 대상이 아닙니다. 우리는 그 사물의 존재를 믿을 뿐이지만, 하나님께서는 우리 믿음의 지식과 확신과 신뢰의 대상이 되십니다. 우리의 믿음은 오직 하나님을 향합니다.

사도신경에서 "아버지 하나님"[21]을 믿는다는 의미는 우리 주 예수 그리스도의

---

20 Calvin, *Inst.*, IV. 1. 2.
21 "전능하사 천지를 만드신 하나님 아버지를"에서 "하나님"이라는 이름은 본질적으로 성부, 성자, 성령 하나님 모든 위격을 뜻합니다. 왜냐하면 내가 믿사오며(believe in)라는 문구는 동일한 방식으로 신격의 세 위격들 모두에게 다 해당되기 때문입니다. 우리는 성부와 성자와 성령을 신뢰합니다. 그러나 26문답에서는 "하나님"을 예수 그리스도의 영원하신 아버지로 가리키고 있으므로 특별히 "성부"를 지칭한다고 할 수 있습니다. 즉, 아버지라는 이름이 성자와 대비되어 나타날 때, 제1위 하나님을 나타냅니다. 그러나 이 용어가 피조물들과 대비될 때는 하나님의 본질을 지칭하는 것으로 이해되어, 성자에게도 "영존하시는 아버지"라는 칭호가 돌려집니다(사 9:6). Zacharias Ursinus, 251.

올인원 하이델베르크 요리문답

아버지이신 하나님을 믿는다는 뜻인 동시에, 하나님께서 그리스도 안에서 나를 입양하셨기 때문에 성부를 나의 아버지로 믿는다는 의미이기도 합니다. 이 고백은 하나님께서 나의 아버지 되심만을 의미하는 것이 아니라 나를 구원하시고 사랑으로 돌보시는 그런 자비의 아버지 되심도 의미합니다. 이처럼 하나님께서는 우리의 선하신 아버지가 되어 주셨습니다. 성부께서는 그리스도 안에서 죄인의 구속주가 되십니다. 26문답은 성도에게 큰 위로를 줍니다. 우리를 향한 큰 사랑을 베푸시는 아버지가 전능하시기 때문입니다. 사랑만 가지신 것이 아니라 능력도 함께 가지셨습니다. 엄밀히 말하면, 전능하신 하나님께서 선하신 아버지가 되어 주셨기 때문에 성도에게는 위로가 있습니다. 성도들은 죄성 가운데서 싸우며 험한 세상 속에서 현실을 살아가야 합니다. 기쁨과 슬픔이 교차하는 세상 속에서 하나님께서는 우리를 돌보십니다. 사랑만이 아니라 능력을 가지시고, 능력만이 아니라 사랑을 가지시고 성도를 돌보십니다. 하나님의 약속이 그리스도 안에서 성취될 것을 소망할 수 있는 이유는 하나님의 전능하심과 그분의 변함없는 사랑 때문입니다. 우리에게 아버지가 되어 주신 하나님께서는 당신의 영광을 위해 만물을 무(無)로부터(ex nihilo) 창조하신 전능자이십니다. 하나님께서는 창조를 통해 하나님과 당신의 영광, 곧 속성과 성품의 탁월한 빛을 계시하셨습니다.

교회와 성도의 위로, 하나님의 섭리(27-28문답)

섭리는 창조의 연장입니다. 하나님께서는 세상을 창조하신 후 세상 밖으로 물러서 계시지 않습니다. 창조는 인정하지만 섭리는 부정하는 이단 사상이 있습니다. 그러한 사상을 '이신론'(Deism)이라고 합니다. 이 사람들은 하나님께서 우주와 인간을 창조하신 후 물러서 계신다고 가르칩니다. 제작된 시계가 자체의 기계적 원리로 태엽만 감아 주면 자동으로 작동하듯, 우주와 인간도 창조된 이후 그런 원리를 따라 자체적으로 존재하며 작용한다는 것입니다. 사람의 경우, 하나님께서 창조하신 원리대로 사느냐 그렇지 못하느냐에 따라 행복해질 수도 불행해질 수도 있다는 것입니다. 그 모든 일들 속에 하나님의 섭리는 없습니다. 이들에 따르면 창조 이후로 모든 것은 스스로의 원리와 작용에 따라 움직입니다. 그러나 성경과 참된 신학은 하나님을 섭리의 하나님으로 믿고 고백합니다. 하나님께서는 창조하신 후, 지속적으로 만물에 개입하셔서 당신의 뜻을 따라 세상을 주관하시고 섭리하십니다. 그런 의미에서 섭리란 창조의 계속이라 할 수 있습니다. 왜냐하면 성경이 가르치는 하나님께서는 창조하신 것들을 다스리시고 보존하시며 창조하신 만물들을 수단으로 사용하셔서 당신의 뜻을 성취해 가시는 그런 분이십니다. 섭리의 하나님께서는 창조하신 만물을 다스리시고, 구원하신 자를 끝까지 지켜 주시며, 부르신 자를 내버려 두시지 않습니다. 그러므로 섭리를 믿는 성도들은 모든 일이 하나님의 작정과 계획과 주권적 개입 속에서 발생함을 믿습니다. 섭리를 믿는 성도들은 우연(chance)이나 비인격적인 기계적 운명론(mechanistic determinism)을 믿지 않습니다. 참 신앙은 전능하시고 인격적인 하나님의 섭리를 믿습니다. 그러므로 수많은 자연의 원칙과 사람들의 수고를 통해 주어진 밥 한 끼를 먹더라도 성도는 그 모든 것을 하나님의 은혜로 감사하며 먹습니다.

하나님의 창조가 없었다면 세상에 아무것도 존재할 수 없었을 것이고, 하나님께서 창조하신 것들을 다스리시고 보존하시지 않는다면 아무것도 보존될 수 없는 것입니다. 하나님께서는 만물이 당신께서 주신 원리대로 스스로 보존되고 작용되도록 만드시지 않았습니다. 또한 하나님께서 세상 만물을 자신의 뜻 안에서 사용하시며 운용하시지 않는다면, 만물은 본연의 창조된바 선한 목적에 이를 수 없습니다. 하나님께서는 창조하신 것을 다스리시고 보존하시며 선한 뜻과 목적을 위해 운용하십니다. 또한 구원하신 자들을 특별한 섭리로 지켜 주시고 통치하십니다.

창조하신 것을 방치하지 아니하시고, 구원하신 자들을 버리지 않으십니다. 하나님께서는 자신께서 부르신 소명자들을 책임져 주십니다. 세상 그 어떤 곳에도, 그 어떤 일들 가운데도 우연은 존재하지 않습니다. 모든 것이 하나님의 사랑과 공의, 그의 지혜와 능력, 그분의 선하심 가운데 하나님의 목적과 뜻 안에서 창조되었고, 구원받았고, 통치되며 보존되고 운용됩니다. 하나님께서는 세상에 대한 초월성(超越性, transcendence)과 내재성(內在性, immanence)을 모두 가지고 계십니다.

내용
확인
하기

1. 사도신경은 어떤 목적으로 작성되었습니까? 신조나 신경 그리고 신앙고백서와 요리문답의 역할은 무엇이고, 권위는 어떻습니까? 그리고 이들이 개인적인 견해와 다른 이유는 무엇입니까?

2. 사도신경의 구조는 무엇에 근거해 세워졌습니까?

3. 삼위일체와 관련하여 본질의 통일성(단일성)과 위격의 구별성을 설명해 보십시오.

4. 성부 하나님을 "아버지"로 고백할 때, 그 의미는 무엇입니까?

5. 섭리란 무엇입니까?

삶에
적용
하기

1. 당신은 삼위일체 교의를 바르게 정립하고 신앙하여 삼위
   일체 하나님을 향해 예배하고 생활하고 있습니까? 그리
   고 우상과는 구별되어 살아가고 있습니까?

2. 당신은 성경적 섭리 신앙을 정립하지 못하여 우연이나 운
   명론과 같은 이교적 사상을 따라간 적이 없습니까?

3. 당신은 삶의 모든 정황 속에서, 특별히 환난 가운데서도
   섭리의 신앙을 통해 위로와 힘을 얻고 있습니까?

사도신경(2):
예수 그리스도의 인격과 사역

Knowing! the Apostles' Creed(2):
the person and the works of Jesus Christ

29-52문답

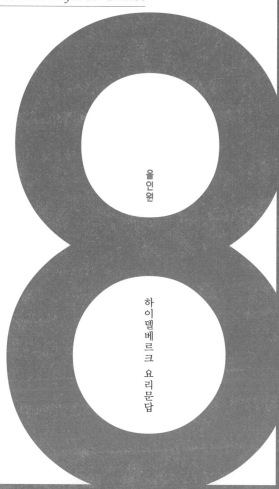

올인원

하이델베르크 요리문답

8강: 사도신경(2) – 예수 그리스도의 인격과 사역

1. 기름 부음을 받으신 예수 그리스도의 중보 사역은 선지자, 제사장,
   왕의 삼중직으로 수행되어 성취된다.

2. 그리스도의 낮아지심은 성육신, 고난과 죽음, 무덤에 묻히심, 지옥
   강하로 이어진다.

3. 그리스도의 높아지심은 부활, 승천, 하나님 우편에 앉으심, 성령을
   보내심, 재림으로 이어진다.

1. 예수 그리스도의 중보 사역

내용
연구
하기

구세주, 예수(29–30문답)

"그 외아들 우리 주 예수 그리스도를 믿사오니 이는 성령으로 잉태하사 동정녀 마리아에게 나시고"는 중보자의 위격을 가리킵니다. 사도신경은 동정녀 마리아에게 나신 아기 예수님이 하나님의 독생자, 제2위 하나님이라고 고백합니다. "그 외아들 예수 그리스도를 믿사오니"는 예수님께서 신앙의 대상이 되심을 의미하는 것입니다. 성경은 예수님께서 성부와 동일본질을 가지신 예배와 찬양을 받으실 하나님이심을 증언합니다(요 10:30; 14:1, 11).

그러나 제2위격, 성자 하나님께서는 인성을 취해 동정녀 마리아에게 나셔서 우리의 "구주"가 되셨습니다. 성경은 우리의 구주 되신 중보자에게 '예수'('Ιησους)라는 이름이 주어졌다고 증언합니다. 예수라는 이름은 '구주'라는 뜻입니다. 이러한 이름이 주어진 것은 성자께서 인간의 몸을 취해 우리의 유일한 중보자가 되셔서, 우리를 죄에서 구원하시기 때문입니다. 그분 외에 다른 구주가 존재하지 않습니다. '예수'라는 이름은 히브리어로 '여호수아'(יהושוע) 혹은 '예수아'(ישוע, 여호와는 구원[도움]이시다)라고 부릅니다. 이 단어는 구원을 베푸는 자를 뜻하며, 신약에서 이 이름은 하나님으로부터 중보자에게 주어졌습니다. 이 이름의 참된 의미는 마태복음 1:21의 천사의 말에서 발견됩니다. "그가 자기 백성을 그들의 죄에서 구원할 자이심이라"(마 1:21). 따라서 '예수'라는 이름은 하나님의 아들께서 우리를 위해 취하신 직분(office)을 의미합니다. 그분은 우리를 구원하시는 구주이십니다. 여호수아, 예수아, 곧 이 이름의 헬라어 번역 '예수'는 구약과 신약 시대에 많은 사람들이 가졌던 이름이었습니다. 다른 이들이 취했던 이 이름들은 진정한 구주가 오시기까지 일종의 모형으로 주어졌다고 볼 수 있습니다. 다른 이들은 예기치 않게 그 이름을 사용했지만, 예수님의 경우는 그 이름의 의미를 천사를 통해 하나님께서 계시하셨습니다.[12] 성경은 성자께서 구주이심을 나타내기 위해 이 이름을 사용합니다. 마태복음 1:21에서 "죄에서 구원할 자이심이라"라는 말씀은, 예수님께서 우리를 그 죄책과 형벌로부터 그리고 우리의 부패로부터 건지실 분이라는 의미입니다. 예수님 안에서 죄책(칭의를 통해)과 부패(중생과 성화를 통해)가 제거됩니다. 구주 되신 예수님께서는 이 은혜를 믿음으로 받아들이는 자들에게 베푸십니다.

예수님께서는 오직 유일하신 중보자이십니다. 그와 같은 이가 세상에 존재하지 않습니다. 유일한 중보자는 유일하신 제2위 하나님 성자이시며, 그가 인성을 취하심으로 인간이 되셨습니다. 하나님이시면서 사람으로서 우리 대신 형벌을 감당하시고, 완전한 순종으로 의(義)를 얻어 죽음에서 부활하신 분은 예수님밖에 없습니다. 중보자의 자격을 갖추시고, 죄인의 중보자 직분을 완수하실 수 있는 분은 하나님이며 인간이신 예수님뿐입니다(요 3:18; 행 4:12; 딤전 2:5; 요일 5:11).

기름 부음을 받은 자, 그리스도(31문답)

우리의 구주는 예수라는 이름 외에 '그리스도'(Χριστός)라는 명칭을 또 가지십니다. '예수'라는 명칭이 그러하듯, '그리스도'도 중보자 직분을 가리킵니다. '예수'라는 명칭은 중보자 직분을 일반적 방식으로 지칭하나 '그리스도'라는 이름은 더욱

---

12 Zahcarias Ursinus, 289.

충실하고 분명하게 중보자직을 지칭합니다.[13] 그리스도란 '기름 부음 받은 자'를 의미합니다. 기름 부음 받았다는 말의 의미는, 성육신하신 예수님께서 우리의 중보자가 되시기 위해 그 직분을 공식적으로 부여받은 것이고, 그때 그 임무들을 수행하는 데 필요한 은사들을 받으셨다는 것입니다. 기름 부음을 받아 그분께서 성취하신 직분은 선지자, 제사장, 왕입니다. 칼뱅은 그리스도의 구원 사역을 삼직분(three offices)으로 해설한 중요한 신학자 중 한 사람입니다.

그리스도의 기름 부음 받음의 의미는 이러합니다. 첫째, 기름 부음은 임직, 곧 기름 부음을 통해 누군가를 구별하여 직분에 세우기 위한 행위입니다.[14] 둘째, 기름 부음이란 임무를 수행할 수 있도록 주어진 직분에 필요한 은사를 제공하겠다는 약속의 행위였습니다.[15] 구약에 나타나는 기름 부음은 그리스도의 기름 부음의 모형이었습니다. 구약의 이러한 의식들은 그리스도를 예표하는 그림자였습니다. 예수님께서는 우리를 대신하여 속죄를 이루시기 위해 인성을 취하셔서 중보자가 되셨고, 그리스도의 인성은 성령의 은사로 충만케 되었습니다(눅 4:18; 사 61:1). 충만한 은사로 예수님께서는 중보자의 사역을 감당하실 수 있었습니다. 그리스도의 기름 부으심은 완전한 것이었습니다. "그 안에는 신성의 모든 충만이 육체로 거하시"(골 2:9)기 때문입니다. 오직 그분만이 성령의 모든 은사들을 한량없이 받으실 수 있었습니다. 그리스도께서는 부활, 승천하실 때, 성령을 완전히 소유하셔서 우리에게 부어 주시는 분이 되실 수 있었습니다. 예수님의 인성 안에 충만한 성령을 승천하신 예수님께서 그분의 자녀들에게 부어 주십니다. 그리스도를 믿고 회개한 자들의 마음속에 성령께서 내주하시며 그들을 통치하십니다. 예수님 안에는 자신의 신성이 충만하시지만, 예수님께서는 인성적 측면에서 성령의 은사를 받으시고

---

13 Zahcarias Ursinus, 296-297.
14 Zahcarias Ursinus, 297.
15 Zahcarias Ursinus, 297.

성령의 협력 속에 사역하셨습니다. 그러므로 이러한 성령의 충만은 오직 그리스
도에게만 있습니다.

우리의 중보자, 그리스도께서는 삼직분을 수행하셨습니다. 첫째, 그리스도는
구약의 선지자 직분을 성취하셨습니다. 선지자직의 특징은 하나님과 그의 온전한
뜻을 천사들과 사람들에게 나타내는 데에 있습니다. 이 일은 특별계시를 통해서
만 알려졌습니다. 그리고 하나님께서는 복음 사역을 제정하시고 보존하시며, 선
지자들과 사도들과 교사 등을 교회 안에서 일으켜 보내시며, 그들에게 예언의 은
사를 베풀고, 그 소명에 필요한 은사들을 베푸십니다.[16] 그리스도께서는 이 땅에
오셔서 하나님과 그분의 뜻과 그분의 은총을 계시하셨습니다. 오늘날도 그리스도
께서는 말씀과 성령으로 이 일을 수행하십니다. 둘째, 그리스도께서는 구약의 제
사장직을 성취하셨습니다. 예수님께서는 자신을 제물 삼아 하나님께 속죄의 제사
를 드리셨습니다. 단번에 완전한 제사를 드리셨습니다. 우리의 형벌을 대신하여
십자가에서 형벌을 치르셨고, 전 생애 동안 완전한 순종을 하나님께 드리심으로
우리가 하나님께 용서받고 자녀가 되어 하나님과의 관계를 회복할 수 있는 완전
한 공로를 이루셨습니다. 예수님께서는 부활, 승천하신 이후로, 하나님 우편에서
만물을 충만케 하시는 충만으로 교회를 충만하게 하시며, 그 백성들과 교회를 위
해 중보하십니다. 셋째, 그리스도께서는 구약의 왕직을 성취하셨습니다. 왕이란
하나님께서 세우셔서 특정한 백성들을 정의로운 법에 따라 다스리게 하시고, 선
한 자들에게 상 주고 악한 자들에게 벌하는 권세를 갖게 하시며, 백성들을 보호하
게 하신 자로서 그 위에 높은 자가 아무도 없습니다.[17] 왕은 다스리며, 질서를 유지
하고, 백성들의 영적 복리를 책임지며, 보호하는 일을 감당합니다. 구약의 왕도

---

16 Zahcarias Ursinus, 302.
17 Zahcarias Ursinus, 305.

그리스도의 예표라 할 수 있습니다. 그리스도께서는 자신의 속죄를 통해 구원한 자들과 교회를 말씀과 성령으로 다스리십니다. 그리고 그 백성들을 그 모든 원수들로부터 보호하십니다. 그리고 선악 간에 심판하시며 최후에 궁극적으로 양과 염소(신자와 불신자)를 가르시고 영원한 상급과 형벌로 다스리실 것입니다. 결론적으로 중보자 되신 그리스도의 구속 성취는 삼직분을 통해 이해될 수 있습니다.

예수 그리스도의 주 되심(34문답)

예수님께서 "주"(κύριος, Lord)시라는 고백 속에는 다음과 같은 몇 가지 의미들이 함축되어 있습니다.

첫째, 예수님께서는 모든 만물을 무(無)에서 창조하신 창조주로서, 그리고 그 창조된 것들이 보존되고 하나님의 정하신 계획대로 운용되도록 섭리하시는 통치자로서 "주"이십니다(요 1:3-4). 그러므로 사도신경을 정직하고 진실되게 고백한다면, 우리는 '자기중심성'을 버려야 하고, 하나님 앞에서는 자기 권리를 포기해야 합니다. 우리의 생 자체가 하나님의 것이며, 그를 위해 존재합니다. 인간이 그의 능력과 은총을 의지해야만 살아갈 수 있는 존재임을 인정하지 못한다면, 우리는 그분의 주권을 침해하고 하나님처럼 되고자 하는 죄를 짓게 됩니다.

둘째, 예수 그리스도께서 "주"시라는 고백에는 그분이 우리의 "구속의 주"라는 의미를 담고 있습니다. 예수 그리스도만이 죄인을 위한 유일한 중보자로서의 자격을 갖추신 분이십니다. 그리스도께서는 우리를 대신해 형벌을 받으시고, 율법의 모든 요구를 만족시키심으로 우리의 죄책을 완전히 없애시고, 부활의 능력으로 죄와 마귀와 사망의 세력을 정복하셨습니다. 주님께서는 지극히 높아지셔서 만물을 다스리는 권세로 교회를 다스리십니다. 또한 하나님께서는 그리스도 안에서 구원하실 자를 선택하셨습니다(엡 1:4). 우리가 택함 받은 것도 그리스도 안에서만 가능한 것이었습니다. 구원에 속한 모든 것은 그리스도 안에서 받습니다. 그러므로 예수님께서는 유일한 구원의 주님이십니다.

셋째, 예수님께서는 구속을 통해 우리의 소유권을 가지신 분으로서 "주"가 되십니다. 그분은 구속받은 하나님의 자녀들의 존재와 삶의 주인이 되셨습니다. 그분은 우리를 하나님의 소유로 삼으시고자 우리를 구속하셨습니다. 우리를 구속하신 이유는 우리가 하나님의 뜻대로 살게 하시려는 것입니다(엡 1:4). 예수님께서 우리의 구주시라면, 그분은 우리 자신에 대해 주권을 가지신 주인이시기도 합니다. 예수님께서 우리를 구원하시는 분이실 뿐만 아니라, 그 구속을 통해 우리를 소유하셨기 때문에 우리가 순종하고 복종해야 할 대상이시기도 한 것입니다.

결론적으로, 하이델베르크 요리문답 34문답은 예수님이 우리를 구속하신 주님이실 뿐만 아니라, 우리를 향한 소유권을 가지신 주님이시라는 사실을 가르칩니다. 그런 의미에서 우리는 그리스도의 노예가 되어야 합니다. 모든 소유권과 인생의 주도권을 예수님께 드려야 합니다. 우리는 믿을 뿐만 아니라 구속받은 자들로서 순종하고 복종해야 합니다. 오늘날 많은 그리스도인들이 예수님을 향한 믿음의 중요성은 강조하지만, 우리를 향한 그리스도의 소유권과 통치권을 인식하지는 못합니다. 예수님께서는 우리가 믿을 뿐만 아니라 복종해야 할 대상이십니다.

2. 예수 그리스도의 비하

성령에 따른 동정녀 탄생의 중요성(35-36문답)

예수님께서는 마리아의 태 속에 역사하신 성령의 능력과 효력과 효과로 인성을 취하게 되셨습니다. "성령이 네게 임하시고 지극히 높으신 이의 능력이 너를 덮으시리니"(눅 1:35). 말씀, 성자 하나님께서는 "성령의 덕분"으로 그리고 "성령의 역사하심"으로 육체를 입으셨습니다.[18] 예수님께서는 성령의 직접적인 역사하심으로 정자 없이 이적적으로 동정녀 태에 잉태되셨습니다.[19] 예수님의 잉태는 자연적인 질서와 법칙을 깨고 오직 성령의 역사하심으로만 된 것입니다. "지극히 높으신 이의 능력이 너를 덮으시리니"(눅 1:35). 초자연적인 방식으로 잉태되시므로, 예수님께서는 자연적인 질서와 방식으로 태어난 인류의 혈통을 직접 받지 않으셨습니다. 따라서 예수님께서는 아담으로부터 받은 원죄에 연루되지 않으셨습니다. 이렇게 원죄 없이 잉태되셔야 했는데, 우리를 위한 희생 제물이 되시기 위함이었습니다. 그분이 우리의 죄를 대속하시는 희생 제물이 되시기 위해서는 흠 없는 제물이 되셔야 했기 때문입니다.

예수님께서 비록 죄인인 마리아의 태 속에 잉태되셨지만, 죄가 없으신 이유는 다음과 같습니다. 첫째, 예수님께서는 마리아의 태에서 나오심으로 다윗의 후손이 되실 수 있었지만, 그 잉태됨이 인류 일반과 다르게 거룩하게 구별되셨습니다. 예수님께서는 성령의 초자연적인 능력으로 인성을 취하심으로써 자연적인 방식으로 인류의 일원이 될 때 모두가 연루되는 원죄를 받지 않으셨습니다. 둘째, 성령께서 예수님의 육체를 마련하실 때, 예수님의 인성과 원죄를 거룩하게 분리하셨습니다. 성령께서는 인류의 모든 부패로부터 예수님의 인성을 분리하시고 거룩하게 하셨습니다.[20] 셋째, 성령께서 마리아의 태 속에 예수님을 잉태되게 하실 때, 인성을 말씀과 연합되게 하셨습니다.[21] 이러한 이유로 예수님께서는 마리아의 태를 통해 태어나셔서 다윗의 자손의 혈통에 속하게 되었지만, 인류의 원죄와 부패

---

18 Zacharias Ursinus, 350.
19 Zacharias Ursinus, 351.
20 Zacharias Ursinus, 351.
21 Zacharias Ursinus, 351.

로부터는 자유로우실 수 있었습니다. "우리에게 있는 대제사장은 우리의 연약함을 동정하지 못하실 이가 아니요 모든 일에 우리와 똑같이 시험을 받으신 이로되 죄는 없으시니라"(히 4:15).

한 인격 안에 두 본성의 연합: 그리스도의 양성 교리

예수님의 거룩한 잉태와 탄생은 우리에게 큰 유익과 위로를 줍니다. 성육신 사건을 통해 예수님께서는 우리의 중보자가 되실 수 있었으며, 예수님의 중보자 되심을 통해 우리는 그리스도와의 연합 안에서 구속의 은총을 받아 누릴 수 있게 되었습니다. 우리의 구속 전체가 예수 그리스도의 인격(person)과 사역(work)에 토대합니다. 중보자께서는 두 본성을 지녀 참 하나님이시면서 참 사람이십니다.

성육신 사건은 신성의 하나님, 제2 위격, 성자께서 자신의 위격과 하나님 되심에 어떤 변화도 없이 인성을 취하신 사건입니다. 성육신은 제2 위격, 성자께서 인성을 취하신 사건으로, 제2 위격, 성자 하나님께서는 신성과 더불어 인성을 가진 존재가 되셨습니다. 제2 위격, 성자 하나님께서는 성육신을 통해 하나님으로 계시면서도 동시에 인성을 가진 인간으로 존재하시고 사역하실 수 있게 된 것입니다. 성자께서는 성육신하심으로 한 위격 안에 신성과 인성이 연합되는 존재로 계셨습니다. 성자께서는 인성을 취하시되 육체와 영혼의 연합체로서 인성을 취하셨습니다. 예수님의 인격은 로고스였고, 그 로고스께서 인간의 인성으로서 육체와 영혼을 취하신 것입니다. 예수님께서는 육체로만이 아니라 인간 영혼을 지닌 진정한 인성을 취하셨습니다(눅 23:46; 마 26:38; 히 2:17).

따라서 예수님께서는 성육신을 통해 한 인격 안에 두 본성(in one person, two natures)을 지닌 중보자가 되실 수 있었습니다. 예수님께서는 우리의 구속을 위해 이런 존재가 되셨습니다. 성자께서는 우리를 대속하시기 위해 완전한 하나님이시며 동시에 인간이 되셔서 율법 아래 놓이시고, 우리를 대신해 모든 율법을 순종하시고 우리의 형벌을 대신 당해 주셨습니다. 예수님께서는 사람이 되심으로 죽음을 당할 수 있는 존재가 되시되, 신성을 지닌 무한한 가치의 제물이 되셔서 무한한 죄의 값을 갚아 주실 수 있으셨습니다. 또한 예수님께서는 모든 연약함을 짊어지셨지만, 죄는 없으신 흠 없는 희생 제물이 되실 수 있으셨습니다(히 4:15). 예수님의 성육신은 택하신 백성들을 위한 사랑이었습니다. 그리고 인간이 되심으로 우리에게 다가와 아버지의 영광을 비추어 계시하셨습니다(요 14:9; 17:4). 이처럼 예수님께서 진정한 인성을 취하심으로, 형벌적 죽음과 율법에 대한 완전한 순종을 인간을 대신하여 성취하셨습니다. 이 공로로 우리는 칭의, 곧 용서와 용납을 받습니다. 한편 예수님께서는 진정한 인성을 취하심으로 "인간성의 뿌리"(a root … in regard to human nature)[22]가 되셔서 자신의 거룩하심으로 성도들을 거룩하게 성화시키십니다. 참 사람이시며 참 하나님이신 예수님 안에만 구원이 존재합니다. 성도는 그러한 이유로 그리스도와 연합함으로만 신령한 복들에 참여할 수 있습니다. 따라서 참 인간이시며 참 하나님 되신 우리의 유일한 중보자와의 연합 안에서 우리는 의(義)와 거룩과 영화를 얻습니다. 우리는 그리스도의 공로로 칭의를 받고, 그리스도 안에서 성화를 이룹니다. "하나님이 미리 아신 자들을 또한 그 아들의 형상을 본받게 하기 위하여 미리 정하셨으니 이는 그로 많은 형제 중에서 맏아들이 되게 하려 하심이니라 또 미리 정하신 그들을 또한 부르시고 부르신 그들을 또한 의롭다 하시고 의롭다 하신 그들을 또한 영화롭게 하셨느니라"(롬 8:29-30).

성도들은 예수님의 두 본성의 구별을 잘 인식해야 할 뿐 아니라, 그리스도께는 단 하나의 인격(person)만 존재한다는 사실도 잘 정립해야 합니다. 예수님께 위격 혹은 인격은 성육신 전의 제2위 하나님, 성자 지신입니다. 따라서 성육신 이전이

---

22 Calvin, *Inst.*, II. 1. 6.

나 이후에 예수님의 인격에 있어 변화된 것은 없습니다. 제2위, 성자께서는 영원부터 영원까지 동일하십니다. 따라서 성육신은 제2 위격(person), 성자(Logos)께서 무인격적인 인성(human nature)을 그의 인격 내에 취하신 것입니다. 결코 예수님 안에는 인간으로서의 인격과 하나님으로서의 인격, 곧 두 인격이 존재하지 않습니다. 인성은 제2 위격께서 자신의 인격 내로 연합시키기 전 무인격적으로 존재했습니다. 인성은 제2 위격 내로 연합됨으로 인격화되는 것입니다. 그러므로 인격은 오로지 제2 위격 로고스만을 지칭하며, 예수님 안에는 오직 하나의 인격만이 존재합니다. 그 인격은 제2 위격으로서 영원부터 영원까지 어떤 변화도 있을 수 없습니다. 그러나 제2 위격께서는 인성을 취하심으로 자신을 인간으로서 경험할 수 있으신 것입니다. 성육신을 통하여 예수님께서는 인성으로는 대속의 죽음을 경험하실 수 있었고, 신성으로는 죽음에 매이지 않으시고 부활하실 수 있으셨던 것입니다. 신성과 인성은 직접적으로 본성을 통해 연합되지 않았고, 위격 혹은 인격 내로 연합되었습니다. 칼케돈 신조(the Calcedonian creed)에 표현되어 있듯, 양성은 "혼합되지 않으시고, 변화되지 않으시고, 분할되지 않으시고, 분리되지 않으시는"(*inconfuse, immutabiliter, indivise, inseperabiliter*; inconfusedly, unchangeably, indivisibly, inseparably) 방식으로 연합되어 있습니다.

결론적으로, 예수님께서 한 위격 안에 두 본성(in one person, two natures)을 가지신 중보자가 되셔야 했던 이유는 우리의 구속 때문이었습니다. 중보자는 참 사람으로 대속의 제물이 되시되, 무한한 가치를 지닌 하나님이셔야 했고, 한편으로는 죄 없으신 흠 없는 제물이 되셔야 했습니다. 오직 사람이신 동시에 하나님이신 분만이 우리의 대속자가 되실 수 있었던 것입니다. 그리스도의 성육신은 택함 받은 죄인들을 향한 하나님의 사랑이었고 지혜였습니다.

그리스도의 고난(37문답)

하이델베르크 요리문답 35문과 36문답에서 예수 그리스도, 우리의 중보자에 대한 인격과 본성을 다루었다면, 37문답부터는 그리스도의 직분 혹은 사역을 다룹니다. 예수 그리스도의 수난 전체는 우리의 구원을 위한 것이며, 과거에 예언되고 성취된 역사적 사건이었습니다. 그분의 고난은 우리의 구원과 하나님의 영광을 위한 것이었습니다. 예수 그리스도의 고난은 '그리스도의 비하'라는 말로 표현됩니다.

예수 그리스도의 고난, 비하, 곧 낮아지심은 그분의 잉태와 출생으로부터 그분의 죽으심에 이르기까지 생애 전체를 포함합니다. 예수님께서는 우리의 구원을 위해 육체와 영혼이 수난을 당하셨습니다. 하나님이신 예수님께서 인성을 취하시되, 죄는 없지만 연약성을 지닌 육체를 취하셨습니다. 사람이 되신 것 자체가 예수님께는 낮아지심의 시작이었습니다. 예수님께서는 우리처럼 육체적 목마름, 주림, 피로, 병듦을 겪으셨고, 인간의 슬픔과 괴로움을 느끼셨습니다. 그리고 예수님께서는 사회적으로도 가난한 삶을 사셨습니다. 또한 예수님께서는 선한 일로 말미암아 사람들에게 모욕, 치욕, 비방, 중상, 조롱, 시기, 신성 모독, 거부, 배척과 같은 정신적, 관계적 고통을 겪으셨습니다(시 22:6). 심지어 예수님께서는 마귀에게 시험을 당하시기까지 하셨습니다(히 4:15).[23]

무엇보다 그분의 수난의 절정은 인간을 대신하여 하나님의 진노를 받아 내신 일입니다. 예수님께서는 우리가 받을 형벌을 대신 받아 내시기 위해 하나님께 버림받는 영혼의 고통을 겪으셨습니다. 우리의 죄 때문에 그분은 육체와 영혼의 고통을 당하신 것입니다. 분명 예수님께서는 우리를 대신하여 지옥의 고통, 하나님께 버림받는 고통을 당하셨습니다(마 26:38; 27:46; 사 53:4-5, 10). 예수님께서 십자

---

23 Zacharias Ursinus, 362.

가에 달리셨을 때, 육체와 영혼에 속한 최고의 행복과 기쁨을 상실하셨습니다. 왜냐하면 하나님의 진노가 임하는 순간, 복의 근원, 기쁨의 근원이신 성부와 단절되는 고통을 당하셨기 때문입니다. 이것은 하나님의 진노와 형벌의 집행에 따른 것이었습니다. 하나님께서 예수님께 진노하시고 그 얼굴을 가리우셨습니다. 이는 인류의 죄가 예수님께 전가되었기 때문입니다. 십자가에서 버림받는 순간까지 예수님께서는 성부를 향해 있었습니다. 그분은 죽기까지 의로우셨고 거룩하셨습니다. 하나님께서는 우리를 구원하시려고 예수님께 우리의 죄악을 짊어지게 하셨습니다.

예수님께서 이 죄의 형벌을 담당하실 때, 예수님께서는 신성으로 고통을 당하신 것이 아니라 인성으로 고난을 당하셨습니다. 예수님의 신성과 인성은 위격에 연합되어 서로 협력하지만, 그 본성이 섞이거나 혼동되지 않은 채 고유의 본성을 따라 행합니다. 그러나 예수님의 수난 사건에서, 예수님께서는 철저히 죄인을 대신하는 참 사람으로서 그 형벌을 받아 내셔야 했기에, 신성이 그 고난을 덜어 주거나 무디게 하지 않았습니다. 예수님께서는 철저히 하나님께 지옥의 형벌, 즉, 완전히 버림받을 때까지 참 인간으로 우리를 대신하셔야 했습니다.

본디오 빌라도의 재판과 십자가 위에서 죽으심(38-40문답)

하이델베르크 요리문답 38문답과 39문답은 예수님께서 어떤 성격의 죽음을 겪으셨는지를 알려 줍니다. 예수님께서는 본디오 빌라도의 판결을 통해 죽음에 넘겨졌고, 죽음의 방식은 십자가 처형이었습니다. 따라서 38문답과 39문답은 본디오 빌라도의 판결에 따른 사형 선고와 십자가 처형의 의미를 설명합니다. 먼저 38문답에서 본디오 빌라도에게 고난을 당하신 사건에 담겨진 두 가지 중요한 의미를 우리는 깨달아야 합니다.

첫째, 빌라도는 예수님을 넘겨받아 그를 심문하였고, 절차를 통해 그의 무죄함을 인정할 수밖에 없었습니다. 빌라도는 예수님을 못 박으라고 고함치는 유대인 무리들의 민란을 두려워하여 예수님을 십자가 처형에 넘겨준 것입니다. 명절의 관습대로 죄수 한 명을 놓아주는 혜택은 예수님 대신 바라바가 누리게 되었습니다(마 27:23-24). 이 사실을 통해 우리는 우리 주님께서 무죄한 분으로 십자가에 달리셨다는 것을 알게 됩니다. 예수님의 무죄성은 예수님만이 우리를 위해 죄 없는, 흠 없는 속죄 제물이 되실 수 있다는 사실을 알려 줍니다. 예수님께서는 자신의 죄 때문에 십자가에 매달리신 것이 아니라 우리를 대신하여, 우리의 죄 때문에 십자가에 달리셨습니다. 하나님께서는 빌라도의 입으로 예수님의 무죄성을 시인하게 하심으로, 역사 속에 예수님의 무죄성을 또렷이 남기셨습니다. "어찜이냐 무슨 악한 일을 하였느냐"(마 27:23; 막 15:14). 이 증언은 예수님을 십자가에 못 박으라고 소리친 완악한 유대 군중들 가운데 선 빌라도의 혀를 통해 확증하신 것입니다. 그리고 예수님의 무죄성을 오늘날 성경에 기록하여 우리에게 확실한 계시로 남겨 두심으로 성령을 통해 예수님의 무죄성을 우리로 고백하게 하십니다.

둘째, 군중들의 민란을 두려워한 나머지 빌라도는 무고한 예수님을 십자가에 넘겨주었습니다. 즉, 진실과 양심을 놓고 타협한 것입니다. 그러나 하나님께서는 십자가 처형을 통해 대속을 성취하셨습니다. 죄인들의 손에 의해 넘겨진 예수님께서는 십자가 위에서 무죄한 자로서 그의 백성들을 대신해 진노를 받는 속죄양이 되셨습니다. 메시아를 향한 예언이 성취된 것입니다(사 53:5-6). 죄인들은 악의로 예수님을 십자가에 못 박았으나, 하나님께서는 섭리 가운데 이 악행들을 구원의 성취를 이루는 사건으로 바꾸셨습니다. 이 일이 일어나려면 예수님은 무죄하신 흠 없는 어린양이어야 하고, 흠 없는 어린 양은 죄인들을 대신하여 진노를 받으셔야 했던 것입니다. 빌라도의 판결을 통해 예수님께서는 죄인들을 속량할 희생 제물이 되신 것입니다.

39문답은 좀 더 깊은 질문을 던집니다. 왜 예수님께서 죽으신 방식이 십자가였느냐는 것입니다. 이 질문과 관련하여 우리는 왜 십자가여야 하는가라고 질문하기보다는 하나님께서 십자가를 통해 어떤 목적을 성취하려 하셨는가라고 묻는 것이 타당할 것입니다. 하나님께서 당신의 지혜와 주권적 결정에 따라 십자가 죽음의 방식을 택하셨습니다. 그 이상을 우리가 물을 수 없습니다. 다만 십자가의 죽음을 택하실 때, 그 십자가의 죽음을 통해 하나님께서 성취하시고자 하셨던 목적과 유익이 무엇이냐는 것을 물어야 합니다. 하나님께서는 이 목적을 위해 당신의 지혜 가운데 가장 적합한 죽음의 방식을 작정하셨기 때문입니다. 십자가의 죽음이 죄인에게 알려 주는 바는 다음과 같습니다.

첫째, 하나님께서는 십자가의 처절한 형벌을 통해 우리 죄의 심각성과 하나님의 진노의 엄중함과 깊이를 계시하려 하십니다. 십자가는 극악한 죄에 대한 형벌로서 엄중한 죽음과 저주를 상징합니다. 둘째, 그러므로 예수님께서 십자가에 달리셔서 죽으신 죽음의 성격은 저주입니다. "나무에 달린 자는 하나님께 저주를 받았음이니라"(신 21:23; 갈 3:13). 예수님께서는 우리를 위해 저주를 받으신 것입니다. 따라서 십자가를 바라볼 때, 우리는 우리가 얼마나 극악무도한 죄인인지를 깨달아야 합니다. 십자가 위에 계신 예수님께 쏟아진 진노와 형벌은 우리의 죄 때문입니다. 그러므로 십자가에 걸린 나의 죄를 보아야 합니다. 죄로 고통받고 우리의 무능함으로 절망할 때, 쉼 없는 양심을 안식하게 하는 것은 바로 예수님의 십자가뿐입니다. 성도들은 십자가에서 하나님의 공의와 사랑이 만나는 것을 발견해야 합니다. 십자가에서는 죄를 엄중히 벌하시는 하나님의 공의가 발견됩니다. 동시에 그 진노와 형벌을 우리를 위하여 아들에게 대신 쏟아 부으시는 하나님의 사랑이 나타납니다. 예수님의 죽으심으로 우리는 살게 되었고, 예수님의 수난으로 우리는 평안과 쉼을 얻게 되었습니다. 그러므로 "본디오 빌라도에게 고난을 받으사 십자가에 못 박혀 죽으시고"라는 고백은 다음과 같은 의미입니다. "그리스도께서 나를 위해서 저주를 받으셨고 그리하여 그가 나를 구원하셨다."[24]

40문답은 그리스도의 십자가 죽음의 목적을 더욱 상술합니다. 예수님의 죽으심은 하나님의 공의를 만족시킴으로 우리의 죄를 대속하시기 위해서였습니다. 예수님의 죽으심은 법적인 의미에서 정죄받고 영원한 형벌을 선고받은 죄인들의 죄책을 사하시기 위한 죽으심이었습니다. 달리 표현하면, 예수님의 죽으심은 우리의 죄책으로 말미암아 쏟아지는 하나님의 진노를 거두시게 하기 위함이었습니다. 예수님의 죽음만이 원수 되고 파괴된 관계를 화해(reconciliation)시킬 수 있었습니다. 예수님의 죽음이 가져온 은혜는 하나님과의 관계 회복이었습니다. 이러한 법적인 관계 회복을 통해 죄인은 새 생명을 선물로 받아 누릴 수 있습니다. 그리스도 안에서 성도는 이중 은총(dual grace)으로서 칭의와 성화를 받아 누립니다. 오직 믿음으로 의(義)롭게 여겨진 자에게 거룩함의 변화가 임합니다. 이 모든 은총은 하나님의 공의를 만족시킴으로 가능한 것입니다. 참 하나님이시면서 참 사람이신 예수 그리스도께서 인간을 대신해 희생 제물이 되어 주심으로, 하나님께서 요구하시는 공의를 완전히 만족시키셨습니다. 대리적 형벌과 율법에 대한 완전한 순종을 통해 획득하신 그리스도의 공로만이 무한한 하나님의 공의를 만족시킬 수 있습니다.

그러나 죄인을 위한 그리스도의 죽음이 모든 자들을 위한 것은 아니었습니다. 그분의 죽으심은 택자들을 위한 것이었습니다. 성경은 제한 속죄(limited atonement)를 가르칩니다. 성경에는 그리스도께서 모든 사람들을 위하여 죽으셨다는 표현과 택자들만을 위하여 죽으셨다는 표현이 함께 등장합니다. 예를 들면, 속죄가 모든 사람을 위한 것이었다는 표현이 다음과 같은 구절에 등장합니다. 요한일서 2:2,

---

24 Zacharias Ursinus, 369-370.

히브리서 2:9, 고린도후서 5:15, 디모데전서 2:6. 반면 속죄가 오직 택자들만을 위한 것이라는 표현이 다음의 구절들에서 발견됩니다. 요한복음 17:9, 마태복음 15:24, 20:28, 히브리서 9:28, 에베소서 5:25. 이렇게 상반되어 보이는 표현들은 실제로는 모순되지 않습니다. 이 표현들을 두 가지 방식으로 해석할 수 있습니다.

첫째, 모든 사람을 위하여 그리스도께서 죽으셨다는 말에서 "모든"은 모든 사람들을 지칭하는 것이 아니라 택함 받은 믿는 자의 총수를 의미합니다.[25] 그리스도께서는 택함 받은 모든 백성을 위해 죽으셨습니다(요 3:16; 롬 3:22). 여기서 "모든"이란 보편성은 택함 받은 자들에게 한정된 "특별한 보편성"인 것입니다.[26]

둘째, 모든 사람들을 위해 죽으셨다는 표현은 속죄의 충족성(sufficiency)을 의미하고, 택자들을 위하여 죽으셨다는 표현은 유효성(efficiency)을 의미합니다.[27] 속죄의 충족성이란 그리스도의 속죄가 모든 사람을 구원할 수 있을 만큼 완전하고 충족하다는 의미입니다. 즉, 어떤 자들이 멸망을 당하는 것은 그리스도의 공로에 어떤 결함이나 부족함이 있어서가 아니라 그들이 완악하기 때문이며 이들에게 구원의 은총이 허락되지 않기 때문입니다. 이들은 택함을 받지 못해 은총의 수혜를 받지 못하고 완악함 가운데 불신을 고집하다 멸망하는 것입니다. 따라서 그리스도께서 모든 사람들에게 충족한 속죄를 이루시기 위해 죽었다는 표현을 쓸 수 있습니다. 그러나 이 말은 택함과 관계없이 모든 사람이 구원받을 수 있다는 의미가 아니라, 그리스도의 공로가 완전하고 속죄가 완전하다는 의미입니다. 그러나 속죄의 유효성의 측면에서 보면, 예수 그리스도께서는 오직 택자들만을 위하여 죽으셨습니다. 왜냐하면 속죄의 효력이 오직 택자들에게만 적용될 것이기 때문입니다. 따라서 모든 사람에게 충족한 공로를 이루시기 위해 죽으신 것도 하나님의 뜻

---

25 Zacharias Ursinus, 376.
26 Zacharias Ursinus, 376.
27 Zacharias Ursinus, 336-338.

이며, 오직 택자들에게만 유효하게 죽으신 것도 하나님의 뜻이었습니다.[28] 즉, 악인의 멸망은 하나님의 유기(遺棄)에 근거한 것이며, 그들의 완악함 때문입니다. 예수님께서는 그런 의미에서 제한 속죄의 근거가 되는 기도를 하셨습니다. "내가 그들을 위하여 비옵나니 내가 비옵는 것은 세상을 위함이 아니요 내게 주신 자들을 위함이니이다 그들은 아버지의 것이로소이다"(요 17:9). 그리스도의 속죄의 충족성은 불신자들을 모두 아우르지만, 그 유효성은 오직 택자에게 미칩니다. 그러므로 예수님께서는 세상을 위해 기도하지 않으시고 택자들의 구원을 위해 기도하셨습니다.

그리스도의 장사(41-42문답)

예수 그리스도의 장사(葬事)는 그리스도의 비하의 일부였습니다. 장사는 인간의 육체가 흙으로 돌아감을 의미합니다. 이처럼 인간이 자신이 유래한 흙으로 돌아가는 것은 죄에 대한 형벌의 일부였습니다(창 3:19).[29] 그러므로 그리스도의 장사는 우리를 위한 대속의 죽음과 고난의 일부인 것입니다. 자카리아스 우르시누스도 그리스도의 장사를 죄로 말미암은 인간의 형벌과 저주와 치욕의 일부라고 가르칩니다.[30] 또한 죽은 자만이 장사 지낸 바 될 수 있습니다. 그리스도의 장사는 주님의 죽으심의 실재성과 역사성을 입증합니다.[31] 주님의 죽으심이 실제적이고 역사적이어야 하는 이유는 그분의 죽으심이 실제가 아니고 역사적이지 않다면, 그분의 부활도 실제가 아니며 역사적이지 않게 되기 때문입니다. 그리스도의 장사 지낸 바 되심은 우리의 구원을 위한 그분의 죽음이 사실이라는 점을 입증합니다.

---

28 Zacharias Ursinus, 378.
29 Louis Berkhof, 574.
30 Zacharias Ursinus, 381.
31 Louis Berkhof, 574.

그리스도의 장사는 성도로부터 무덤의 공포를 제거하고 무덤을 성화시켰습니다. 구원의 객관적 사역의 모든 단계와 구원의 주관적 적용의 순서 사이에 연관성이 있습니다.[32] 세례를 받는다는 것은 그리스도와 함께 매장되고 그리스도와 함께 부활하게 됨을 가리킵니다(롬 6:1-6). 그러므로 성도는 믿음으로 그리스도와 연합할 때, 그분의 죽으심과 장사에 참여함으로 옛 사람을 죽이게 됩니다. 그리고 그분의 부활하심에 참여함으로 새 사람을 입게 됩니다. 따라서 예수님의 장사 지낸 바 되심은 우리의 옛 사람을 죽이는 일과 관련 있습니다. 예수님의 장사 지낸 바 되심은 속죄를 위한 비하의 한 부분인 것입니다. 따라서 성도에게 장사됨은 거룩하게 되었습니다. 예수님의 장사 지낸 바 되심에 참여한 자들은 죽어 장사된 후에 영화된 영혼으로 천상에서 고요히 부활을 기다릴 수 있는 것입니다. 이런 의미에서 그리스도의 장사 지낸 바 되심은 성도들의 장사를 성화시켰습니다. 그러므로 성도에게 장사되는 일은 공포가 아니라 부활로 진입하는 관문이 될 뿐입니다. 예수님께서 죽어 장사되신 것은 죽음 안에 들어가셔서 죽음을 죽이시기 위함이었습니다. 예수님의 무덤은 호랑이 굴과 같았습니다. 예수님께서는 호랑이를 잡으시려 호랑이 굴에 들어가셨습니다. 즉, 예수님께서는 무덤에서 죽음을 이기시고 부활하셨습니다. 무덤은 주님의 승리의 장소입니다. 그분의 의로우심과 능력은 죽음과 무덤 안에서 입증되었습니다. 결론적으로, 성도들은 그리스도의 장사가 함축한 속죄의 의미와 그리스도의 장사가 베푸는 성도를 향한 유익들을 인식하고 감사할 수 있어야 합니다.

그리스도의 죽으심의 유익(43문답)

그리스도의 죽으심은 우리의 죄책과 오염을 제거합니다. 그리스도의 죽으심으

---

32 Louis Berkhof, 574.

로 말미암아 죄인은 용서를 받고, 죄의 지배력으로부터 해방됩니다. 하이델베르크 요리문답 43문답은 그리스도의 죽으심의 유익을 가르칩니다. 그리스도의 죽으심으로 우리는 다음과 같은 유익을 얻습니다. 첫째, 그리스도의 죽으심은 우리의 죗값을 위한 것이었습니다. 그가 죽으심으로 우리는 형벌을 받을 필요가 없어졌습니다. 그의 죽으심 때문에 우리는 용서를 누리게 되었습니다. 둘째, 용서는 하나님과 우리 사이의 원수 관계를 화목의 관계로 뒤바꾸어 놓았습니다. 그의 용서로 말미암아 우리는 원수가 아니라 하나님의 자녀로 입양되었습니다. 하나님께서 원수였던 우리를 예수님의 죽으심 때문에 자녀 삼으셨습니다. 셋째, 하나님께 용서받고 자녀로 받아들여진 자들 속에서 하나님께서 그들과 연합하시고 교제하십니다. 하나님께서는 그들을 용서하시는 동시에 실제로 마음의 중심이 변화되도록 중생시키셨습니다. 그들은 새로운 피조물이 되었고, 허물과 죄로 죽었던 영혼이 다시 살게 되었습니다. 그들은 이전에 보지 못하던 것, 인식 못하던 세계를 인식하게 되었습니다. 그들은 이전에 행하지 못했던 행위를 행할 수 있는 능력을 받았습니다. 거듭난 영혼의 의지는 하나님을 지향합니다. 즉, 하나님과 그분의 영광에 속한 모든 것을 사랑합니다. 생명을 받은 성도들의 영혼의 기능인 이성과 의지가 회복된 것입니다. 넷째, 그러므로 이전에 죄의 노예가 되었던 사람들이 거듭나 죄를 대항하게 되었습니다. 날마다 죄를 죽일 수 있는 능력을 갖게 된 것입니다. 이들은 죄와 싸우며 때로는 승리하고 넘어질 때는 회개에 이릅니다. 다섯째, 그들은 용서받고 거듭남으로 하나님의 소유가 되었습니다. 하나님의 소유가 되면, 하나님께서 섭리 가운데 그들을 책임져 주십니다. 주께서 그들을 보호하시고, 보존하시고, 도우시고, 그들을 통해 영광을 받으십니다. 하나님의 소유가 된 자들은 하나님께 속한 모든 은혜를 누리게 됩니다. 이것이 성도의 행복입니다. 우리는 하이델베르크 요리문답 1문답에서 이미 이 위로를 다루었습니다. 예수님 안에서 하나님의 소유가 된 자들은 영적인 삶이든, 육체적인 삶이든, 모든 영역 속에서 하나님의 인도하심을 받게 됩니다. 형통과 환난 그리고 모든 상황 속에서 하나님께서 주시는 은혜를 경험하게 됩니다. 이것이 하나님의 소유가 된 자들의 복입니다. "이는 내게 사는 것이 그리스도니 죽는 것도 유익함이라"(빌 1:21).

그러므로 성도는 감사의 열매를 맺어야 합니다. 감사를 드린다는 것은 그가 하나님과 그분의 은혜를 보았고 사모한다는 증거이기 때문입니다. 거듭난 성도는 보지 못하던 것을 보게 되고, 행하지 못하던 것을 행하게 되고, 누리지 못한 차원의 복을 누리게 됩니다. 이것이 그리스도의 죽으심을 통해 우리에게 주어진 것들입니다. 그리스도의 죽으심은 감사의 근원이 되어야 합니다. 그러므로 감사는 믿음의 최상의 표현이요 열매인 것입니다. 예수님의 죽으심은 우리의 생명이 되었습니다.

그리스도의 지옥 강하(44문답)

지옥 강하에 대한 고백은 주님의 고난, 죽으심, 장사 지내심을 고백한 후 뒤이어 나타납니다. "지옥(음부)에 내려가사"라는 고백입니다. 그러나 이 문구는 다른 구절들처럼 초기부터 보편적으로 신경 속에 포함되지 않았습니다.[33] 이 구절은 주후 390년경 아퀼레이아 양식(Aquileian form)의 신경에서 최초로 사용되었습니다. 그 문구는 이러합니다. "지옥에 내려가사"(*descendit in inferna*).[34] 헬라인들 가운데 혹자는 '지옥'(inferna)을 '음부'(hades)로, 또 혹자는 '하계'(lower parts)로 번역했습니다.[35] 이 용어들이 발견되는 몇몇 양식의 신경들은 그리스도의 매장을 언급하지 않았음에 비해, 로마와 근동 양식의 신경에서는 대체로 매장은 언급하되 음부에 내려가

---

33 Louis Berkhof, 575.
34 Louis Berkhof, 575.
35 Louis Berkhof, 575.

올인원 하이델베르크 요리문답

심을 빠뜨리고 있습니다.[36] 루피누스(Rufinus)는 "장사되고"라는 표현 속에는 음부로 내려가셨다는 개념도 포함하고 있다고 지적합니다. 그러나 후대 로마 양식의 신경에서는 매장에 관한 진술 다음에 문제의 진술이 추가되고 있습니다.[37] 칼뱅은 "장사되고" 다음에 이를 삽입한 사람들이 뭔가 추가적인 내용을 의도했으리라고 정확하게 언급합니다.[38] 그러나 이 구절들은 성경 속에 나오지 않기 때문에, 사도신경의 다른 조항들처럼 성경의 직접적인 진술에 기초하고 있지 않다고 보아야 합니다.[39] 이 조항의 고백은 성경에 함축된바 추론적으로 끌어낸 의미들이라고 볼 수 있습니다. 이제 이 고백에 대한 의미를 살펴보도록 하겠습니다.

자카리아스 우르시누스는 지옥을 세 가지 의미로 구분합니다. 첫째, 지옥은 "무덤"을 지칭합니다(창 42:38; 시 19:10).[40] 둘째, 지옥은 "버림받은 자들의 처소"를 가리키기도 합니다(눅 16:23). 셋째, 지극히 심한 괴로움과 고뇌를 지칭합니다(시 116:3; 삼상 2:6). 자카리아스 우르시누스는 사도신경에서의 지옥을 세 번째 의미로 사용합니다. 기독교 역사상 지옥 강하에 관한 여러 견해들이 있었습니다. 그렇다면 "지옥에 내려가사"의 성경적 의미는 무엇일까요? 칼뱅과 자카리아스 우르시누스는 이 구절을 동일하게 해석합니다. "지옥에 내려가사"는 버림받은 자들이 현세와 내세에서 당하는 극한 고통과 고뇌를 그리스도께서 그의 영혼으로 친히 당하셨음을 의미합니다.[41] 여기서 고통은 죄로 말미암아 겪게 되는 하나님과의 단절에서 오는 고통입니다. 이러한 예수님의 고통은 형벌적인 의미이기에 이생과 내세의 모든 고통을 함축합니다. 예수님께서는 육체만이 아니라 영적인 고통도 짊어

---

36 Louis Berkhof, 575.
37 Louis Berkhof, 575.
38 Louis Berkhof, 575.
39 Louis Berkhof, 575.
40 Zacharias Ursinus, 385.
41 Zacharias Ursinus, 390.

지셨습니다. 우리가 죄로 말미암아 당할 형벌은 전인적인 것이기에 예수님께서도 육체적 고통과 함께 하나님께 버림받으시는 영적 고통을 경험하셨습니다. 분명 예수님께서 당하신 고통은 실제로 지옥에 가신 것은 아니지만 지옥의 고뇌를 당하신 것입니다. 지옥의 본질은 하나님과의 단절입니다. "제구시쯤에 예수께서 크게 소리 질러 이르시되 엘리 엘리 라마 사박다니 하시니 이는 곧 나의 하나님, 나의 하나님, 어찌하여 나를 버리셨나이까 하는 뜻이라"(마 27:46).

3. 예수 그리스도의 승귀

그리스도의 부활(45문답)

지옥 강하에 이어 일어난 부활은 예수님의 승귀 첫 단계입니다. 예수님께서는 장사된 지 사흘 만에 부활하셨습니다. 예수님께서는 죽음에 이르는 낮아지심을 경험하셨지만, 그 모든 고난과 죽으심은 택한 백성들을 구속하시기 위함이었습니다. 부활은 그리스도께서 낮아지심으로 획득하신 복들과 구속의 효력이 영원할 수 있게 되는 이유가 됩니다. 예수님께서는 실제로 죽음으로부터 부활하셨습니다. 예수님께서 죽음을 경험하셨다는 말은 모든 인간과 동일하게 육체와 영혼이 분리됨을 경험하셨다는 것입니다. 그러나 부활하심으로 그분의 영혼이 그의 육체로 돌아와 연합되었습니다. 이와 같이 부활하실 때, 예수님께서는 참 하나님이시고 참 사람이신 상태로 살아나셨습니다. 더 엄밀히 말하면, 제2위 하나님께서 인성을 따라 죽음을 경험하시고 사흘 만에 부활하셨습니다. 예수님의 인성, 곧 예수님의 인간 영혼과 육체는 모든 연약함을 다 벗은 영화(榮華)의 상태로 부활하신 것입니다. 예수님께서는 육체 부활을 하셨습니다(요 24:39). 죽음을 당한 그 육체가 다시 살아

난 것입니다.[42]

　그리스도의 육체적 부활은 다음과 같은 목적으로 성취되었습니다. 첫째, 예수님께서 부활을 통해 하나님의 영광을 드러내셨습니다. 그리스도의 부활을 통해 하나님의 능력과 선하심이 계시되었습니다. 부활은 하나님을 영화롭게 하는 사역입니다(요 17:1; 롬 1:4). 둘째, 예수님의 부활은 예언의 성취로 하나님의 약속이 진실됨을 입증했습니다. 메시아와 관련된 모든 예언들과 모형들을 포함하고 있는 성경들이 주께서 사흘 만에 부활하신다고 예언하였습니다(시 16:10; 사 53:10, 11; 마 12:39; 요 20:9; 마 26:54; 행 2:27; 4:27-28). 셋째, 예수님의 부활은 그분의 신성의 위엄과 권능을 드러냈습니다. 예수님께서 인성으로는 죽으셨지만, 신성을 가지신 하나님이시기에 신성으로는 죽음 아래 붙잡혀 계실 수 없었습니다. 예수님께서는 하나님의 독생자이시며(요 3:16; 3:35), 참 하나님으로서 생명의 주인이시고 근원이십니다(요 11:25; 5:21; 5:26; 10:28).[43] 넷째, 예수님의 부활은 그리스도께서 의로우심을 성부께 인정받는 칭의의 성격을 갖습니다. 예수님께서는 신성으로는 무한하고 완전하게 의로우신 분이셨습니다. 그러나 인성으로는 인간을 대신해 형벌을 받으시고 완전한 순종을 이루는 메시아로서 중보자의 사명을 감당하셔야 했습니다. 죽으심과 고난을 통해 예수님께서는 구속 언약(the covenant of redemption) 안에서 성부께서 요구하신 바를 이루셨고, 이로 말미암아 성부로부터 약속하신 바를 얻게 되셨습니다. 예수님께서는 죄가 없는 의로운 분이셨지만, 메시아의 직무 때문에 죄인들의 죄책을 전가받으셨습니다. 예수님께서는 큰 인내와 사랑 가운데 십자가를 지시고 완전한 순종으로 대속을 성취하셨습니다. 예수님께서는 십자가 죽음을 통해 공로를 획득하셨습니다. 이 공로의 전가로 믿음의 사람들은 하나님과 화목하

---

42 Zacharias Ursinus, 394.
43 Zacharias Ursinus, 396.

게 되는 것입니다(롬 6:10; 히 10:14). 다섯째, 예수님의 부활은 성도를 위한 영원한 대제사장, 중보자가 되시기 위한 것이었습니다. 예수님께서 만일 부활하시지 못했다면, 하나님의 약속은 거짓이 되는 것입니다. 그리고 죄인인 우리에게 중보자가 존재할 수 없게 되는 것입니다. 예수님께서 부활하신 목적은 영원히 그 백성의 중보자 직분을 수행하시기 위해서였습니다.[44] 예수님께서 부활하셨기에, 우리의 형제요 중보자가 되셔서 영원히 지속적으로 우리를 위해 간구하실 수 있는 것입니다(시 110:4; 롬 8:34).[45] 예수님께서는 부활하신 중보자가 되셔서 영원히 그의 공로에 근거해 공로의 효력을 믿음으로 말미암아 그리스도와 연합된 성도들에게 베푸십니다.[46]

그렇다면 예수님의 부활이 우리의 구원에 가져온 유익들은 무엇일까요? 첫째, 예수님의 죽으심을 통해 이룬 공로(功勞)와 공효(功效)는 그분의 부활을 통해 성도들에게 베풀어집니다. 따라서 그리스도의 죽으심을 통해 획득된 은덕들은 주님의 부활로 말미암아 성도들에게 적용됩니다.[47] 그리스도의 죽으심의 결과는 부활의 은덕들과 일치합니다. 죽음과 부활은 동일하게 그리스도의 구속 사역이며, 한편이 없이는 다른 한편이 존재할 수 없는 관계입니다. 죽음과 부활은 경중을 따질 수 없는 구속 사건의 부분들입니다. 그리스도의 죽으심으로 획득된 것들이 그리스도의 부활하심으로 베풀어집니다.[48] 그리스도께서는 십자가에서 단번에 이루신 공로를 믿음에 따라 죄인에게 전가하심으로 완전한 죄 사함을 주십니다(롬 4:25). 둘째, 부활의 결과로 성령께서 성도 안에 내주하십니다. 성령께서 성도에게 임하시는 복은 부활과 그리스도의 승귀를 통해서만 주어집니다. 성령을 주심은 성부께

44 Zacharias Ursinus, 396.
45 Zacharias Ursinus, 397.
46 Zacharias Ursinus, 397.
47 Zacharias Ursinus, 400.
48 Zacharias Ursinus, 400.

서 구속을 성취하신 예수님께 약속한 바였습니다. "하나님이 오른손으로 예수를 높이시매 그가 약속하신 성령을 아버지께 받아서 너희가 보고 듣는 이것을 부어 주셨느니라"(행 2:33). 성부와 성자께서 성령을 우리에게 보내심은 말씀을 통해 우리를 그리스도께 연합시키기 위해서였습니다. 성령께서는 말씀을 믿게 하심으로 그리스도와 우리가 연합되게 하십니다(고전 12:3; 롬 8:15; 10:17). 성령께서는 그리스도와 죄인을 연합시키는 띠(bond, *vinculum*)가 되십니다.[49] 부활과 승천을 통해 성령은 성도에게 임하시며, 성령을 통해 중생한 성도들이 그리스도와 연합하여 그에게 속한 모든 신령한 복을 얻습니다. 셋째, 그리스도의 부활은 우리의 부활의 보증입니다. 과실의 첫 열매는 그 이후에 맺힐 과실을 보증합니다. 첫 열매가 탐스럽게 열리면 그 이후에 열릴 열매도 그러할 것을 보증하게 됩니다. 마찬가지로, 예수님의 부활은 우리의 부활의 보증이 됩니다. 왜냐하면 그리스도 안에서 성취된 부활이 예수 그리스도와 연합된 성도들 안에서 동일하게 일어날 것이기 때문입니다(롬 8:11).[50] 넷째, 그리스도의 부활로 중보자께서 영원히 우리의 대제사장, 선지자, 왕의 직분을 수행하십니다. 예수님의 부활로 말미암아 구약에서 예수님을 예표하던 대제사장, 선지자, 왕의 직분이 성취되었습니다. 백성들을 대표해 죄를 짊어지고 하나님께 나가 속죄의 제사를 드리던 대제사장의 직분이 성취되었습니다. 하나님을 대표해 백성들에게 죄에 대한 심판과 죄로부터의 구원의 메시지를 전하고 일깨우던 선지자의 직무가 성취되었습니다. 복리와 안전과 안보를 책임지며 백성들을 돌보던 왕의 직무도 성취되었습니다. 그리스도께서는 부활하셔서 영원한 중보자가 되심으로, 이 성취된 직무와 결과를 통해 지상의 교회를 보존하시고, 영원히 그에게 연합된 백성들을 다스리시며 보호하십니다. 때가 되면 그들을 영원

---

49 Calvin, *Inst.*, III. 1. 1.
50 Zacharias Ursinus, 402−403.

한 나라에서 영화롭게 하실 것입니다. 이 모든 복은 그리스도께서 죽으신 지 사흘 만에 다시 사셨기 때문에 가능하게 되었습니다.

그리스도의 승천(46-49문답)

승천은 부활의 보충이며 완성입니다.[51] 예수님께서는 승천을 통해 부활에서 시작된 영화롭게 되심이 더욱 완전해졌습니다. 예수님께서 승천하신 것은 택하신 백성들의 영원하고 완전한 중보자가 되시기 위함이었습니다. 예수님께서는 당신의 자녀들의 처소를 예비하시고(요 14:2), 보혜사 성령을 보내 주시기 위해 승천하셨습니다(행 2:33). 우리는 승천을 이해하기 위해 다음과 같은 관점에서 승천을 살펴봐야 합니다.

① 승천의 성격

승천의 성격은 가시적이었습니다. 루이스 벌코프는 승천을 인성을 좇아 중보자의 위격이 지상에서 하늘로 가시적으로 올라간 사건이라고 정의합니다. 승천은 지역 이동이었습니다.[52] 따라서 루이스 벌코프는 예수님께서 승귀하신 곳을 천국[53]이라고 부르며, 천국이 단지 상태가 아니라 실제적 장소라고 강조합니다.[54] 승천은 장소 이동이면서, 그리스도께는 진정한 전환점이었습니다. 즉, 승천을 통해 그분의 인성이 지극히 영광스러워지셨고, 천상의 생활에 완전히 적응하는 인성을 갖게 되신 것입니다(요 14:2; 빌 3:20; 눅 24:51).[55] 예수님의 인성을 따른 승귀로 승천은 그리스도께서 진정 완전한 교회의 머리요 성도의 중보자로서 성도와 교회를 다스

---

51 Louis Berkhof, 584.
52 Louis Berkhof, 584.
53 천국과 종말의 때에 임할 새 하늘과 새 땅의 관계에 관해서는 Louis Berkhof, 1014-1015를 참조하라.
54 Louis Berkhof, 584.
55 Louis Berkhof, 584.

리게 되셨음을 함축합니다. 예수님께서는 인성을 따라 어느 곳까지는 물리적인 하늘로 올라가시다가 사람들의 시선에서 사라지는 지점에서 이 땅과 다른 차원의 천상의 하늘로 올라가셨습니다. 따라서 예수님의 승천은 국지적으로(locally) 그리고 육체적으로(bodily) 한 장소에서 다른 장소로 옮겨가신 일입니다.[56] 예수님께서 오르신 천국은 물론 이 땅의 차원과 구별된 장소일 것입니다. 그러나 이 장소에 대하여 우리는 성경이 전하는 것보다 더 많은 것을 상상해서는 안 될 것입니다. 자카리아스 우르시누스는 겸손히 천국을 묵상합니다. "물론 하늘 너머에 자연적인 장소는 없다. 그러나 형이상학적이며 초자연적인 장소, 혹은 천상의 장소는 있다. 그러나 그곳이 어디며 어떤 식의 장소인지 우리는 현재의 지식으로는 이해할 수 없다. 그러나 우리로서는 성경의 선언들에 따라서 그런 곳이 있다는 것을 알고 믿는 것으로 족하다."[57] 그곳은 부활한 육체를 가지신 예수님께서 계신 곳이므로 분명 공간적이고 장소적인 곳입니다. 그러나 예수님께서 계신 천국의 공간과 장소의 성격은 이 땅의 성격과 영광을 넘어서 있는 그 어떤 곳임이 분명합니다.

② 승천하신 그리스도께서 우리와 함께하시는 방식

둘째, 그렇다면 그리스도께서 하나님 우편으로 올라가셨는데, 우리와 어떻게 함께하실 수 있는 것일까요? 성경에 따르면, 그리스도께서는 승천하셨기 때문에 지상에 계실 때보다 더욱 효과적으로 우리와 함께하실 수 있습니다. 그리스도께서는 세상 끝 날까지 항상 우리와 함께하시겠다고 약속하셨습니다(마 28:20). 그러나 그리스도의 육체는 하늘에 계십니다. 예수님의 육체는 삼층 천, 혹은 낙원의 하나님 우편에 계십니다(요 14:23). 왜냐하면 예수님의 인성은 진정한 인성으로 남아

---

56 Zacharias Ursinus, 409.
57 Zacharias Ursinus, 410.

있으시기 때문에 편재하지 않습니다. 예수님의 부활체는 영화된 육체이지만, 영화된 몸도 육체의 본질을 가지고 있습니다. 육체는 편재할 수 없습니다. 따라서 승천하신 그리스도께서는 육체로 편재하시지는 않지만, 그분의 신성으로 우리와 함께하십니다. 승천 이전에도 그리스도의 신성은 하늘에도 계시고 땅에도 계시며 온 만물 안에 편재하셨습니다. 그리스도께서는 신성으로 어디에나 계시며 성부께서 우리와 함께하시는 방식으로 우리와 함께하십니다. 또한 그분의 신성으로부터 나오는 영광과 능력 그리고 은혜도 공간에 제약받지 않고 온 세상에 충만하게 임합니다. 따라서 그리스도께서는 신성으로, 그분의 영광과 능력으로 우리와 함께하십니다. 또한 그리스도께서는 성령을 통해 우리와 함께하십니다. 그리스도와 연합된 성령께서는 우리 안에 계신 동일하신 성령이십니다. 성령께서 이 땅에 오신 이유는 그리스도와 우리를 연합시키기 위해서입니다. 성령께서 그리스도와 연합시키시기 때문에 우리는 그리스도와 연결됩니다. 그런 의미에서 우리는 성령 안에서 성령을 통해 그리스도의 인성에 참여할 수 있다고 할 수 있습니다. 그리스도의 육체가 이 땅에 편재하지 않지만, 성령은 그리스도의 인성에 우리를 연결시키시는 띠가 되시는 것입니다.

③ 승천이 가져오는 구속적 유익

첫째, 예수님께서 승천하심으로 하나님 우편에서 우리를 위해 중보하실 수 있는 지위와 상태를 갖게 되셨습니다. 예수님께서는 승천하심으로 하나님 우편에서 언제나 우리를 위해 중보하십니다. 아니 그분은 영원한 대제사장이 되셔서 우리의 영원한 중보자가 되셨습니다. 우리가 범죄하면 예수님께서는 우리의 용서를 위해 변호해 주십니다. 마귀가 우리를 정죄해도 예수님께서는 우리를 변호하십니다. 예수님께서는 언제나 우리가 하나님의 소유가 되도록 중재하십니다. 하나님 아버지께 우리의 영혼을 지켜 달라 간구하십니다. 우리가 주님의 뜻 안에서 기도하면 예수님의 이름 때문에 아버지께서 기도를 들어주십니다.

둘째, 그리스도의 승천은 우리의 영화의 보증이 됩니다. 그리스도의 인성이 구속 성취를 통해 받으신 영광은 그에게 접붙임을 받은 백성들을 위한 것이며, 그들의 것으로 성취된 것이기도 합니다. 예수님의 죽음은 우리를 위한 죽음이었고, 그의 부활도 우리를 위한 부활인 것처럼, 그의 승천도 역시 우리의 승천을 위한 것이었습니다. 죽음을 맛보지 않고 에녹과 엘리야가 승천하였지만, 종말론적으로 모든 사람은 그리스도의 승천에 참여하는 것입니다. 예수님께서는 자신의 승천이 우리를 위한 것임을 천명하셨습니다. "내가 너희를 위하여 거처를 예비하러 가노니 가서 너희를 위하여 거처를 예비하면 내가 다시 와서 너희를 내게로 영접하여 나 있는 곳에 너희도 있게 하리라"(요 14:2-3). 예수님께서 하늘에 오르신 이유는 우리의 거처를 마련하시기 위한 것이었습니다.

셋째, 승천하심으로 그분은 성령을 한량없이 받으셨고, 우주의 왕으로 등극하실 때 그분은 세상에 성령을 파송할 권한을 가지셨습니다. 예수님의 영화는 그의 인성이 완전한 영광 가운데 이르셨음을 의미합니다만, 한편으로는 예수님께서 인간들이 갖지 못하는 성령의 한량없는 충만을 갖게 되신 것을 의미하기도 합니다. 예수님께서 메시아의 직무를 위해 세례받으실 때, 성령께서 비둘기처럼 내리셨고, 구속 성취와 승천을 통해 완전한 성령 충만, 한량없는 성령을 소유하게 되셨습니다. 이는 인간들에게 존재할 수 없는 정도입니다. 그러므로 그분은 성령을 파송하심으로 온 세상을 충만케 하실 수 있습니다. 제3 위격은 성부와 성자를 통해 세상에 파송되어, 예수님의 구속을 성도들에게 적용하시고 교회를 세우시고 인도하시며 보호하십니다. 그런 의미에서 오순절 성령 강림 사건은 주님의 죽으심과 부활, 승천과 하나님 우편에 앉으심처럼 단회적이고 반복되지 않는 구속 사건이었습니다. 오순절 이후로 믿고 회개하는 모든 족속들은 구속이 성취된 경륜 안에서 성령의 내주를 받습니다.

넷째, 승천하신 예수님의 영광은 예수님의 대속 성취에 근거한 것입니다. 그리스도께서 형벌을 이겨 내지 못하셨다면, 또 그분께서 작은 불순종이라도 하나님께 저질렀다면, 승천은 주어지지 않았을 것입니다. 예수님의 승천은 예수님의 칭의(justification)입니다. 예수님의 승천은 예수님께서 의로우시다는 하나님의 승인입니다. 그러므로 우리의 죄 용서는 예수님의 승천을 통해 보증되는 것이며, 예수님께서 대속을 완수하시고 우리에게 용서를 주실 만한 권한과 자격을 받으셨다는 것의 증거입니다(요 16:10).

결론적으로, 그리스도께서는 강하고 영화롭게 다시 사셔서 하늘에 존재하십니다. 이전보다 더 큰 영광과 능력으로 우주를 다스리고 계십니다. 그분은 언제 어디서나 우리와 함께하십니다(마 28:20; 계 3:20). 예수님께서는 더 깊고 신비한 방식으로 우리와 연합하시고 교제하시며 우리를 넉넉히 위로하실 수 있습니다. 예수님께서는 단지 사랑만이 아니라 승천하신 영광과 권세로 우리를 완전하게 보호하십니다.

하나님 우편에 앉으신 그리스도(50–51문답)

자카리아스 우르시누스의 해설에 따르면, 하늘로 오르시는 것과 하나님의 우편에 앉으시는 일은 각각의 의미를 갖습니다. 즉, 승천과 하나님 우편에 앉으심은 서로 다른 개념입니다. 그는 세 가지로 이 차이점을 지적합니다. 첫째, 하나님 우편에 앉으심은 승천의 목적이었습니다. 둘째, 하나님의 우편에 앉아 계심은 영원히 지속되는데, 승천은 단 일회적 사건입니다. 셋째, 승천은 천사들이나 성도들에게 허락된 일이지만, 하나님 우편에 앉으심은 오직 그리스도께만 해당합니다(히

1:13).[58]

"하나님의 우편"이란 장소적 의미가 아니라 하나님의 지극한 권능, 덕, 전능하심, 지극한 존엄, 영광, 위엄을 의미합니다(행 5:31; 시 118:16; 출 15:6). 따라서 그리스도께서 하나님 우편에 앉으셨다는 의미는 구속을 성취하신 후 하늘과 땅을 다스리실 신분과 능력과 위엄으로 구속받은 교회와 성도들을 영원히 다스리시게 되었다는 의미입니다. 예수님께서는 언제나 만물을 다스리시는 제2위 하나님이십니다. 그러나 여기서 하나님과 동등한 권능과 영광으로 세상을 다스리실 수 있도록 승귀되셨다는 의미는 인성을 입으신 중보자요 대제사장으로서 그렇게 되셨다는 것입니다. 신성으로는 아니지만 인성으로는 낮아지신 적이 있고, 또 지금은 높아지셨습니다. 예수님께서는 우리의 구원을 위해, 그의 영광의 통치를 위해 구속을 성취하셔서 하나님께 인정받으셨습니다. 따라서 예수님께서는 자신의 공로를 따라 약속된 것을 받으신 것입니다.

그리스도께서 하나님 우편에 앉으심으로 우리는 다음과 같은 유익을 받습니다. 첫째, 예수님께서는 그분의 공로를 토대로 우리를 용서하시고, 하나님과 바른 관계에 놓이게 하시며, 구속을 통해 획득하신 약속의 열매들이 우리에게 적용되도록 성부께 간구하십니다. 둘째, 예수님께서 지극히 높임을 받으시고, 약속된 성령을 받으심으로 지상에 성령을 파송하셔서 구약의 선지자들과 더불어 사도들을 통해 66권의 정경을 완성하셨고, 그 말씀을 통해 성령께서 역사하심으로 교회를 모으시고, 다스리시고, 보존하시게 되었습니다. 셋째, 하늘과 땅의 권세를 가지신 예수님께서 모든 원수들로부터 교회와 성도들을 지키십니다. 그리고 마지막 때 궁극적으로 교회와 성도들의 원수를 지옥 형벌로 다스리심으로 멸하실 것입니다. 넷째, 교회와 성도들의 연약함은 승귀하신 주님의 통치 아래서 마지막 날까지 제거

---

58 Zacharias Ursinus, 424.

되어 갈 것입니다.[59]

그리스도의 재림(52문답)

성도에게 주님의 재림은 공포나 두려움이 아니라 소망과 고대여야 합니다. 이는 우리가 스스로를 자신하거나 자기 공로를 기대기 때문이 아니라, 예수님께서 성도들에게 이루신 속죄의 완전성 때문입니다. 우리가 진정 하나님의 말씀이 전하여 준 복음을 믿고 그 믿음으로 말미암아 생명의 열매를 나타내고 있다면, 이러한 후험적 증거 안에서 우리의 선택과 구원의 확신을 가질 수 있습니다. 이러한 확신은 성경을 따라 갖는 확신입니다. 우리는 구원의 확신의 근거를 우리 안에 두지 않고 그리스도의 완전하심에 두기에 구원의 확신은 일종의 믿음이고 겸손입니다. 구원의 확신의 근거는 우리가 아닌 언제나 예수 그리스도의 공로와 속죄의 성취에 둡니다. 그리스도의 속죄의 효력이 우리의 것이 된다는 확증도 우리는 갖고 있습니다. 그것은 성령께서 이 속죄를 성도에게 적용하실 때 우리에게 나타나는 증거들입니다. 성령께서는 그리스도로 말미암아 우리에게 내주하셨고, 우리의 영원한 보증이 되어 주셨습니다. 성령께서 우리에게 우리의 구원을 보증하시고 증거하십니다. 우리는 성령으로 말미암아 진리를 깨닫고 믿을 때, 이 믿음과 믿음이 낳는 열매들이 성령께서 우리 안에 계신 증거라는 사실을 압니다. 선택된 자에게만 약속된 성령과 성령께서 주시는 믿음은 우리가 그리스도 안에 있다는 확고한 증거입니다. 이러한 구원의 토대를 가진 자들만이 재림의 예수님을 구속자로 만날 것입니다. 예수 그리스도를 믿지 않는 자들은 재림의 주를 심판의 주로 만나게 될 것입니다.

믿음이 낳는 성화의 열매들은 우리가 그리스도와 연합되어 있다는 증거입니다.

---

59 Zacharias Ursinus, 432.

성화의 열매는 우리 믿음의 진정성의 표지들입니다. 이와 같은 증거를 성령으로 말미암아 마음에 인침 받은 성도들은 우리의 불완전함에도 불구하고 미래의 소망을 확신할 수 있습니다. 현재 지상에서 불완전한 성도들을 그리스도의 공로로 말미암아 자녀로 용납하여 주심처럼, 미래의 심판대 앞에서도 하나님께서는 오직 예수 그리스도 때문에 우리를 의롭다 선언하실 것입니다. 우리의 미래에 완성될 구원 역시 그리스도 때문에 성취되는 것입니다. 재림의 때, 우리는 최종적으로 하나님의 자녀로 선언될 뿐 아니라, 모든 불완전함을 벗고, 완전한 부활, 영화를 경험하게 될 것입니다.

우리의 선행은 우리가 그리스도를 믿고 있다는 증거이며, 우리의 믿음이 진정한 것이라는 표지이지만 공로가 될 수는 없습니다. 선행은 우리를 용서하시고 거듭나게 하신 결과요 열매이지만, 재림의 때까지 우리의 행위는 언제나 불완전하고 남겨진 죄와 섞여 있습니다. 성화의 열매조차도 율법의 완전한 요구를 만족시킬 수는 없습니다. 우리가 그리스도 안에 있지 않다면 마지막 때 심판대를 견디지 못할 것입니다. 그러나 우리에게는 주를 영접할 때 전가받은 그리스도의 의(義)가 있습니다. 과거에도 지금도 미래에도 우리는 그리스도 때문에 하나님과 화목합니다. 불완전한 우리가 재림을 소망할 수 있는 것은, 예수님의 십자가 보혈이 언제나 우리의 불완전함을 용서해 주시기 때문입니다. 이러한 용서가 언제나 함께하기에 불완전한 우리들이 완전한 목표를 향해 전진할 수 있는 것입니다. 우리는 용서받으며 성화되어 갑니다.

그러므로 우리는 이렇게 보장된 미래의 소망으로 말미암아 그분이 우리와 같은 죄인을 관용하시고 받아 주시는 은혜를 감사해야 하며, 이 감사한 마음을 거룩한 삶을 통해 올려 드려야 합니다. 우리가 부족하고 세상에서 인정받지 못할지라도, 때로는 핍박이 온다 해도 우리를 구원하신 목적이 우리를 거룩하게 하셔서 영화롭게 하시려 함에 있음을 기억해야 합니다. 또한 용서해 주시는 은혜를 힘입어 최종 목표로서 영화가 주어질 때까지 저는 다리를 질질 끌고서라도 주님께서 기뻐하시는 목적지를 향해 걸어가야 합니다. 그리고 선행에 힘쓸 때, 늘 그 선행을 베푸신 은혜에 대한 감사의 동기로 행해야 합니다. 그리스도의 완전함과 그분의 속죄의 충족함을 알지 못하는 사람들은 걸레와 같은 자기 의(義)를 의지하려 하다가 심판에 직면하게 될 것입니다. 미래가 불확실한 사람은 두려움과 공포와 허무함으로 거룩을 추구할 의지를 갖지 못합니다. 성도는 그리스도 안에서 그리스도 때문에 우리를 의인으로 받아 주신다는 소망이 있습니다. 재림은 그리스도 안에서 기대하고 고대할 소망의 때입니다. 우리의 연약과 죄악을 벗고 완전해지는 때이기 때문입니다. 이처럼 재림의 때 하나님을 구속주로 만나게 되는 것은 오로지 그리스도 때문입니다.

1. "예수"라는 명칭의 의미를 설명해 보십시오.

2. "그리스도"라는 명칭의 의미를 설명해 보십시오.

3. 그리스도의 "주" 되심에 관하여 설명해 보십시오.

4. 그리스도의 비하의 단계들과 내용을 설명해 보십시오.

5. 그리스도의 승귀의 단계들과 내용을 설명해 보십시오.

6. 그리스도의 양성 교리를 "한 위격 내(內) 두 본성(인성과 신
   성)의 연합"의 관점에서 설명해 보십시오.

**삶에
적용
하기**

1. 당신은 당신의 구원을 위해 오로지 그리스도의 인격과 사역을 의지합니까? 혹여 자신의 의(義)나 그리스도 밖에 있는 어떤 것을 의지하지는 않습니까?

2. 예수 그리스도의 중보 사역을 통해 지금 당신이 하나님과 화목하고 그리스도 안에서 하나님으로부터 구원에 속한 모든 선한 것들을 받고 있음을 확신하고 기뻐하고 감사하고 있습니까?

3. 당신은 당신의 구원을 위해 그리스도의 구속과 의(義)의 완전성을 진정한 신뢰로 의심 없이 받아들이고 있습니까?

성령의 인격과 사역: 구원의 서정

Knowing! the person and the works of the Holy Spirit: the order of salvation(*ordo salutis*)

53, 56-64문답

9강: 성령의 인격과 사역 – 구원의 서정

1. 성령께서는 그리스도와 죄인을 연합시키심으로, 그리스도께서 성취하신 구원을 택자 각 개인에게 적용하신다.

2. 이신칭의는 구원과 경건의 토대이다. 이신칭의는 그리스도의 완전한 순종과 형벌적 죽음을 통해 이루신 의와 공로를 믿음으로 말미암아 전가받아 하나님께 용서를 받고 용납되는 법적인 성격의 은총이다. 그리스도의 공로와 의를 통해서만 하나님과 불화하던 관계가 화목될 수 있다.

3. 성화는 이신칭의로 회복된 관계에 토대해 성령의 내주를 통해 주어진다. 칭의가 법적인 성격의 은총으로 충족한 그리스도의 의를 전가받아 죄책을 제거하며 단번에 완전히 성취된다면, 성화는 갱신적 성격의 은총으로 중생 시 지배력을 잃은 죄의 잔재를 일생 죽이며 그리스도의 형상을 회복하는 과정으로서 과정적이다. 오염은 단번에 완전히 제거되지 않는다.

4. 성도의 부활은 첫 열매이신 그리스도의 부활의 생명에 참여함을 통해 일어난다.

5. 성도의 최종적인 영화는 영혼과 부활한 육체가 연합되어 천국의 영생 지복에 들어가는 것이다.

1. 그리스도와 성도를 연합시키시며, 그리스도의 구속을 택자에게 적용하시는 성령(53문답)

성령의 인격(person)

성령께서는 성부와 성자와 동일본질(*homoousios*)을 가지신 제3위 하나님이십니다. 삼위일체의 내재적(*ad intra*) 사역[1]에 따라서, 성령께서는 성부와 성자에게서 나오십니다. 성부와 성자께서는 성령을 출기(出氣, spiration)시키시고, 성령은 성부와 성자로부터 발출(發出, procession)하십니다. 성령께서는 영원으로부터 영원까지 성부와 성자로부터의 출기와 발출이라는 방식으로 존재하십니다. 성령께서는 성부와 성자와 동일한 본질을 가지셨으므로, 완전한 하나님이십니다. 성령께서는 삼위의 구별성에 따라 성부와 성자와 구별되는 위격적 실체이시며, 본질에 있어 성부와 성자와 동일한 본질을 가지신 하나님이십니다. 성령께서는 본질에 따라 성부와 성자와 함께 본질의 통일성을 가지십니다. 특별히, 성령께서는 단지 에너지 혹은 능력이나 영향력이 아니시고, 신적 이성과 의지를 가지신 인격적 실재이십니다.[2] 성령께서는 인격을 가지시고, 가르치시며, 위로하시고, 때로는 근심하시며, 책망하시고, 진노하시기도 하십니다. 그리고 사랑으로 은혜와 은사를 교회와 성도들에

---

1 내재적 사역이란 외부의 피조 세계와 관계없이 삼위 내에서 이루어지는 사역을 의미한다. 따라서 외재적(외향적, *ad extra*) 사역은 창조와 구속과 같은 피조계와 관련된, 곧 하나님 외부 세계와 관련된 삼위의 사역들을 의미한다.
2 Zacharias Ursinus, 450-451.

게 베푸십니다. 이러한 성령의 인격성을 누가복음 12:12, 사도행전 13:2, 16:7 등에서 증거합니다. 특별히 고린도전서 12:4, 11은 성령과 은사 자체를 구분합니다.

성령의 사역(work)

성령의 사역은 일반 사역과 특별 사역으로 구분할 수 있습니다. '일반 사역'은 성령께서 "자연적 창조의 생명을 시작하고 유지하고 발전시키고 인도하며, 삶과 사회생활에 있어서 타락시키고 파멸시키는 죄의 세력을 일시적으로 제한하고, 인간의 공동생활에 있어서 일정한 질서와 예의를 유지하고, 상호 관계에 있어서 외면적인 선과 의를 행하며, 그들이 부여받은 천부적 재능을 발전시킬 수 있는 능력을 부여"하시는 사역을 의미합니다.[3] 이와 달리, '특별 사역'은 "구속 및 재창조의 영역에서, 성령께서는 위로부터 출생하고 위로부터 양육되며 위에서 완성될 새 생명, 즉 지상에서 살지만 원리상 천상적 생명을 시작시키고, 유지시키고, 발전시키며 인도"하시는 사역입니다. "특별 사역을 통해 성령께서는 죄의 권세를 극복하고 분쇄하며, 인간을 하나님의 형상대로 새롭게 하시며, 하나님께 영적으로 순종할 수 있게 하고, 세상의 소금과 빛이요, 인생의 모든 영역에서 영적 발효소가 되게"하십니다.[4] 창조의 영역에 관련된 성령의 일반 사역은 나름대로의 독자적 중요성을 지니고 있지만, 구속 사역에 예속적입니다.[5] 특별 사역에서 성령께서는 죄인에게 구속적 은혜(redemptive grace)의 수여자로 사역하십니다. 이제부터는 성령의 사역을 특별 사역, 구속 사역을 중심으로 살펴보도록 하겠습니다.

구속과 관련하여, 성령의 가장 본질적인 사역은 예수 그리스도의 구속 성취를 각 성도의 마음에 적용하시는 일입니다. 구원의 서정(*ordo salutis*, order of salvation)은

---

3 Louis Berkhof, 671.
4 Louis Berkhof, 671-672.
5 Louis Berkhof, 672.

성령론과 동일합니다. 구원의 서정은 그리스도의 구속을 각 성도의 마음에 적용하시는 성령의 사역으로 정의될 수 있기 때문입니다. 구원의 서정에서 성령과 관련하여 우리가 관심을 기울여야 하는 주제는 그리스도와의 연합(union with Christ)입니다. 그리스도께서 구속을 성취하심으로 이루신 구원에 속한 모든 신령한 복들이 오직 그리스도 안에 있기 때문입니다. 그리스도 안에 거하지 못한다면 어느 누구도 구원에 속한 그 어떤 것에도 참여할 수 없습니다. 구원의 모든 것들이 그리스도와의 연합 안에 있습니다. 성령 사역의 본질은 죄인을 그리스도께 연합시키시는 일입니다. 그러므로 칼뱅은 성령을 그리스도와 성도를 연합시키는 띠라고 표현했습니다. "그리스도께서 우리를 자신에게 효과적으로 연결시키시는 띠(bond, *vinculum*)는 성령이다."[6] 성령께서는 말씀을 죄인에게 들려주시고(외적 부르심), 말씀을 들을 때 택한 자의 마음을 성령으로 조명하십니다(유효적 부르심). 이러한 성령의 사역을 통해 죄인은 믿음이란 수단을 통해 그리스도께 연합됩니다.

　믿음은 그리스도와 연합하게 만드는 도구입니다. 성령께서는 말씀을 통해 부르시고, 거듭남을 주십니다. 거듭난 영혼은 믿음으로 그리스도와 연합하게 되며, 이 연합 안에서 칭의와 성화 그리고 궁극적으로 영화의 은총에 이르게 됩니다. 성령께서는 말씀을 성도의 심령에 확증시키시며 마음속에 진리를 증거하심으로, 성도들이 흔들리지 않고 믿음의 길을 걷게 하십니다. 성령께서는 미래에 완성될 구원의 현재적 보증이십니다. 성령께서 성도의 심령에 내주하심으로 일평생 그를 지도하시며 인도하십니다. 성도들이 흔들리면 위로하십니다. 그리고 성도들이 의심과 회의에 빠질 때, 진리를 증거하셔서 그들이 확신하도록 도우십니다. 또한 성령께서는 성도들에게 은사를 베푸심으로 이 은사를 통해 교회를 섬기도록 하십니다. 은사는 개인을 위한 것이 아니라 오로지 다른 지체들과 교회 전체의 덕을 위해 주

6　Calvin, *Inst.*, III. 1. 1.

신 것입니다.

성령께서는 말씀을 통해 믿고 회개한 자에게 내주하십니다. 엄밀히 말하면, 성령께서는 말씀을 들을 때 유효적 부르심을 통해 성도의 심령에 내주하십니다. 그러므로 말씀을 들을 때, 성령께서 믿음을 일으켜 죄인을 중생시키십니다. 중생한 사람은 믿음의 발생을 통해 성령의 내주를 인식할 수 있습니다. 그러므로 성령의 내주와 성령 받음(성령 세례)은 동일한 것입니다(엡 1:13; 고전 12:13). 따라서 성령의 내주가 있는 성도들은 성령의 충만함을 지속적으로 받아야 합니다. "하나님의 성령을 근심하게 하지 말라 그 안에서 너희가 구원의 날까지 인치심을 받았느니라"(엡 4:30). 성도는 내주하신 성령의 지배 아래에서 살아야 합니다. 성령의 지배 아래 사는 삶이 성령의 충만이라 할 수 있습니다. 우리는 성령의 인도를 받아야 합니다. 성경은 성령을 근심케 말라고 경고합니다. 성령께서는 은혜의 수단을 통해 역사하시기 때문에 우리가 성령의 지배 아래 살려면 은혜의 수단에 관심을 기울여야 합니다.

첫째, 성령께서는 말씀을 통해 역사하십니다. 말씀을 통해 우리에게 믿음을 발생시키시고 발생된 믿음을 자라게 하십니다. "그러므로 믿음은 들음에서 나며 들음은 그리스도의 말씀으로 말미암았느니라"(롬 10:17). 둘째, 우리 안에 있는 죄성으로 말미암아 우리는 성령을 근심케 할 수 있습니다. 그러므로 우리와 같은 불완전한 사람들은 늘 회개해야 합니다.[7] 거듭난 성도는 매일매일 성화의 회개를 해야 합니다. 셋째, 성도는 참된 기도에 힘써야 합니다(눅 11:13; 마 17:21). 기도는 믿음이 바라보는 것을 성취하는 하나님께서 정하신 수단입니다. 기도는 우리가 연합한 그리스도 안에 계신 하나님과 교제하는 수단입니다. 기도할 때, 성령께서 우리의 마음에 지혜를 주시고, 우리를 진리의 길로 인도하시며, 그분의 은총으로 충만케 하

7　Zacharias Ursinus, 467.

십니다. 기도를 통해 약속하신 은혜를 누리게 하십니다. 기도는 믿음의 최상의 실천입니다.[8] 무엇보다 하나님께서 성령의 충만을 위해서 교회에 주신 공적인 수단은 말씀 선포와 성례입니다.

2. 이신칭의(justification only by faith)(56, 59-64문답)

이신칭의 교리는 종교개혁자들에게 근본적인 교리 중의 교리였다고 볼 수 있습니다. 루터는 이신칭의가 교회를 서게도 하고 무너지게도 하는 교리라고 여겼습니다. 그리고 칼뱅에게 칭의는 구원과 경건의 토대였습니다. 이신칭의 교리는 하나님께서 사랑과 공의의 하나님이심과 하나님과 바른 관계를 회복하여 구원받을 수 있는 방법을 가르쳐 줍니다. 또한 이신칭의 교리는 거룩한 생활의 토대를 가르치기도 합니다. 이신칭의 교리를 바로 인식할 때, 하나님께서 어떤 분이신지, 예수님의 속죄가 우리에게 어떤 성격의 것이며 무엇을 베풀었는지, 속죄의 결과가 우리에게 무엇인지, 우리가 어떻게 구원받을 수 있는지, 그리고 진정한 거룩의 추구가 어떤 기반 위에서 가능하며 또 우리가 행하는 선행이 구원과 관련하여 어떤 의미와 위치를 갖는지 알게 됩니다. 이신칭의는 구원받고, 구원받은 자로서 경건을 추구하는 일에 토대가 됩니다.

일반적인 의미에서 의

일반적인 의미에서 '의'는 무엇일까요? 영어에서 '의'는 "righteousness"라고 표현하는데, 이 용어는 "right"에서 파생되었습니다. '의' 곧 "right"는 죄(책) 혹은 불

---

8 Calvin, *Inst.*, III. 20. 1.

의의 반대 개념으로 볼 수 있습니다.[9] 죄(책) 혹은 불의가 무엇입니까? '의'는 법과 관련된 것입니다. 죄(책)와 불의는 법을 범한 것을 의미합니다. 그러므로 '의'는 법과 일치하는 것을 의미합니다. '의'는 법의 근원이시고 법 자체이신 하나님과 그분의 성품과 속성을 반영한 율법의 명령과 교훈에 일치하는 것을 의미합니다. 이와 같은 의미의 의는 몇 가지로 구분할 수 있습니다. 첫째, 의 자체요 의의 근원으로서 하나님이 '의'이십니다. 이 창조되지 않은 의는 모든 의의 토대요 규범이요 패턴입니다.[10] 둘째, 창조된 의로서 창조되지 않은 하나님의 의가 인격적 피조물들 속에 나타내는 효과입니다. 그러므로 일반적인 의미에서 피조물과 관련된 의는 인격적 피조물들에게 계시되고 하나님께서 역사하시고 힘을 공급하심으로 말미암아 법이 성취되는 것을 의미합니다. 피조물들에게 의는 하나님과 그분의 법에 일치하는 것을 의미합니다. 그러므로 인격적 피조물들의 입장에서 보면 의는 그들에게 계시되고 주어진 법에 순응하는 것을 의미합니다.[11]

이신칭의 교리는 이 일반적인 의의 원리를 벗어난 개념이 아니라 오히려 철저히 이 개념 위에 세워진 것입니다. 많은 사람들이 이신칭의 교리 안에서 하나님의 의로우심, 그분의 공의를 간과하기 일쑤입니다. 오직 믿음으로 말미암아, 오직 은혜로 하나님께 의롭게 여겨진다고 하니 이신칭의와 관련하여 하나님이 공의를 간과하시고 사랑만 강조하시는 분처럼 느껴지기 때문입니다. 그러나 이신칭의가 오직 믿음으로 말미암아 주어진다고 할 때, 우리는 예수님 때문에 의롭게 여겨진다는 사실을 잊어서는 안 됩니다. 왜냐하면 우리가 의롭게 여겨지는 것은 예수님께서 우리의 죄책을 전가받아 우리가 받아 낼 형벌을 대신 다 받으셨기 때문입니다. 하나님께서는 오직 법에 부합된 것만을 의롭다 하십니다. 우리에게 의를 전가하

9　Zacharias Ursinus, 530.
10　Zacharias Ursinus, 530.
11　Zacharias Ursinus, 530.

는 그리스도의 공로는 철저히 하나님의 공의를 성취하는 방식으로 세워진 것입니다. 예수님께서는 인간들에게 주어진 형벌과 율법의 의무를 다 만족시키는 방식으로 속죄하셨습니다. 이신칭의는 단지 믿음 때문이 아니라(도구적 원인), 예수님 때문에(공로적 원인) 용서받고 하나님의 자녀로 용납되는 것입니다. 그러므로 십자가는 우리에게 은혜를 주시고자 세워진 것이기도 하지만, 한편 모든 의를 이루시고 공의를 성취하시기 위해 세워진 것이기도 합니다. 십자가 사건은 일반적인 의의 원리에 충실한 방식으로 우리를 구원합니다.

그러므로 성경에서 "하나님의 의"(the righteousness of God)는 두 가지 의미를 갖습니다. 첫째, "분배적 하나님의 의"로 이는 불의를 형벌로 다스리시는 공의로운 하나님의 의를 의미합니다. "하나님의 의"는 다른 의미도 갖습니다. 그리스도께서 형벌을 받으시고 율법을 완전히 순종하셔서 전가하신 의를 의미하는데, 이를 "선물로서의 하나님의 의"라고 합니다. 선물로서의 의는 분배적 의의 요구를 그리스도께서 만족시킴으로 죄인에게 전가될 수 있으므로, 하나님의 공의가 성취되지 않고는 불가능한 의입니다. 따라서 일반적인 의를 이해하는 것이 이신칭의에 대한 이해에 필수적입니다. 십자가는 공의와 사랑의 교차점입니다. 십자가에서만 하나님의 공의와 사랑을 조화롭게 바라볼 수 있습니다. 복음은 율법을 폐기하거나 무시하지 않고 율법을 성취해 우리에게 그 공로를 전가합니다. 우리가 할 수 없는 것을 예수님께서 이루셔서 그 효과를 우리에게 값없이 베푸십니다. 그러므로 오직 믿음으로만 우리는 구원을 받습니다. 믿음은 예수님 안에 있는 것을 받는 유일한 도구이기 때문입니다.

의와 칭의의 구분

의는 앞에서 언급했듯이, 누군가 율법의 완전한 요구를 만족할 때 주어집니다.

그래서 의가 누군가를 의롭게 하는 근거라면, 칭의는 누구에게 이 의를 적용하는 것을 의미합니다. 즉, 의가 의롭다 함을 받는 근거라면, 칭의는 그 근거를 통해 누군가를 의롭다고 선언하는 것을 의미합니다. 이와 같은 의미의 칭의는 '율법적 칭의'와 '복음적 칭의'로 나뉩니다.[12]

먼저 '율법적 칭의'는 하나님과 율법에 일치하는 일이 우리 자신 안에 일어날 때 이를 적용하여 의롭다 하는 것을 의미합니다.[13] 이와 같이 스스로 율법의 요구에 일치하여 그 근거로 말미암아 의롭다 함을 받는 칭의는 행위 언약에 속한 형태의 칭의라 할 수 있습니다. 누군가 중생할 때, 율법의 요구에 부응한 생활을 말씀과 성령을 통해 시작하게 되지만, 이 역시 부활 때까지는 완전하지 못합니다. 그리고 지배력을 잃었으나 남겨진 죄성으로 말미암아 성도들조차 율법의 요구를 완전하게 만족시킬 수 없습니다. 따라서 신자든 불신자든 자기 의로 칭의를 받을 수 없습니다. 율법은 언제나 완전하고 엄중하게 요구합니다.

한편 '복음적 칭의'는 자신의 의로 의롭다 함을 받는 것이 아니라 예수 그리스도께서 성취하신 우리 밖에 있는 의를 전가받아 의롭게 여겨지는 것입니다.[14] 언제나 의로우신 분은 예수님이십니다. 그분의 공로를 우리에게 적용하셔서 우리는 죄인이지만 예수님의 공로 때문에 우리를 의롭게 여겨 주시는 것입니다. 그러므로 복음적 칭의는 내 안에 있는 의에 근거하지 않고 우리 안에 존재하지 않는 예수님의 의에 근거해 의롭다 여겨 주시는 것입니다. 복음적 칭의는 예수님의 공로로 우리를 용서하시는 것입니다.

칭의에서 우리가 의롭게 여겨짐은 의의 특질이 주입(infusion)되어 실제로 우리가 의롭게 됨을 의미하지 않습니다. 여기서 칭의는 법정적 용어로서 그렇게 선고

---

12 Zacharias Ursinus, 532.
13 Zacharias Ursinus, 532.
14 Zacharias Ursinus, 532.

되고 선포되고 여겨지는 것입니다. 예수님의 의 때문에 우리를 용서하셔서 죄인의 죄책을 사면해 주시고, 우리에게 무죄를 선언해 주시는 것입니다. 칭의는 하나님과의 관계가 화목하게 바뀌는 것입니다. 그러므로 칭의는 하나님과 죄인의 관계가 바르게 회복되는 유일한 방법입니다. 우리의 불완전한 변화는 이 관계 회복의 토대 위에서 시작됩니다. 우리는 언제나 예수님의 의 때문에 용서받고 화목의 관계로 들어갑니다. 성화의 열매들은 선물로서 회복된 관계의 결과입니다. 중생 이후에도 성도의 행위는 불완전하여 율법의 완전한 요구를 만족시킬 수는 없기에, 성화의 열매가 칭의의 원인이나 공로가 될 수 없습니다. 언제나 용서받고 의롭다고 여겨지는 은혜는 예수님께서 십자가에서 이루신 의 때문입니다(시 143:2). 따라서 칭의는 용서를 받아 하나님의 자녀로 받아들여지는 일과 일치합니다. 바울은 이 시편을 인용하여 칭의를 논증했습니다. 칭의는 예수님의 의를 전가받아 죄와 허물의 사함을 받는 것입니다. "허물의 사함을 받고 자신의 죄가 가려진 자는 복이 있도다. 마음에 간사함이 없고 여호와께서 정죄를 당하지 아니하는 자는 복이 있도다"(시 32:1, 2). 그러므로 우리는 오직 복음적 칭의를 받아야만 구원을 받습니다. 우리가 용서받고 하나님께 용납됨으로 회복된 관계 안에서 거룩한 생활을 영위할 수 있는 능력을 받을 길은 예수님의 의를 의지하는 길밖에는 없습니다. 이것이 칭의의 은혜입니다. 이것이 은혜 언약 안에 약속된 큰 은혜입니다. 죄인은 오로지 걸레 같은 자기 의를 버리고 그리스도의 의를 붙들어야 합니다. "의에 주리고 목마른 자는 복이 있나니 그들이 배부를 것임이요"(마 5:6). 그리스도의 의는 우리를 구원하기에 완전하고 유일한 의입니다.

그리스도의 의와 공로가 우리에게 전가되는 방식

그렇다면 어떻게 그리스도께서 이루신 의가 우리의 것이 되고 우리에게 적용될까요? 하나님께서 예수 그리스도의 보상을 친히 우리에게 적용시키십니다. 하나님께서는 예수님의 의를 우리의 것으로 만드시고, 마치 그 의가 우리의 것인 것처럼 그것을 근거로 우리를 의로운 자로 받아들이십니다. 우리는 믿음으로 이 의를 받을 수 있습니다. 우리가 예수님을 믿을 때 이 의가 우리에게 적용됩니다. 이때 하나님께서 우리에게 그리스도의 의를 주시며 그것을 근거로 우리를 의롭다고 인정해 주시므로, 죄인은 죄책에서 해방되고 이를 확신할 수 있게 됩니다. 그러므로 전가는 다음과 같이 정리할 수 있습니다. 하나님께서 그리스도께서 이루신 의를 받아들이시고 우리를 대신하여 소용되도록 하시며, 그것을 근거로 우리가 전혀 죄를 범하지 않은 것처럼 우리를 의로운 자로 간주하여 주시는 것입니다.[15] 이 전가는 믿음으로 말미암아 우리에게 적용되어 죄책으로부터의 자유를 확신하게 합니다. 따라서 전가는 믿음을 조건으로 하나님께서 그리스도의 의를 우리에게 적용시키는 것입니다. 즉, 전가는 그리스도께서 이루신 의가 법적인 효력을 가지고 죄인에게 적용되는 법적 실재입니다.

이러한 전가 교리에서 우리가 주목해야 할 점들은 다음과 같습니다. 첫째, 예수 그리스도의 의는 믿음을 통해 우리에게 전가될 때, 실제로 우리의 것이 됩니다. 이 의의 주인은 예수 그리스도시지만 전가에 따라 그 의가 우리에게 법적 효력을 갖게 됩니다. 하나님께서는 이런 이유로 그리스도의 의를 우리의 의로 간주하십니다.[16] 둘째, 전가는 믿음으로 예수님과 연합할 때, 하나님께서 죄인에게 행하시는 행위입니다. 오직 예수 그리스도 때문에, 믿음으로만 하나님께서 그 의를 우리에게 전가시키십니다.[17] 셋째, 전가는 우리 안에 거룩함을 만들어 내는 주입(infusion)이 아닙니다. 전가는 의의 특질이 주입되거나 만들어지는 것이 아니라 '법적으로' 그리

15 Zacharias Ursinus, 532-533.
16 Zacharias Ursinus, 536.
17 Zacharias Ursinus, 536.

스도의 공로를 우리의 것으로 인정하시는 것입니다. 성경은 이 용어를 이런 의미로 사용합니다. 히브리어 차다크(צָדַק)는 죄책을 진 자를 사면하거나 그를 무죄하다고 선포한다는 뜻으로 씁니다(출 23:7; 잠 17:15). 헬라어 디카이오오(δικαιόω)는 한 사람을 의로운 자로 간주하거나 선포한다는 의미로 씁니다(마 12:37; 롬 8:33; 눅 18:14; 7:35; 시 51:4).[18] 전가는 죄인을 사면하는 것과 죄인을 값없이 받아들이는 것 이외에는 다른 의미로 이해할 수 없습니다(롬 8:33; 눅 18:14). 즉, 그가 죄책을 벗고 하나님께서 인정하신 바가 되었다는 뜻입니다(행 13:39).

우리는 전가를 언약적 관점으로도 이해해야 합니다. 로마서 5:12-21을 보면, 아담 이후에 모든 사람들이 원죄의 전이로 죄인된 것과 그리스도를 믿는 믿음 안에서 그리스도 안에 있는 모든 자들이 의인된 것을 언약의 머리와의 언약적 연대성 때문임을 가르치고 있습니다. 혈육을 가진 세상의 모든 자들이 죄인인 것은 그들이 실제적인 어떤 죄를 지어서가 아니라 단지 첫 아담이 언약의 머리였고, 그가 넘어졌기 때문에 자신의 죄와 상관없이 모두가 죄인된 것이라고 가르칩니다. 불의가 만들어지거나 주입된 것이 아니라 언약적 관계 때문에 아담의 죄책이 연대적 책임에 따라 전가되어 죄인으로 여겨진 것입니다. 마찬가지로 믿음으로 예수님과 연합한 자들은 둘째 아담이신 그리스도의 공로 때문에, 그 안에 있는 자들이 실제로 의롭게 만들어져서 의로운 것이 아니라 언약 안에서 연대성의 법칙에 따라 법적으로 의롭게 여겨지는 것입니다. 우리가 아담 안에서 죄인인 것과 예수님 안에서 의인으로 여겨지는 것은 전가 때문입니다. 아담의 죄가 그 후손들에게 전가되어 죄인으로 여겨지고(원죄의 죄책), 예수님의 의가 신자에게 전가되어 의인으로 여겨집니다(이신칭의). 아담의 죄책이 전가되어 인간은 죄책을 지고 하나님과 분리되어 그 형벌로서 부패, 오염이 발생하기 시작합니다. 예수님의 공로가 전가되

---

18 Zacharias Ursinus, 537.

어 죄인은 죄책으로부터 해방되고 하나님과 바른 관계를 맺고, 이 관계 안에서 주어진 성화의 은총을 통해 오염이 제거되고 실제로 거룩해집니다. 그러므로 인간이 하나님께 의로운 자로 여겨지는 유일한 길은 믿음으로 예수님의 공로를 전가받는 길밖에는 없습니다. 행위 언약과 은혜 언약, 그리고 행위 언약의 머리로서 아담과 은혜 언약의 머리로서 예수 그리스도에 대한 교리는 전가에 따른 칭의 교리에서 몹시 중요한 역할을 담당합니다.

칭의와 행위의 관계(62-64문답)

62문답은 선행이 성도가 의롭게 되는 일에 원인이 될 수 없음을 가르칩니다. 62문답은 성도의 선행이 구원의 열매는 될 수 있어도 의롭게 되는 근거는 될 수 없는 이유를 지적합니다. 그것은 율법의 완전하고 엄중한 요구와 그 앞에 선 성도들의 선행의 불완전함 때문입니다. 하나님의 율법은 완전한 것을 엄중하게 요구합니다. 심판대에서 의롭게 인정받으려면, 곧 자기가 행한 선한 행실로 구원을 받고 천국에 참여하려면 그 행위가 하나님의 율법에서 요구하는 수준과 완전히 일치해야 합니다. 그러나 성도들은 예외 없이 불완전하고, 지배력을 잃었으나 여전히 죄가 잔재해 있기 때문에 성도들의 선행은 하나님의 심판과 율법의 요구에 미치지 못합니다. 레위기 18:5 그리고 신 27:26 외의 많은 구절들이 하나님 앞에서 율법이 완전한 것을 엄중히 요구한다는 사실을 나타냅니다. "너희는 내 규례와 법도를 지키라 사람이 이를 행하면 그로 말미암아 살리라 나는 여호와이니라"(레 18:5). "이 율법의 말씀을 실행하지 아니하는 자는 저주를 받을 것이라 할 것이요 모든 백성은 아멘 할지니라"(신 27:26). "무릇 율법 행위에 속한 자들은 저주 아래에 있나니 기록된 바 누구든지 율법 책에 기록된 대로 모든 일을 항상 행하지 아니하는 자는 저주 아래에 있는 자라 하였음이라"(갈 3:10). 율법은 기록된 대로 모두 완벽히 지키지 못한다면 저주가 되는 것입니다. 율법은 부분적으로가 아니라 완전히 전체적으로 그리고 동기적인 면에서까지 완전한 것을 요구합니다. 성도들조차도 이렇게 완전한 선행을 행할 수 없습니다. 우리는 영화된 자가 아니라 죄와 투쟁하고 있는 성화의 과정 속에 있는 사람들입니다. 우리의 선행에는 언제나 크건 작건 간에 불의가 섞여 있습니다.

그렇다면 이렇게 불완전한 선행이 어떻게 하나님을 기쁘시게 해 드리고 하나님께 수용될 수 있을까요? 그것은 그리스도의 용서 때문입니다. 예수님의 보혈은 우리가 불완전한 선을 행할 때도 선행에 섞여 있는 불의를 씻어 내시고 용서하십니다. 하나님께서는 그리스도께서 흘리신 속죄의 피 때문에 우리의 불순함은 용서하시고 선행만을 기뻐 받으십니다. 불의한 것이 섞여 있는 우리의 불완전한 선행을 그리스도의 피로 덮어 받아 주시는 것입니다. 이 은혜 때문에 불완전한 우리들이 완전하지 못할지라도 지속적으로 선행을 추구할 수 있습니다. 개혁신학자들은 이러한 하나님의 은혜를 '행위의 칭의'라고 불렀습니다. 그리스도의 보혈과 공로는 인격만을 칭의하는 것이 아니라 행위까지 칭의합니다. 그의 보혈이 우리의 행위에 섞여 있는 죄를 용서하시는 것입니다.

우리는 이러한 이유로 다음과 같은 의식을 가지고 선행을 추구해야 합니다.

첫째, 선행을 행할 때 철저히 공로 의식을 버려야 합니다. 선행을 자랑해서도 안 됩니다. 선행은 우리를 용서하시고 받아들이신 하나님의 은혜의 결과로 주어진 것입니다. 곧, 선행은 칭의에 토대하여 회복된 하나님과의 관계로부터 비롯된 것입니다. 뿐만 아니라 성도의 선행은 완전하지도 않습니다.

둘째, 하이델베르크 요리문답 63문답은 선행과 관련한 또 다른 질문과 답변을 다룹니다. 성도의 선행이 공로가 아니라면 하나님께서 성도의 선행에 대하여 상급을 약속하실 수 있으실까요? 많은 사람들이 선행에 상급이 주어지기에 공로라고 생각합니다. 상급은 공로에만 주어진다고 생각하기 때문입니다. 그러나 이는 간단히 반박할 수 있습니다. 성도들에게 약속된 상급은 은혜 언약 속에서 약속의 의미로 주어진 상급이기에 공로가 아니라 은혜입니다.

셋째, 하이델베르크 요리문답 64문답은 이 교리가 성도들을 선행에 무관심하게 하고 방종하게 하지 않느냐는 반론에 답합니다. 예수님께서 우리를 위해 십자가에서 피 흘려 이루신 속죄의 은혜와 가치를 안다면 결단코 방종하지 않습니다. 성도는 자신의 죄 때문에 예수님께서 그 상상할 수 없는 십자가의 고통을 감수한 것을 압니다. 그리고 십자가에 내려진 하나님의 공의의 엄중함도 깨닫습니다. 그들은 하나님의 공의 안에서 하나님의 사랑을 확신합니다. 거듭난 성도들은 십자가 구원의 사건 안에서 계시된 하나님의 능력과 선하신 성품의 영광을 발견한 자들입니다. 십자가에서 계시된 하나님의 선하신 영광을 맛본 자들은 이 영광을 사랑하게 되고 감사하게 됩니다. 이들은 십자가의 용서가 우리를 거룩하게 하시려는 목적으로 주어진 것임을 알 뿐 아니라, 하나님의 선하신 영광을 거슬러 죄 짓는 일을 고통스럽게 여깁니다. 이는 성령께서 성도들의 마음 중심에 생명을 심으셨기 때문입니다. 그러므로 성도는 거룩을 추구할 뿐 죄를 기뻐하지 않습니다. 이들은 죄를 혐오하고 죄를 거부합니다. 죄를 범할지라도 회개하게 됩니다. 진정으로 하나님의 선하신 영광의 아름다움과 가치를 경험한 성도에게 일생의 제일 된 삶의 목적은 하나님을 영화롭게 하고 그를 영원히 즐거워하는 것입니다.[19] 따라서 구원받은 자의 생활이란 받은 은혜에 대한 감사로 나타납니다. 그리스도인의 선행은 감사와 일치합니다. 그들이 선행을 하는 이유는 공로를 쌓기 위함이 아니라 받은 은혜에 감사하기 때문입니다. 성도들의 선행의 유일한 동기는 하나님께 받은 은혜에 대한 감사여야 합니다. 64문답의 답변처럼 진정 그리스도와 연합한 자들

---

19 웨스트민스터 소요리문답 1문답.

은 감사의 열매를 맺지 않을 수 없습니다. 그러므로 성도는 구원받으려고 선행을 행하거나 자신의 선행을 공로로 삼지 않습니다. 성도들은 불완전함 속에서도 하나님의 용서를 믿으며, 자신들을 칭의하신 하나님께서 자신들을 궁극적으로 거룩한 자로 만드시기 위해 용납하셨음을 알고 목표를 향해 한 발 한 발 다가섭니다. 이것이 성도의 생활입니다. 칭의의 토대 위에서 성화를 추구하는 성도의 모습이 정상적인 모습입니다. 그리고 이 모든 선행의 동기는 복음에 대한 감사요 칭의에 대한 감사로부터 나옵니다.

3. 부활과 영생(57-58문답)

부활이란 육체적으로 죽은 성도들의 육체가 다시 살아나 썩지 않고 불멸하는 영혼과 하나되어 영원히 살아가게 되는 것을 의미합니다. 물론 죽기 전에 지상에서 주의 강림을 맞은 성도들은 살아 있는 상태에서 불멸의 육체로 변화할 것입니다. 육체는 부활하면 이 땅의 형체를 넘어선 천국의 환경에 적합한 형체로 변할 것입니다. 즉, 부활한 육체는 육체이지만 지상에서의 죽음과 불완전함과 연약함을 벗어 버린 영화된 육체를 의미합니다. 부활체는 육체의 본질을 가진 실제의 육체이지만, 그 영광이 지상의 것과 다릅니다. 물론 성도들이 생명의 부활을 맞이할 때, 불신자들은 사망의 부활로 육체를 갖게 되고, 영원히 형벌을 받을 것입니다. 지상에서 영혼만이 아니라 그들의 육체 또한 죄의 도구가 되었으니, 종말적 형벌은 영혼과 육체가 함께 영벌에 들어가는 것입니다. 성도들의 부활은 마지막 때에 천사들과 사람들과 마귀가 보는 앞에서 공개적으로 영광스럽게 이루어질 것입니다. 성도들을 괴롭히고 핍박한 악인들과 마귀 앞에서 그리스도의 공로와 그리스도의 이름으로 믿는 자들은 공개적으로 부활할 것입니다. 성도들은 이루 말할 수 없는 희락과 기쁨을 느낄 것이고, 악인들은 큰 공포와 고뇌와 후회 속에서 이 부활에서 제외된 비참을 한탄하게 될 것입니다. 죽고 싶어도 죽을 수 없어 영원히 고통 속에 살아야 하기 때문입니다.

성도의 부활의 원인은 그리스도께 있습니다. 그리스도의 부활은 죄와 사망과 마귀 권세의 패배를 의미합니다. 예수님께서는 우리의 죄를 위하여 죽으셨지만, 신성으로는 죽음을 이기고 일어나셨습니다. 한편 그리스도의 죽으심은 그리스도의 중보 사역의 성취와 중보자로서의 임무를 완성하셨음을 증거합니다. 예수님께서는 의로우셨고, 하나님께서 주신 임무를 완수하셨습니다. 그러므로 하나님께 약속받은 것을 받으실 수 있었습니다. 그리스도의 부활은 그리스도께서 죽음에 얽매여 있을 수 없을 만큼 의로우시며, 그분의 능력이 무궁하시며, 진정한 죄인의 중보자요 하나님의 아들이심을 입증하는 사건이었습니다. 그리스도의 부활은 성도들을 위한 것이었습니다. 따라서 예수님의 부활은 성도들의 부활의 확실성을 입증하고 보증하는 첫 열매와 같습니다. "그러나 이제 그리스도께서 죽은 자 가운데서 다시 살아나사 잠자는 자들의 첫 열매가 되셨도다. 사망이 한 사람으로 말미암았으니 죽은 자의 부활도 한 사람으로 말미암는도다 아담 안에서 모든 사람이 죽은 것 같이 그리스도 안에서 모든 사람이 삶을 얻으리라 그러나 각각 자기 차례대로 되리니 먼저는 첫 열매인 그리스도요 다음에는 그가 강림하실 때에 그리스도에게 속한 자요"(고전 15:20-23). 우리는 믿음으로 그리스도와 연합하여 그분의 부활에 참여합니다. 그리스도께서는 교회의 머리이시며, 참된 신자의 머리이십니다. 그의 부활은 우리의 부활입니다.

그리스도 안에서 부활에 이를 때, 부활을 통해 하나님의 선하심과 능력이 최고로 계시될 것입니다. 부활을 통해 성도들은 하나님의 능력이 어떠한 것인지, 성도를 향한 그분의 선하심이 어떤 것인지 또렷이 보고 경험하게 될 것입니다. 부활을 통해 성도들은 그 지극한 하나님의 영광을 누리고 즐기며 찬송하게 될 것입니다. 새 하늘과 새 땅이 임하면, 부활한 육체와 영화된 영혼으로 완성된 천국의 복락을 지극히 누리게 될 것입니다. 그것이 어떤 것인지 우리는 말로 표현할 수 없습니다. 이 땅의 지혜와 감각으로 천국의 복락을 묘사할 수 있다면, 그곳은 진정한 천국이 아닐 것입니다. 천국에 적합한 영혼과 몸을 가지고 영생을 누릴 성도의 상태는 말로 표현할 수 없는 그런 복락의 상태일 것입니다. 그리고 천국의 복락이 지복이 되는 이유는 부활한 성도들이 하나님과의 완전한 연합 안에 들어가 하나님의 영광의 광채를 또렷이 인식하고 즐기게 될 것이기 때문입니다. 천국의 희락의 극치는 하나님과 그분의 영광 자체에 있습니다.

성도들의 부활은 영원합니다. 우리가 얻게 될 영생의 복락은 이 땅에서의 감각을 가지고 감지할 수 없을 만큼 대단한 것입니다. "기록된 바 하나님이 자기를 사랑하는 자들을 위하여 예비하신 모든 것은 눈으로 보지 못하고 귀로 듣지 못하고 사람의 마음으로 생각하지도 못하였다 함과 같으니라"(고전 2:9). 그러나 생명과 맞대어 비교함으로 영생이 무엇인지 유추할 수는 있습니다. 즉, 영생은 유추하여 희미하게 알 정도로 성경을 통해 계시되어 있습니다. 영생이 영원한 생명(eternal life)이라 할 때, 우리는 생명을 먼저 생각해 봐야 합니다. 사람에게 생명은 '살아 있는 존재'란 의미입니다. 살아 있다는 것은 인간의 육체에 영혼이 부여되거나 인간이 영혼을 지닌 존재가 될 때를 말합니다. 루이스 벌코프는 영혼을 '생명의 원리'라고 가르칩니다. 육체는 영혼과 결합될 때 생명을 지니고 영혼이 분리되면 죽습니다. 인간을 산 존재가 되게 하는 것은 영혼입니다. 영혼은 생명의 필수적인 형태입니다. 그리고 생명을 지닌 존재는 활동합니다. 그러므로 존재나 활동 자체를 생명이라고도 합니다. 그리고 생명은 특히 정신적 활동도 합니다. 무엇인가를 인식하고 무엇인가를 바라고 의지하는 것은 영혼에 속한 일들입니다. 살아 있는 사람은 정신적 활동과 함께 육체적 활동을 하는데, 이것이 생명이고 생명 활동입니다. 산 존재는 생명을 지닌 것에 혹은 그 존재 자체에 합당한 일들을 수행합니다.

그런데 영생은 이처럼 영혼과 육체가 결합되어 생명에 합당한 활동을 하되 그 생명과 생명으로부터의 활동이 영원한 것을 의미합니다. 즉, 구원받은 성도의 생명은 영원성을 갖습니다. 그러나 성도에게 부여된 영원성은 하나님의 그것과 다릅니다. 하나님께서 영원하시다는 의미는 시작도 끝도 없다는 의미이며 그 영원성이 하나님 자신 안에 근거한다는 의미이지만, 성도의 생명에 주어진 영원성은 하나님께서 부여하신 것으로 시작은 있으나 끝이 없습니다. 예수님을 믿고 구원받은 성도가 영원히 산다는 말은 다음과 같이 이해할 수 있습니다. 먼저, 영혼과 육체가 영원한 축복과 천국의 것들을 누리도록 연합될 것입니다. 즉, 성도는 마지막 때 완전한 생명을 부여받게 될 것입니다. 성도는 종말에 영화된 영혼과 영화된 육체가 결합되어 영광스러운 부활을 경험할 것입니다. 둘째, 성도들의 부활은 생명에 합당한 일들을 수행하도록 선하고 복된 자질을 가질 것입니다. 이 일은 이 지상에서 중생할 때 발생하고, 이 중생이 자라 영화에 이를 때 완성됩니다. 그러므로 영생은 타락 때 잃어버린 하나님의 형상, 영혼의 올바름과 선한 자질을 회복하게 되는 것을 의미하기도 합니다.

성도들이 죽기 전에 종말을 맞지 않는 한, 한 번은 영혼과 육체의 분리를 경험하게 될 것입니다. 그리고 이 죽음은 영생의 세계로 통하는 문이 될 것입니다. 머지않아 잠시 육체와 분리된 영혼은 영화된 몸과 결합하여 지극히 선하고 지극히 거룩하고 의로운 상태를 영원히 경험하게 될 것입니다. 죄가 없고 사랑이 충만한 생명을 경험하게 될 것입니다. 천국에서 경험하게 될 가장 큰 기쁨은 하나님을 이 세상에서와는 다른 차원에서 알고 교제하게 되는 것입니다. 그리고 이 세상과 다른 완전함으로 하나님의 사랑에 응답하게 될 것입니다. 이 땅에서 중생할 때, 우리는 이 사랑과 거룩한 생활을 제한적이고 미약하고 희미하게 알고 경험하지만, 이 생명은 영원한 생명으로 이어지는 씨가 될 것입니다. 우리는 이 땅에서 영생을 조금이나마 경험한 후 그 나라로 옮겨집니다. 이 땅에서 주님께서 베푸신 생명이 영생인 것은 지금 시작된 생명이 하나님의 보존 속에서 완전에 이르기까지 지켜질 것이기 때문입니다. 우리가 받은 생명은 끊어지지 않고 소멸되지 않는 영원한 생명입니다.

1. 성령의 인격과 사역을 설명해 보십시오.

2. 구원의 서정(the order of salvation)을 설명해 보십시오.

3. 구원의 서정이 시간적 순서라기보다는 논리적 혹은 인과적 순서인 이유는 무엇입니까?

4. 이신칭의와 성화의 의미를 설명하고 이 두 은총의 차이와 관계성을 설명해 보십시오.

5. 그리스도의 부활과 성도의 부활의 관계를 설명해 보십시오.

6. 믿음으로 말미암은 그리스도와의 연합에서 성령의 역할은 무엇입니까?

1. "그리스도와의 연합의 띠"로서 성령과 하나님의 말씀의
   관계를 숙고할 때, 당신은 그리스도와 연합되어 있으며
   그리스도 안에 있는 구원의 모든 복들을 받고 있다는 사실
   을 어떻게 확신할 수 있습니까?

2. 당신은 구원의 서정을 단지 시간적 순서로 이해하고 있지
   않습니까? 당신은 구원의 서정을 논리적 순서 내지 인과
   적 순서로 이해하고 있습니까?

3. 당신은 칭의와 성화를 잘 구분하고 있습니까? 칭의와 성
   화를 혼돈하여 당신 안에 일어난 성화의 행위를 칭의의 원
   인으로 삼고 있는 않습니까?

4. 당신은 오직 그리스도의 의(義)의 전가로 용서받고 하나님
   과 화목된 성도가 어떤 태도로 거룩한 삶을 추구해야 한다
   고 생각하십니까?

교회와 성례(1): 세례

Knowing! the Church and the Sacraments(1): the Baptism

54, 55, 65–68, 69–74문답

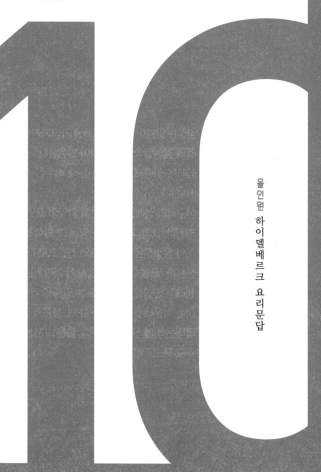

10강: 교회와 성례(1) – 세례

1. 교회는 말씀과 성령을 통해 하나님의 구속적 통치 가운데 부름을 받은 자들의 무리이다.

· 교회는 머리 되신 그리스도의 통치 아래 유기적으로 한 몸이다.
· 교회는 복음을 전파하고 죄성과 연약함을 가진 성도들을 목양하고 치리하며 돌보는 제도로서의 교회이다.

2. 교회는 그곳이 교회인 것을 분별할 수 있는 얼굴이 있는데, 그것이 교회의 표지이다. 교회의 표지는 말씀 선포와 성례와 권징 혹은 치리이다.

3. 성례는 은혜 언약에 속한 내용과 실재를 가리키는 표지이다.

· 성례는 말씀이 전하는 실재를 가리키기 때문에 말씀과 신앙을 가지고 성례에 참여할 때에만 효력이 발생한다.
· 성례는 성령께서 말씀을 통해 베푸신 신앙을 강화하고 확증함으로 인(印)친다.
· 신구약의 성례는 모두 은혜 언약의 표로서 본질에 있어 동일한 것을 가리킨다. 그러나 구약과 신약은 그 외적 형식에서 차이가 있다. 구약의 할례와 유월절은 각각 세례와 성찬으로 대체되었다.
· 성찬과 세례에서 표와 그 표가 가리키는 실재는 물질적 결합이 아니라 성례적 연합을 이룬다. 표는 말씀을 가리키는데 신앙으로 말씀을 인식하는 가운데 성례에 참여할 때, 성령의 임재와 은총으로 성도는 표가 나타내는 바에 참여하게 된다. 물은 그저 물이며, 떡은 여전히 떡이고 포도주도 포도주일 뿐이다.

4. 세례는 그리스도와의 연합(union)의 표이며 일생에 한 번만 받는다.

· 세례의 물은 "죄 씻음"을 가리킨다.

· 유아세례는 신구약의 통일성에 근거해 신앙 고백을 확인할 수 없는 신자의 자녀들에게 베푼다. 유아세례를 받은 자녀들 가운데 유기자가 존재하지만, 이들을 제외한 신자의 자녀들에게 유아세례의 약속은 실재이며, 선택받은 유아들은 세례를 받은 교회의 무리 가운데서 약속을 받고, 그 약속은 성취된다.

· 유아세례를 받은 자는 장성하여 신앙을 고백함으로, 하나님께 받은 약속이 진정한 것이었음을 드러내야 한다. 이러한 의식을 "입교식"이라 한다.

1. 교회(54문답)

신약에서 교회에 해당하는 용어 에클레시아(ἐκκλησία)는 헬라의 언어와 문화를 차용하여 사용되었습니다. 아테네 사람들은 이 단어를 "연설을 듣는다든지 혹은 특정한 주제에 대한 원로원(Senate)[1]의 결정 사항을 알리기 위하여 공식 전령을 통하여 이름을 부르든지 아니면 백성들 중에 불러내어 모인 시민들의 집회를 지칭"[2]하는 데 사용했다고 합니다. 사도들은 이 단어로 자신들의 목적에 따라 의미를 부여하여 교회를 표현하는 데 사용했습니다. 이 단어는 "부르다"라는 뜻의 동사 칼레오(καλέω)와 "–로부터"라는 의미의 에크(ἐκ)의 합성어로부터 파생되었습니다.[3] 우리가 헬라인들이 사용한 "불러냄을 받은 무리"의 뜻을 가진 교회라는 용어를 사용할 때, 이 용어가 교회로 사용되기 위해서는 반드시 전제되어야 할 것이 있습니다. 곧 교회가 무엇을 통해 어디로부터 어디로 불러냄을 받았는지를 우리는 잘 이해해야 합니다. 교회는 하나님의 복음의 말씀을 통해 죄인들을 사탄의 지배로부터 하나님의 나라로 불러내고 모읍니다. 교회는 하나님의 통치를 받도록 부름을 받은 무리를 의미합니다. 교회는 복음의 말씀을 믿고 회개하여 하나님의 자녀들이 되도록 부름받은 공동체입니다.

종교개혁자들에게 교회는 영적 유기체이며 성도를 돌보는

---

1 고대 로마에서 내정과 외교를 지도하던 입법 및 자문 기관
2 Zacharias Ursinus, 471.
3 Zacharias Ursinus, 471.

제도입니다. 먼저, 종교개혁자들은 교회를 본질적으로 "영적 유기체"로 보았습니다. 교회는 포도나무이신 그리스도께 믿음을 통해 연합된 가지들의 공동체입니다. 이들은 그리스도의 속죄의 효력을 믿음을 통해 받은 자들의 무리로 그리스도를 머리로 하여 한 몸을 이룹니다. 이들은 그리스도 안에 있는 구속의 신령한 은혜 안에서 하나 된 자들입니다. 개인은 구원을 받는 동시에 그리스도를 머리로 모신 그의 몸의 한 지체가 됩니다. 이들은 영적으로 하나 된 몸의 지체들이며, 분리될 수 없이 연합되어 있습니다. "그에게서 온 몸이 각 마디를 통하여 도움을 받음으로 연결되고 결합되어 각 지체의 분량대로 역사하여 그 몸을 자라게 하며 사랑 안에서 스스로 세우느니라"(엡 4:16).

둘째, 종교개혁자들은 교회를 신자의 어머니로 인식했습니다. 여기서 어머니는 권위적인 의미가 아니라 기능적인 의미로 사용되었습니다. 교회는 성경에 규정된 직분을 세우고 목양과 치리를 위한 제도를 세워 연약한 성도들을 돌보며 복음을 전파합니다. 칼뱅도 교회를 성도의 어머니라고 불렀습니다. 칼뱅도 교회를 동일하게 인식했습니다. "첫째, 하나님께서는 구원받은 신자의 믿음을 위하여 믿음을 일으키시며 목적지까지 전진시키시기 위해 무지하고 태만한 자들을 도울 필요에 따라 보조 수단으로서 교회를 세우셨다. 둘째, 교회는 복음 전파를 위해서 세워졌다. 셋째, 신앙의 거룩한 일치와 올바른 질서를 위해 세워졌다. 넷째, 육신에 속한 우리의 연약함 때문에 교회가 필요했다."[4] 이런 의미에서, 하나님께서 유형 교회를 세우신 목적은 복음을 전파하고 성도들을 돌보기 위해서라고 요약할 수 있습니다. 무엇보다 교회는 성도들을 돌보는 기관입니다. 이처럼 성도들을 돌보기 위해 조직을 갖춘 기관이라 할 때, 이 기관은 다음과 같이 조직됩니다. "첫째, 목사와 교사를 임명하셔서(엡 4:11) 그들의 입을 통하여 자기 백성을 가르치게 하셨

---

4 Calvin, *Inst.*, IV. 1. 1.

으며, 그들에게 권위를 주셔서 이 일을 담당하도록 하셨다. 둘째, 성례를 제정하셔서 신앙을 강화하고 자라게 하셨다."[5] 교회의 머리는 그리스도이십니다. 그런데 그리스도께서 교회를 돌보시고 다스리시는 권세를 직분이란 그릇에 담으셔서 교회를 돌보십니다. 주님께서는 말씀 선포와 성례, 치리회를 통한 치리, 말씀에 근거해 덕을 세우는 데 유용한 교회 질서들을 통해 교회를 목양하시며 치리하십니다. 이 모든 일이 필요한 이유는 성도들 안에 죄성이 남아 있고, 가시적 교회(visible church) 안에는 구원받는 신앙에 이르지 못한 외식자들이 존재하기 때문입니다. 교회는 언제나 그리스도의 용서가 필요하고, 하나님께서 교회를 돌보시고 통치하시기 위해 신적 권위(jus divinum)를 행사하시는 직분과 제도가 필요합니다. 그러므로 교회는 교리 제정권, 입법권, 치리 혹은 재판권을 가지고 다스립니다. 그리스도께서 직분자들에게 주신 권위는 그런 의미에서 세속적이고 물리적인 권세가 아니라 봉사하고 섬기기 위한 영적 권세 혹은 봉사적 권세입니다. 교회 제도와 교회 정치의 본질은 그리스도가 교회의 머리시라는 데 있으며, 말씀과 그리스도의 뜻을 따라 질서 안에서 돌보고 치리함으로 말씀과 성례, 곧 교회의 표지를 지키고, 죄로부터 성도들을 지키며, 교회의 거룩을 지키는 데 있습니다. 교회가 성도들을 돌보는 일이 얼마나 중요한지 모릅니다. 또 교회는 성도가 돌봄을 받고 신앙 안에서 자라 가는 데 있어 얼마나 소중한지 모릅니다. 교회는 성도들을 돌보는 일을 본질적인 본분으로 여겨야 하며, 성도들은 교회 생활을 통해 돌봄을 받을 필요성을 절실히 인식해야 합니다. 또한 성도들을 돌보되 그리스도께서 성경을 통해 명령하시고 자비로 베푸신 원리와 수단과 질서를 통해 돌보아야 합니다.

---

5 Calvin, *Inst.*, IV. 1. 1.

2. 교회의 표지(65문답)

우르시누스는 참 교회와 거짓 교회를 구분 짓는 세 가지 표지 혹은 증표들을 소개합니다. 칼뱅은 교회의 표지를 교회의 얼굴이라고 가르쳤습니다.[6] 사람들이 그 얼굴을 보고 자신이 아는 사람들을 구분하듯이, 교회에도 참된 교회를 분별하게 하는 얼굴이 있습니다. 만일 교회의 얼굴로 표현된 교회의 표지가 상실되어 있다면, 그곳은 교회가 아닌 것입니다. 우르시누스에 따르면, 첫 번째 표지는 율법과 복음입니다. 참된 교회는 율법과 복음을 참되고 순결하며 올바로 이해한 교리, 즉 선지자들과 사도들의 교리를 고백합니다. 이를 더욱 공식적인 방식으로 표현한다면, 순수한 말씀 선포가 있는 곳에 교회가 존재합니다. 두 번째 표지는 올바르게 시행되는 성례입니다. 성례를 통해 참된 교회를 각종 분파와 이단들과 구별하게 됩니다. 성례가 말씀의 규례대로 순수하게 시행될 때, 성례는 의식으로 복음을 가르치기 때문입니다. 성례는 말씀 선포에 속해 있다고 볼 수 있습니다. 세 번째 표지는 이 교리 혹은 사역에 대한 복종을 고백하는 것입니다.[7] 이러한 표지는 예수님의 지상 명령에 반영되어 있습니다. "너희는 가서 모든 민족을 제자로 삼아 아버지와 아들과 성령의 이름으로 세례를 베풀고 내가 너희에게 분부한 모든 것을 가르쳐 지키게 하라"(마 28:19, 20). 바울은 교회가 사도들과 선지자들의 터 위에 세워졌다고 선포합니다(엡 2:20). 교회의 기초는 세상에 속한 그 어떤 것이 될 수 없으며, 교회는 말씀 선포와 말씀을 의식으로 전달하도록 주께서 명령하신 성례를 성실하고 순수하게 시행하는 곳에만 존재합니다. 교회의 본질이며 교회가 가장 견고히 붙들어야 하는 것이 말씀 선포와 성례인 것입니다.

---

6 Calvin, *Inst.*, IV. 1. 9–10.
7 Zacharias Ursinus, 554–555.

참 교회는 교회의 표지를 지닌 교회이지만, 교회의 표지를 가진 참 교회가 완전하지는 않습니다. 참 교회의 몸을 이루는 성도들은 영화된 자들이 아닙니다. 그들에게는 여전히 죄성이 남아 있습니다. 그들은 성화의 과정을 걸어야 하는 불완전한 상태에 있습니다. 그러므로 칼뱅은 교회를 인정하는 것은 교회의 도덕적 완전성에 근거하지 않고 표지에 근거한다고 가르칩니다.[8] 따라서 말씀과 성례의 순수한 집행이 있다면, 다른 결점이 많더라도 그 공동체를 부정하거나 배척해서는 안 된다고 말합니다.[9] 교회의 생명을 위협하는 본질적인 범주에 속하지 않은 교리적 논쟁이나 도덕적 결함 때문에 신앙에 따른 연합을 깨뜨려서는 안 된다고 가르칩니다.[10] 교회에서는 사랑의 교통과 합법적 권징이 조화를 이루어야 하고, 진리 안에서 사랑을 추구하는 균형 잡힌 교회가 되어야 합니다. 왜냐하면 하나님께서는 공의와 사랑의 하나님이시기 때문입니다.[11] 그러나 이러한 조화와 균형은 교회가 불완전하다는 것을 전제해야 합니다.

교회사 속에는 이 부분에 있어 큰 오류를 가진 자들이 존재했습니다. 이에 속하는 자들이 카타리파(Cathari), 도나투스파(Donatism), 재세례파(Anabaptist) 등입니다. 이들의 오류는 비성경적인 인간론과 구원론에 근거합니다. 다시 말하면, 이들은 구원받은 사람과 그들로 구성된 교회가 완전해야 한다고 생각했습니다. 이들은 소위 이단적인 사상인 완전주의(perfectionism)에 사로잡힌 자들입니다. 이러한 이상, 곧 지나친 의(義)에 대한 열성으로 그들은 교회의 표지를 지닌 교회들을 불완전하다는 이유로 배척하고 부정했습니다.[12] 무교회주의자들이나 분리주의자들은 교회의 불완전함을 잘 인식하지 못합니다. 완전주의라는 것 자체가 성경에서나 현실

---

8 Calvin, *Inst.*, IV. 1. 11.
9 Calvin, *Inst.*, IV. 1. 11.
10 Calvin, *Inst.*, IV. 1. 11. 물론 어디까지 근본적이고 본질적인 교리인지는 신중하게 고려해야 합니다.
11 Calvin, *Inst.*, IV. 1. 11.
12 Calvin, *Inst.*, IV. 1. 13.

에서 존재하지 않는 것이기에, 교회의 불완전함을 비판하는 비판자 자신도 불완전하다는 사실을 직시해야 합니다.[13] 바울은 부패한 교회를 책망하고 교정하려 했으나 부패한 교회를 부정하지는 않았습니다. 바울은 타락한 고린도 교인들을 향해 성도라 불렀습니다(고전 1:2). 고린도 교회에는 실제적으로 도덕적, 교리적, 문화적 타락이 존재했습니다. 그러나 이들을 교회와 성도로 부른 것은 그들에게 교회의 표지와 성례가 존재했기 때문입니다.[14] 우리가 카타리파, 도나투스파, 재세례파와 같은 오류를 범하지 않으려면 교회가 거룩하다는 의미를 바로 이해해야 합니다. 에베소서는 교회의 속성으로서 거룩을 가르칩니다(엡 5:25-27). 교회는 거룩하게 된 공동체이지만, 주님께서 종말론적 완전을 주시기 전까지는 티와 주름이 있어 하나님께서 지속적으로 티를 씻어 내시고 주름진 것을 펴 주셔야 하는 공동체입니다. 현재적으로 교회는 거룩하지만, 종말론적으로 완전히 거룩해져야 하는 공동체입니다.[15] 교회는 아직 완전히 거룩하지 않습니다. 교회의 거룩성은 "이미, 아직"(already, not yet)입니다.

따라서 교회는 언제나 용서가 필요한 공동체입니다. 그래서 그리스도 안에서 용서받으며 율법이라는 목표를 향해 순간순간 다가가고 자라갑니다. 교회도 그렇게 목표를 향해 다가갑니다. 칼뱅에게 완전을 추구한다는 의미는 다음과 같습니다. "우리가 사람들을 향해서 완전하게 되라고 권고할 때, 우리는 게으르거나 열성이 없어서는 안 되며 노력을 포기해서는 더더욱 안 된다는 것을 인정해야 한다. 그러나 우리가 지상에서 경주를 계속하고 있는 동안 자신이 완전하게 되었다고 믿는다면 이것은 우리의 마귀적 공상에 불과하다."[16] 칼뱅은 교회에 용서가 필요함

---

13 Calvin, *Inst.*, IV. 1. 13.
14 Calvin, *Inst.*, IV. 1. 14.
15 Calvin, *Inst.*, IV. 1. 17.
16 Calvin, *Inst.*, IV. 1. 19.

을 이사야 33:14-24을 통해 강조합니다. "그러므로 우리가 하나님의 교회와 나라에 들어가는 첫 어귀는 죄의 용서다. 이것이 없으면 우리에게는 언약도 없고 하나님과의 결속도 없다."[17] 교회를 향한 하나님의 용서는 교회의 불완전성이 제거되는 그 순간까지 지속적입니다.[18]

하나님께서 교회에 열쇠의 권한을 주셨고, 교회의 목사들은 이 용서 안에서 주어지는 화해의 사명을 맡은 자들입니다(고후 5:18, 20). 목사들은 "복음의 약속으로 신자들의 양심에 힘을 주어 용서를 바라볼 수 있게" 해야 합니다.[19] 교회는 거룩의 속성을 가진 공동체요, 거룩을 목표로 삼은 공동체입니다. 그러므로 교회는 거룩을 추구해야 하고, 권징이라는 수단을 통해 교회의 거룩을 사수하지만, 교회는 주님 오시는 날까지 결코 완전할 수 없습니다. 그런 의미에서 교회는 용서 안에서 거룩의 목표를 향해 나아가는 공동체입니다. 완전주의나 방종주의는 모두 교회의 독소입니다. 교회사 속에서 끊임없이 출현하여 교회를 괴롭혀 온 이 두 사상은 서로 상반된 말을 하지만, 교회를 해치고 허무는 위험한 교훈이란 의미에서 하나입니다.

3. 은혜 언약의 표지로서 성례

(1) 성례(65-68문답)

성례의 의미

성례는 '언약의 표'라고 할 수 있습니다. 성례는 언약의 내용과 긴밀한 관계를

---

17 Calvin, *Inst.*, IV. 1. 19.
18 Calvin, *Inst.*, IV. 1. 21.
19 Calvin, *Inst.*, IV. 1. 22.

갖습니다. 성례는 언약의 내용을 나타내는 표의 역할을 하며, 언약의 표로서 우리를 향한 하나님의 선하신 뜻의 표입니다. 또한 예수님께서 십자가에서 이루신 복음의 약속을 가리키는 표입니다. 성례가 제정된 목적과 그 역할은 첫째, 복음의 약속을 말씀과 더불어 인간의 감각을 통해 보고 느끼는 형태로 이해시키는 것입니다. 둘째, 복음의 약속을 말씀과 더불어 인간의 감각을 통해 보고 느끼는 형태로 확인하고 인치기 위한 것입니다.[20] 그러므로 성례는 말씀으로 제시되고 믿음으로 받게 된 약속을 더욱 확고히 이해시키고 확인시키며 인쳐서 비준합니다. 구약에는 많은 언약의 표들이 다양하게 있지만, 할례와 유월절을 공적이고 대표적인 언약의 표지로 볼 수 있습니다. 신약에서는 할례와 유월절이 세례와 성찬으로 바뀌었습니다. 의식은 옛 언약이 새 언약으로 성취됨에 따라 바뀌었지만, 의식이 가리키는 본질은 동일합니다. 이제 신약 교회에는 주께서 명령하신 단 두 가지 성례만 있습니다. 세례와 성찬입니다.

그렇다면 왜 이런 언약의 가시적인 표가 필요합니까? 성례가 필요한 이유를 간단히 설명하면, 성도들의 믿음이 연약하기 때문입니다. 성례는 말씀을 확인하는 것이 아니라 우리가 가진 믿음을 확립시키는 역할을 합니다. 성례와 말씀의 관계를 살펴보면, 성례는 말씀이 아닙니다. 성례는 말씀을 가리키는 표일 뿐입니다. 그러므로 말씀은 성례에 의존하지 않습니다. 하나님의 진리는 그 자체로 완전하고 확고부동하며 스스로가 스스로를 확증합니다. 즉, 말씀은 그 진리 여부를 자증합니다. 그러나 인간이 가진 믿음은 연약하여, 하나님께서 정하신 수단들을 통하여 괴어 주고 받쳐 주어야 흔들리지 않고 비틀대지 않습니다. 즉, 성례는 연약한 믿음을 도와주고 강화시키는 역할을 합니다.

로마 가톨릭에서처럼 의식에 참여할 때 자동적으로 성례의 효력이 발생하는 것

---

20 Zacharias Ursinus, 557-559.

이 아니라, 성례는 언제나 복음의 약속이란 실체를 가리키는 손가락, 표의 역할만을 합니다. 그러나 말씀과 믿음으로 성례가 가리키는 바를 붙들 때, 성령의 임재와 역사에 따라 우리의 믿음이 강화되고 말씀이 가르친 바가 우리 마음에 확증됩니다. 문서를 도장으로 인치고, 남녀의 사랑과 결속을 반지가 확증시키는 것처럼 말입니다. 성례는 연약한 우리의 믿음을 굳건히 세우기 위해 주께서 세우신 것이며, 성례가 가리키는 것은 언제나 하나님의 말씀, 곧 복음의 약속입니다. 그러므로 말씀과 믿음을 떠나면 성례는 아무것도 아닙니다. 말씀과 믿음 안에서 성례가 가리키는 바를 분별하여 붙들 때 우리의 믿음이 자라갑니다. 하나님께서는 사역자의 말로써 복음을 선포하게 하실 뿐만 아니라 복음의 약속을 성례라는 보이는 말씀으로 전하게 하셨습니다. 바로 설교와 성례가 전하는 본질과 실체가 복음의 약속이므로 설교와 성례가 전하고자 하는 본질은 동일한 것입니다.

구약과 신약의 성례들의 통일성과 차이점

① 통일성

구약과 신약의 성례들은 그것들을 하나님께서 제정하셨다는 점과 성례들이 가리키는 본질에 있어 일치합니다. 즉, 구약의 성례들이나 신약의 성례들은 모두 동일한 축복의 약속을 나타내기 위해 제정된 것입니다. 구약과 신약의 성례들은 죄책을 씻어 용서하시며 죄의 오염을 씻어 새롭게 하시는 보혈의 은혜를 가리키고 있습니다. 성례들은 언제나 예수 그리스도 안에 있는 하나님의 구속의 복을 바라보도록 제정되었습니다(히 13:8; 고전 10:1-4; 골 2:11; 고전 5:7). 아우구스티누스는 신약과 구약의 성례의 일치점을 이렇게 말합니다. "구약과 신약의 성례들이 표에서는 다르나 그 나타내는 것들에 있어서는 서로 일치한다. 조상들 모두가 동일한 신령한 음식을 먹었다. 그러나 그들이 먹은 이 땅의 음식은 우리가 먹는 것과는 달랐다. 그들은 만나를 먹었으나 우리는 그것을 먹지 않는다. 그러나 그들이 먹은 신령한 음식은 우리가 먹는 것과 동일하다."[21] 구약에서나 신약에서나 그리스도 없이는 아무도 구원을 받을 수 없고 또 지금도 없는 것입니다. 구약의 백성들도 희미한 계시 안에서 그리스도와 연합하고 교제했습니다. 본질에 있어서 신약을 사는 우리들과 동일하게 구약의 백성들도 말씀과 성례들로써 그리스도를 바라보았던 것입니다. 그러므로 성례를 통해 나타낸바 말씀이 가르치는 그리스도와의 연합과 교제 외에 다른 연합과 교제를 추구하는 것은 우상 숭배입니다.

② 차이점

그러나 차이점도 있습니다. 첫째, 예식과 의식에서 차이가 납니다. 구약의 성례에는 신약과 다른 의식들이 포함되어 있습니다. 그리고 예수님께서 강림하심으로 외형적인 예식에 변화가 생겨 새 의식이 나타났습니다. 둘째, 숫자에서 차이가 납니다. 과거에는 갖가지 다양하고 고통스러운 예식들이 있었습니다. 지금은 그 숫자가 줄어들었고 단순해졌습니다. 셋째, 그 의미에서 차이가 납니다. 구약의 성례는 장차 오실 그리스도를 나타내는 것이었고, 신약의 성례는 이미 일어난 그리스도의 죽으심을 보여 주는 것입니다. 넷째, 그 기한에서 다릅니다. 구약의 성례들은 메시아가 오실 때까지만 계속되는 것이었고 신약의 성례는 세상 끝까지 계속될 것입니다. 다섯째, 그 대상 범위가 다릅니다. 구약의 성례들은 유대인들에게만 해당되는 것이었고, 다른 민족 중에서 회심한 자들에게는 할례가 요구되지 않았습니다. 그러나 신약의 성례는 어느 민족에 속했든 온 교회 전체에 해당되는 것입니다(마 28:19). 여섯째, 그 선명도에서 다릅니다. 구약의 성례들은 장차 올 일들

---

21 Zacharias Ursinus, 564.

을 미리 그림자로 보여 주는 것이므로 희미했습니다. 그러나 신약의 성례들은 더 잘 이해할 수 있게 제정되었습니다. 왜냐하면 구약의 성례들이 나타내던 바가 이미 그리스도 안에서 성취되었고 더 분명하게 계시되었기 때문입니다.[22]

성례에서 표와 표가 나타내는 것의 관계성

성례에는 반드시 두 가지 요소가 있습니다. 그 하나는 표요 다른 하나는 표가 나타내는 복음의 내용입니다. 표는 표가 가리키는 바를 나타내는 물건과 외형적인 예식을 가집니다. 그러므로 세례에는 물이 사용되고, 성찬에는 떡과 포도주가 사용됩니다. 그리고 성례와 함께 말씀을 선포함으로 표가 나타내는 바를 성도들에게 전해야 합니다. 표가 나타내는 실체는 말씀이 전하는 것과 동일한 그리스도와의 연합과 교제로부터 비롯되는 은덕들입니다. 표와 표가 가리키는 바의 연합을 성례적 연합(sacramental union)[23]이라 부릅니다. 그리고 표와 표가 나타내는 바는 물질적 결합(corporal conjunction) 혹은 물질적 연합이 아닙니다. 성도들은 성례에 참여할 때, 성례가 가리키는 말씀을 신앙으로 바라보아야 합니다. 그러므로 말씀에 대한 인식과 신앙이 성도들의 마음을 성례에 사용되는 물질에서 그것이 가리키는 실체로 옮겨가게 합니다. 성도들이 이렇게 말씀과 신앙으로 성례에 참여할 때, 성령의 임재로 성례가 효력을 나타내게 됩니다. 성례는 성령의 임재로 말미암아 말

---

22 Zacharias Ursinus, 564–565.
23 "성례적 연합"(sacramental union)은 "물질적 연합"(corporal conjunction)과 대조적으로 사용됩니다. 여기서 연합은 표와 표가 나타내는 대상 혹은 실체와의 관계를 나타냅니다. "물질적 연합"은 "화체설"이나 "공재설"처럼, 표에 표가 나타내는 실체 자체가 연합되어 있다고 보는 견해입니다. 즉, 화체설처럼 떡의 본질이 그리스도의 몸으로 변했다고 믿든지, 공재설처럼 떡의 본질과 함께 그리스도의 몸의 본질이 있다고 생각하는 것이 "물질적 연합"입니다. 그러나 개혁신학은 성례에서 사용되는 떡과 포도주는 말씀에 속한 것을 가리키는 역할만을 한다고 믿습니다. 성례를 행할 때, 떡은 떡일 뿐이며, 포도주는 포도주일 뿐이지만, 떡과 포도주가 가리키는 바를 말씀으로 인식하고 신앙으로 바라볼 때, 성도는 떡과 포도주가 가리키는 대상, 즉 그 가리키는 바의 실체에 참여하게 된다는 것입니다. 떡과 포도주가 그리스도의 실제 몸과 피로 변한다거나 떡과 포도주 안에 그리스도의 실제 몸과 피의 본질이 임하는 것이 아니라 떡과 포도주는 단지 말씀에 속한 것을 가리키는 역할만을 합니다. 그러므로 성례의 효력은 떡과 포도주에 있는 것이 아니라 떡과 포도주가 가리키는 말씀에 있고, 그 말씀을 믿는 신앙에 있습니다.

씀을 신앙하는 마음을 더욱 확신케 하고 강건하게 합니다. 그러므로 성령께서 임재하셔서 은총을 베푸시며 우리의 신앙을 인치는 성례가 되기 위해 말씀 선포가 선행해야 하며, 성도들은 말씀을 바라보며 신앙으로 성례에 참여해야 합니다.

(2) 세례(69-74문답)

세례의 의미

세례는 다음과 같이 정의할 수 있습니다.

첫째, 세례는 "씻음"의 의미를 갖습니다. "세례"를 뜻하는 영어 baptism은 헬라어 "밥티조"(βαπτίζω)에서 왔습니다. 그런데 이 "밥티조"라는 단어는 "빠뜨리다", "담그다", "씻다", "뿌리다" 등의 뜻을 지닌 "밥토"(βάπτω)라는 단어에서 파생되었습니다. 동방 교회는 보통 세례를 물에 담그는 방식인 침례로 시행했고, 북방의 추운 지방에 사는 사람들은 물을 뿌리는 방식으로 시행했습니다.[24] 지금도 교파에 따라 세례를 주는 방식이 다르므로 어떤 방식이 더 성경적이냐고 논쟁이 있을 수 있으나, 세례를 주는 방식은 중요한 문제가 안 됩니다. 세례에 물을 사용하는 의미를 바로 인식한다면 담그든 뿌리든 문제 될 것이 없습니다. 세례자를 물에 담그든, 세례자에게 물을 뿌리든, 세례에 물을 사용하는 것은 "씻는다는 의미"를 나타내기 위함입니다. 세례가 가리키는 본질은 우리의 죄가 그리스도의 피와 성령으로 용서받고 정결하게 씻기는 것입니다.

둘째, 세례는 그리스도의 "죽음과 부활"에 믿음으로 참여함을 표하기도 합니다. 로마서 6:3-11은 세례가 갖는 죽음과 부활의 의미를 잘 표현해 주고 있습니다. 한 죄인이 진실한 믿음을 지니고 세례를 받을 때, 세례는 그리스도와의 연합

---

24 Zacharias Ursinus, 579.

안에 있는 놀랍고 복된 일을 인치고 확증합니다. 그리스도를 믿는 사람은 그분과 연합하는 순간 그리스도의 죽음과 부활에 참여합니다. 예수님의 죽음과 부활은 택하신 죄인을 대신한 대속의 죽음과 부활이었습니다. 주를 영접할 때 죄인은 예수님의 죽음에 참여하여 죄악 된 옛 사람이 죽게 됩니다. 주님께서 죽음을 통해 부활에 이르신 것처럼, 주와 합하여 옛 사람이 죽은 자는 주님의 생명에도 참여하게 됩니다. 그러므로 그는 새로운 피조물이 되고 머리 되신 예수님의 몸인 교회의 지체가 됩니다. 주님과 함께 죽고 함께 살면, 죄에 대하여는 죽은 자가 되고 하나님께 대하여는 산 자가 됩니다. 세례는 그런 의미에서 예수님 밖에 있었던 삶, 곧 허물과 죄로 죽었던 삶의 청산을 의미합니다. 그리고 세례는 그가 새로운 피조물이 되었음을 인치는 것입니다. 그런 의미에서 세례는 이러한 복음의 축복을 성도에게 확증하기 위해 세워졌고, 이 사실을 인식한 성도는 세례를 통해 감사와 기쁨으로 하나님을 향한 충성을 고백하고 서약하는 것입니다.

셋째, 세례는 그리스도의 몸의 지체가 되었음을 나타내는 "연합 의식"입니다. 그러므로 그리스도와의 연합이 단번에 일생 한 번 일어나므로 이를 표하는 세례 역시 일생 한 번 받습니다. 성찬식은 연합으로부터 비롯된 지속되는 친교를 의미하므로 일생 동안 여러 번 반복합니다.

세례에 포함된 세 가지 요소

첫째, 표입니다. 이는 물이며 그것과 연관된 의식이 있습니다. 둘째, 이 표가 나타내는 내용입니다. 세례의 물과 의식이 나타내고자 하는 내용은 그리스도의 피 뿌림, 옛 사람을 죽임, 새 사람으로 살림 등입니다. 셋째, 그리스도의 명령과 약속입니다. 그리스도께서 친히 말씀으로 명령하시고 이 세례 의식을 통해 유익을 주시겠다고 약속하셨기에, 예수님의 말씀으로 말미암아 세례 의식을 말씀과 믿음을 전제로 시행할 때, 세례는 영적 유익과 효과를 가져옵니다.[25] 그러므로 세례는 세례가 가리키는 바를 나타내는 표지 역할을 하는 것입니다. 복음의 신령한 복들이 말씀과 믿음으로 제시되지 않는다면, 세례의 물은 아무런 효과를 나타내지 못합니다. 세례 역시 실체를 나타내는 언약의 표이기 때문입니다. 세례는 복음의 축복으로서 죄 사함과 중생의 은혜를 가리킵니다. 믿는 자는 이 세례를 통해 자신이 그리스도 안에서 용서받고 거듭나서 교회라는 몸의 한 지체가 되었음을 인(印)치게 됩니다.

세례와 말씀 그리고 신앙의 관계성

세례의 대상은 신앙 고백이 있는 성인입니다. 그러나 세례에 참여하고 제자 된 성인들의 자녀 역시 세례의 대상에 포함됩니다. 이는 세례와 본질이 같은 할례에서 신앙 고백이 없는 자녀들에게 할례를 베푼 것과 같은 이치입니다. 유아세례는 신구약의 통일성에 근거하여 개혁교회와 장로교회에서 신실히 이행해 왔습니다. 성인 세례의 경우 세례 시행과 가르침이 분리될 수 없습니다. 복음의 교훈을 받아들이고 이를 배우고 살아가기로 결단한 자들이 세례의 대상이 될 수 있습니다. 세례를 받기로 한 것은 주님의 제자가 되겠다고 결심한 것과 동일합니다. 세례받은 자들은 누구나 제자 됨의 대상이요 제자 될 의무를 가집니다. 그러므로 세례의 순서는 이러합니다. "모든 민족을 제자로 삼아" "세례를 베풀고" 즉, 세례 전에 복음의 교훈과 성도의 생활 그리고 그가 속한 몸 된 교회에 대한 규례를 가르치는 일이 선행되어야 합니다. 예수님께서는 제자로 삼아 세례를 베풀라고 말씀하셨기 때문입니다. 물론 세례받은 후에도 그들은 지속적으로 성장해야 합니다. 물론 이 가르침은 성인 세례에 해당합니다. 유아세례는 그 부모들의 제자 됨을 살피고 가르친

---

25 Zacharias Ursinus, 580.

후에 하나님의 언약에 근거해 주기 때문입니다. 유아세례자들은 특정한 나이가 되어 그들의 신앙 고백과 믿는 표를 드러낼 때 입교 의식을 거쳐 교회 회원의 권리와 의무를 갖게 됩니다.

성찬이 그러하듯, 세례 역시 반드시 말씀과 함께 베풀어져야 합니다. 세례는 그리스도의 속죄의 결과로서 죄책과 오염으로부터 씻겨짐을 가리키는 "보이는 말씀"이기 때문입니다. 말씀이 먼저 제시되고, 그 말씀을 통해 세례가 가리키는 언약의 본질을 분명히 드러낸 후, 세례가 베풀어져야 합니다. 세례를 받는 사람들이 분명한 신앙 고백과 신앙으로 이 의식에 참여할 때, 세례는 은혜 언약의 인(印)의 역할을 할 것입니다. 그러므로 교회는 세례 대상자가 발생하면, 충분한 시간을 가지고 성실히 말씀과 교리를 교육해야 합니다. 충분히 준비하고 신앙 고백 유무를 확인하여 성실히 세례를 베풀고 참여해야 합니다. 말씀과 함께 세례 대상자는 자신의 신앙을 점검해야 합니다. 세례가 가리키는 말씀의 실체를 인식하고 확신하고 신뢰하고 있는지 스스로 점검해야 합니다. 교회는 이를 알고 그가 확신하고 신뢰하도록 가르침으로써 도와주어야 합니다. 물론 마음의 진의를 하나님만 아시지만, 교회는 외적인 신앙 고백을 최선을 다해 점검해야 합니다. 믿음으로 세례를 받지 않는다면, 의식에 참여해도 그 성례가 언약의 인(印)이 되지 못합니다.

또한 교회는 언제나 세례와 신앙의 관계를 인식해야 합니다. 마가복음 16:16에는 이런 예수님의 교훈이 기록되어 있습니다. "믿고 세례를 받는 사람은 구원을 얻을 것이요 믿지 않는 사람은 정죄를 받으리라." 믿음은 언제나 구원을 받고 은혜 언약이 약속한 은덕들을 받아 누리는 유일한 수단입니다. 그러므로 믿음이 없으면 그리스도와 연합할 수 없고 구원받을 수 없습니다. 그런 반면, 성례, 곧 세례는 오직 믿음을 통해 받는 그 은덕들을 확신시키고 인치고 확증하는 역할을 합니다. 세례를 받음으로 구원을 받음이 아니라 믿음으로 구원을 받습니다. 그렇다고 세례가 효력이 없는 것이 아니라 받은 구원을 성령의 은혜를 통해 인치고 확증하는 것입니다. 세례는 구원의 필수적인 수단이 아닙니다. 그러나 세례는 믿음을 통해 받은 것을 인치라고 주신, 하나님의 권위로 세우신 성례입니다. 그러므로 피치 못할 상황 때문에 세례를 받지 못할 수는 있으나, 세례를 멸시하거나 이유 없이 받지 않으려는 것은 죄입니다. 삼위일체 하나님의 이름으로 제정하신 것을 부정하는 것이기 때문입니다. 피치 못할 상황이 아닌 이상, 믿음이 있으면 성례를 받아야 합니다. 믿음이 있는 곳에 성례에 대한 멸시가 존재할 수 없습니다. 그러므로 성인 세례나 유아세례를 멸시하는 태도는 믿음과 모순됩니다. 믿음은 언약의 복을 수용하는 도구이고, 세례는 믿음이 받은 바를 인치기 때문에 서로 뗄 수 없는 연관성을 가집니다. 그러므로 믿고 세례를 받는 것이 구원받은 자에게 당연히 있어야 할 것입니다. 그런 의미에서 믿고 세례를 받는 자들에게 구원이 있다고 성경은 가르칩니다.

유아세례

성인의 경우는 믿음과 회개를 고백하는 사람에게 세례를 베풀 수 있습니다. 그러나 아직 믿음과 회개의 표를 드러낼 수 없는 유아들의 경우에는 부모의 믿음을 확인한 후 세례를 베풀 수 있습니다. 의식적으로 믿음을 고백하고 드러낼 수 없는 유아에게 세례를 베푸는 이유는 다음과 같습니다. 첫째, 유아에게 세례를 베푸는 이유는 구약과 신약의 통일성 때문입니다. 구약과 신약은 본질이 같은 은혜 언약입니다. 시행과 관련하여 비본질적인 형식의 차이가 있지만, 본질은 같습니다. 즉, 신구약은 통일성을 갖습니다. 신약의 세례에 해당하는 구약의 할례는 믿는 가정의 유아들에게 베풀어졌습니다. 구약의 할례와 신약의 세례 사이에는 비본질적인 측면에서 형식의 차이가 존재하지만, 은혜 언약의 표로서 할례와 세례는 동일한 본질을 가진 언약의 표입니다. 따라서 구약의 할례가 유아에게 베풀어졌다는 사실은 신앙 고백에 이르지 못한 믿는 가정의 자녀에게 하나님의 은혜 언약의 약속이 주어졌다는 사실을 보여 줍니다. 따라서 신약의 세례 역시 유아에게 베풀어져야 합니다. 구약에서 신앙 가정의 유아들에게 언약의 약속이 주어졌다면, 신약에서도 역시 유아들에게 언약의 약속이 주어졌다고 보아야 하는 것입니다. 할례와 세례는 모두 그리스도의 죄 사함과 육을 죽이는 은혜를 가리키는 표입니다.[26] 둘째, 은혜 언약과 하나님의 교회에 속한 모든 사람은 세례를 받아야 합니다(창 17:7).[27] 하나님께서는 성인만이 아니라 그 후손 사이에 언약을 대대로 세울 것이라 약속하셨습니다(창 17:12). 하나님께서 신앙 고백에 이르지 못한 신앙 가정의 유아들을 언약의 축복의 대상으로 정하셨습니다. 이러한 이유로 예수님께서는 어린아이들을 용납하시고 안수하셨습니다(마 19:14-15). 즉, 예수님께서 신앙 고백을 할 수 없는 유아들에게 언약의 복을 허락하신 것입니다.[28]

믿는 부모의 유아들이나 한편만 믿는 부모의 유아들은 언약의 자녀입니다.[29] 이들 가운데 일부는 선택받지 못해서 성장하여 자신의 불신앙을 드러내기도 하지만, 언약의 약속을 구원으로 성취할 백성들이 언약의 자녀들 가운데 있습니다. 언약은 죄 사함과 중생과 성화의 약속을 포함하고 있습니다.[30] 하나님께서는 부모의 믿음을 보시고 언약 안에서 공식적이고 객관적인 방법으로 그들에게 구원의 선물을 베푸시며, 적절한 때에 믿음으로 이 사실을 받아들일 것을 요구하십니다. 성령의 역사를 통하여 그것을 그들의 삶 속에 실현시킬 것을 약속하십니다.[31] 이 같은

---

26 Calvin, *Inst.*, IV. 16. 4.
27 Zacharias Ursinus, 593.
28 Calvin, *Inst.*, IV. 16. 6-7.
29 Louis Berkhof, 901.
30 Louis Berkhof, 901.
31 Louis Berkhof, 901.

믿음의 자녀들에 대한 은혜 언약의 약속을 근거로 교회는 성도의 자녀를 언약 백성으로 간주합니다. 또한 그들을 언약의 약속과 구원을 받은 자에게 요구하시는 거룩한 삶의 의무를 가진 자들로 간주합니다.[32] 만일 이들이 불신을 드러낸다면, 이들은 언약의 생명을 지니진 못했으나, 법적인 의미에서 언약 아래 있던 자들로 간주되어 언약 파기자로 여겨집니다.[33] 언약의 약속을 포함한 언약은 유아세례의 객관적이고 법적인 근거를 이룹니다.[34]

　루이스 벌코프는 언약을 "순수한 법적인 관계"와 "생의 친교로서의 언약"으로 구분합니다.[35] 이 둘은 매우 밀접한 관계에 있고, 이 둘 사이에서는 어떤 이원론적인 사고도 허락되지 않습니다.[36] 선택받아 진정한 믿음을 가진 사람들은 이 둘이 하나입니다. 법적 관계가 생명의 실현과 참여로 나타납니다. 그러나 성인 세례를 받았으나 신앙에 이르지 못한 사람들과 유아세례를 받았으나 불신앙을 드러낸 사람들은 "순수한 법적인 관계"만을 가질 뿐, "생의 친교로서의 언약"을 갖지 못합니다. "순수한 법적인 관계"는 언약에서 법적이고 윤리적인 측면을 가리킵니다. 법적 영역에서 어떤 사람은 언약이 지시하는 조건 혹은 실질적인 이상을 전혀 실행하지 못할 때도 이 법적 관계 안에 있을 수 있습니다. 이들에게 언약의 목적인 약속의 실현은 없지만, 이들은 법적인 의미에서 언약 안에 있게 됩니다. 여기서 언약 안에 있다는 말은 그들이 언약의 약속과 실현인 믿음과 구원에 참여했다는 말이 아니라, 순전히 객관적인 방법으로 언약 안에서 통제된다는 의미입니다.[37] 이 영역에서 결정적인 요인은 단지 이미 확립된 관계일 뿐, 당사자가 그 관계에 대하

---

32 Louis Berkhof, 901.
33 Louis Berkhof, 901.
34 Louis Berkhof, 901.
35 Louis Berkhof, 510.
36 Louis Berkhof, 511.
37 Louis Berkhof, 510.

여 취한 태도가 아닙니다. 이 관계는 언약의 약속의 실현과 참여의 여부에 관계없이 언약 안에 존재합니다.[38] 이들에게 법적이고 객관적인 관계는 존재하지만, 언약의 약속에 대한 실현과 참여가 없고 언약 백성으로서의 참된 반응도 없습니다. 특별히 이처럼 언약을 두 측면으로 구분하는 일은 유아세례와 관련하여 중요한 통찰을 줍니다. 이 구분에 따라 우리는 유아세례를 받은 모든 유아들이 다 선택되고 믿음을 나타내지 않는다는 사실을 인식할 수 있습니다. 일차적으로 믿는 부모의 자녀들이 묶이는 것은 "순수한 법적 관계"입니다. 이 측면에서 믿는 부모의 자녀들은 모두 언약 백성입니다. 이들은 믿음의 가정에서 태어남으로 은혜 언약의 "순수한 법적 관계"로 들어갑니다. 마치 믿음의 아버지, 이삭의 자녀로 태어났다는 이유로 야곱과 에서가 동일하게 하나님의 언약 백성으로 여겨져 할례를 받은 것처럼 말입니다. 그러나 "순수한 법적 관계"에 들어간 자녀들이 모두 "생의 친교로서의 언약"에 이르지는 못합니다. 법적이고 객관적인 의미로 언약 안에 묶여 있으나 선택받지 못하여 신앙을 미래에 드러내지 못할 자녀들이 존재합니다. 에서와 같은 자녀들이 존재하는 것입니다. 이들은 그리스도와의 연합과 교제를 소유하지 못합니다. 이들은 언약의 요구 아래 있다가 불신을 통해 언약의 파기자가 됩니다. 언약의 파기자라는 의미는 이들이 불신 가정에서 태어난 유기된 자녀들과는 달리 "순수한 법적인 관계"에 속해 있기에, 이들은 "순수한 법적인 관계"의 측면에서 언약을 파기한 자들이 되는 것입니다.

따라서 하나님께서 약속의 후손들에게 약속을 통하여 목적하신 바를 성취하신다고 할 때, 이 언약의 실현은 유아세례를 받아 언약의 백성 안에 속한 모든 개개의 유아들에게 나타난다는 것이 아니라, 부모의 믿음에 따라 받은 유아세례에 근

---

38 Louis Berkhof, 510.

234
올인원 하이델베르크 요리문답

거한 "순수한 법적인 관계" 안에 묶인 유아들의 집단 안에서 일어나는 것입니다.[39] "생의 친교의 언약"은 "순수한 법적인 관계" 안에서 선택받아 믿음을 소유할 유아들에게서 실현됩니다. 즉, 이들에게 "순수한 법적인 관계"와 "생의 친교의 언약"은 하나로 나타납니다. 이들은 언약의 법적인 관계 안에서 하나님의 약속과 은혜로 생의 친교를 소유하게 됩니다. 물론 양자는 시간적으로 일치하지 않을 수도 있습니다.[40] 하나님께서 언약의 약속을 택하신 자에게 성취하시고, 그들이 하나님의 은혜로 말미암아 믿음 안에서 칭의와 성화를 나타내는 언약의 삶을 경험하고 살아갈 때, 이들에게 언약의 관계는 그들의 삶에서 실현되는 것입니다.[41] 따라서 유아세례를 받은 자녀들은 그들이 불신을 드러내기 전까지 약속에 속한 자녀들로 간주되어야 합니다.

따라서 교회는 유아세례를 받은 자녀들을 교회의 지체로 간주하지만, 그들이 신앙을 의식적으로 드러내기까지 기다려 입교를 치르는 것입니다. 입교는 그들이 과거에 받은 유아세례가 그들이 드러낸 신앙 고백으로 말미암아 유효하고, 하나님의 약속이 진정한 것이었음을 확인하는 의식입니다. 그러나 신자의 자녀가 믿음의 진실성을 드러내고 언약의 의무를 실행할 때, 교회는 이 모든 것의 원인과 유효성이 하나님의 선택과 은혜에 있음을 간과해서는 안 됩니다. 하나님의 은혜와 신자의 자녀의 언약적 반응이 갖는 관계는 협력이나 상호 보충이 아니라 인과적인 것입니다. 이 사실을 간과할 때, 우리는 알미니안주의에 빠져들게 됩니다.[42] 유아세례를 받은 모든 유아들이 언약 안에 있다(어떤 유아들은 단지 "순수한 법적인 관계"의 의미로 언약 안에 있고, 어떤 유아들은 "순수한 법적인 관계"와 "생명의 친교의 언약" 안에 있다

---

39 Louis Berkhof, 511.
40 Louis Berkhof, 512.
41 Louis Berkhof, 511.
42 Louis Berkhof, 513.

는 의미로)는 것은 사실입니다. 그리고 유아세례 받은 모든 유아들이 구원을 받는 것은 아니라는 것도 사실입니다. 그리고 선택받은 유아들이 '집단적인 후손' 안에 존재한다는 것도 사실입니다. 그리고 유기된 유아들은 불신을 드러낼 것이며, 선택된 유아들은 하나님의 은총 아래 믿음과 순종으로 약속의 실현을 경험할 것이라는 것도 사실입니다. 이 모든 것이 유아세례 안에 있는 실재들입니다.

내용
확인
하기

1. 교회의 표지는 무엇을 의미합니까?

2. 교회의 표지와 관련하여 완전주의적인 사고가 가져오는
   위험성은 무엇입니까?

3. 성례의 표와 말씀 그리고 믿음의 관계는 어떠합니까?

4. 세례의 표가 의미하는 바는 무엇입니까?

5. 그리스도와의 연합의 표로서 세례가 가리키는 의미를 로
   마서 6장의 "그리스도의 죽음과 부활에 참여"라는 관점에
   서 설명해 보십시오.

6. 유아세례의 성경적 근거와 의미를 설명해 보십시오.

1. 당신은 개인 경건을 넘어 머리 되신 그리스도의 몸의 한 지체됨의 의미를 인식하고 또 중요하게 여기며 생활하고 있습니까?

2. 당신은 공적 예배 안에 있는 설교와 성례가 하나님께서 공적으로 세우신 은혜의 수단임을 확신하고 있습니까?

4. 당신은 성례의 표가 가리키는 실재를 성경을 통해 인식하는 가운데 진실한 믿음으로 성례에 참여하고 있습니까?

3. 당신은 유아세례에서 주어진 약속이 실재임을 믿습니까?

교회와 성례(2): 성찬과 권징

Knowing! the church and the sacraments(2):
the Eucharist and the discipline

75–81, 82–85문답

올인원 하이델베르크 요리문답

11강: 교회와 성례(2) – 성찬과 권징

1. 성찬은 교제(communion)의 표로서 지속적이고 반복적으로 성찬에 참여한다.

· 성찬의 떡과 포도주는 그리스도와의 연합과 교제를 통한 신앙의 자람과 강건해짐을 가리킨다.

· 성찬은 완전해야 받을 수 있는 것이 아니다. 오히려 우리가 죄인이며 연약하기에 성찬에 참여하는 것이다. 연약할지라도 성도들은 분명한 신앙 고백과 믿음으로 그리스도 안에서만 하나님의 용서와 거룩을 얻으려는 태도로 참여해야 한다.

2. 천국의 열쇠는 교회에 주신 말씀 선포와 치리라는 봉사적 권세를 의미한다.

· 교회는 말씀과 권징을 통해 교회의 회원 자격을 열어 주거나 닫거나 할 수 있다.

· 치리는 누가 성찬에 참여할 수 있는가라는 문제와도 깊은 연관성을 갖는다.

· 교회는 신앙 고백을 검증하여 세례를 주고, 범죄한 자에게 회개를 촉구하고, 회개 여부에 따라 용서와 출교를 행할 수 있다.

· 말씀에 근거한 치리는 머리 되신 그리스도의 신적 권한(*jus divinum*)이며, 이는 치리회에 위임된 것이다. 하나님께서는 이러한 영적 권세와 봉사적 권세를 통해 교회의 표지와 거룩을 지키며, 성도들을 훈육하고 양육하도록 명령하셨다.

· 치리는 교회의 정체성을 지키기 위한 것이며, 사랑의 동기로 시행해야 된다. 그러므로 치리회를 구성하는 목사와 장로의 직분이 바르게 서야 한다.

1. 성찬(75-81문답)

성찬의 의미

성찬에는 의례와 거기에 덧붙여진 약속이 있습니다. 성례에서 늘 성도들이 인식해야 할 중요한 사안은, 성례라는 의식은 그것이 나타내고자 하는 실체와 연관되어 있다는 것입니다. 성찬에서도 성찬이라는 의례는 무엇인가를 나타내기 위한 표로서 그리스도 안에서 주어진 구원의 실체를 늘 가리키고 있습니다. 그러므로 성례에는 그것을 가리키는 표가 존재하고, 그 표가 가리키는 것은 언제나 복음이 믿음 안에서 주는 것들입니다. 그 실체는 성경 말씀에 기록되어 계시되고, 믿음으로 획득할 수 있으며, 성례는 이것을 가리킴으로 믿음을 강화시키는 역할을 합니다. 의례 또는 표는 떼어서 먹는 떡과 부어서 마시는 잔입니다. 표가 나타내는 것은 그리스도의 찢겨진 살과 흘려진 피입니다. 즉, 성례의 의례와 표가 나타내는 것은 그리스도와의 연합 안에 있는 구속의 은총입니다. 표와 그 표가 나타내는 것 사이의 유비(analogy)에 따라서, 또한 표와 연결되어 있는 약속에 따라서 그리스도와의 이러한 연합과 교제를 확신하게 되는 것입니다.[1] 성례에서 늘 상기할 일은 성례의 역할입니다. 성례는 우리의 연약함을 위해서 제정되었습니다. 성례는 실체를 가리키는데, 이 두 관계가 온전하고 신자들이 말씀에 대한 지식과 신앙으로 성례에 참여할 때, 성령의

---

1 Zacharias Ursinus, 611.

임재 안에서 성례를 통해 신자가 확신을 갖게 되고 믿음이 강화됩니다. 떡이 그 가리키는 실체를 온전히 가리키기 위해, 예식에 있어 이러한 이미지와 절차가 생략되어서는 안 됩니다. 떡은 주님의 살이 찢어지듯 떼어져야 합니다. 그리고 그분이 우리의 생명으로 그의 영을 통해 내주하시듯, 우리는 그 떡을 먹어야 합니다. 찢는 일과 먹는 일이 함께 있어야 합니다. 즉, 떡을 떼는 것은 그리스도의 몸이 찢겨진 것을 나타내고, 먹는 일은 생명을 주시는 성령의 내주를 의미합니다. 사도 바울은 이렇게 전합니다. "떡을 가지사 … 떼어 이르시되 이것은 너희를 위하는 내 몸이니"(고전 11:23-24). 마찬가지로 잔은 떡과는 별개로 피를 흘리시며 당하신 그리스도의 잔혹한 죽으심을 나타냅니다. 그러므로 붉은 포도주는 그리스도께서 흘리신 피를 의미합니다.[2]

성찬의 목적

하나님께서 성찬을 제정하신 목적은 모든 성도들의 믿음이 연약하기 때문입니다. 칼뱅은 『기독교 강요』에서 이렇게 말합니다. "성찬은 완전한 사람들을 위하여 제정하신 것이 아니라, 약한 사람들을 위해서 곧 약한 사람들을 각성시키며 고무하고 자극하며 그들의 믿음과 사랑을 훈련시키기 위해서, 아니 그들의 믿음과 사랑의 결함을 시정하기 위해서 제정하신 것이다."[3] 성찬은 말씀이 가르치는 복음의 실재들을 가리키게 하고 눈에 보이는 표가 되게 함으로, 성령의 은혜를 통해 믿음을 강화시키려는 목적으로 제정된 것입니다. 이러한 성찬의 목적은 더 세밀하게 구분하여 언급될 수도 있습니다. 첫째, 성찬은 믿음에 확신을 더해 주고, 우리가 그리스도와의 연합과 교제 안에 있음을 확신케 합니다. 주께서 떡을 받아 먹고 포

---

2 Zacharias Ursinus, 611.
3 Calvin, *Inst.*, IV. 17. 42.

도주를 마시라고 하신 말씀은 믿음의 결과들을 의미합니다. 믿음에 따라 그리스도와 그의 은총에 참여하라는 말씀입니다. 우리가 성찬의 떡과 포도주를 먹고 마실 때, 우리의 마음은 먹고 마심의 행위와 감각이 가리키는 그리스도의 살과 피의 은총으로 이동되는 것입니다. 성령께서는 눈에 보이는 성찬 의식을 통해 우리의 마음을 보이지 않는 복음의 실재로 이끄십니다. 둘째, 성찬의 목적은 받아 누리는 은총을 응답하도록 하는 데 있습니다. 성찬은 가시적인 표를 통해 우리의 마음이 영적인 실재로 이동하도록 만듭니다. 그러므로 우리의 믿음은 더욱 강화되고 확신에 차게 됩니다. 이 첫 번째 은총이 우리의 마음에 누려질 때, 당연한 결과는 우리가 믿음으로 하나님께 반응하는 것입니다. 그러므로 성찬은 믿음을 고백하도록 만들고 대속의 은총에 감사하게 합니다. 셋째, 성찬을 제정하신 하나님의 목적은 세상 속에서 교회의 정체성을 드러내시기 위함입니다. 하나님께서는 세상에서 참된 교회를 구별할 수 있도록 교회의 표지를 주셨습니다. 성찬은 교회의 표지입니다. 우리 주님께서는 오로지 주님의 제자가 된 자들에게만 성찬을 허락하셨습니다. 넷째, 성찬은 성도들의 교통과 사랑을 배태하고 함양하기 위한 목적으로 제정되었습니다. 성찬은 그리스도의 한 몸에 참여하는 모든 사람이 하나 되었음을 가리키기도 합니다. "떡이 하나요 많은 우리가 한 몸이니 이는 우리가 다 한 떡에 참여함이라"(고전 10:17). 그러므로 우리가 한 떡에 참여하여 한 몸이 되었다면, 성찬에 참여하는 성도로서 서로서로를 섬기고 사랑해야 합니다(고전 10:16–17).[4] 아우구스티누스는 성찬을 "사랑의 유대"라고 부릅니다. 그리스도께서는 자신을 우리에게 주시면서 우리도 자신을 본받아 서로 헌신을 약속하며 실행하라고 권고하실 뿐만 아니라 자신을 우리 모든 사람에게 공통적으로 주심으로써 우리를 그 안에서

---

4 Calvin, *Inst.*, IV. 17. 38.

모두 하나가 되게 하고 계십니다.[5] 이처럼 성찬은 공동체적인 의미를 담고 있습니다. 그러기에 주의 성찬을 한 사람이 혼자서 사사로이 시행하는 것은 불경한 것입니다. 성찬은 하나님과 성도의 교제의 표일 뿐만 아니라 주 안에서의 성도의 교제이기도 합니다. 그리스도와 성부께서 베푸시는 모든 은덕들이 개인의 사유물이 아니라 모든 신자들의 공동체, 교회에 주신 것 같이, 이를 표하고 인치는 성찬 역시 그리스도의 몸에 주신 것입니다. 개인은 그 몸 안에서 이를 받아 누릴 수 있습니다. 그리고 개인이 받은 은혜는 몸과 나누게 됩니다.

성찬과 세례의 공통점과 차이점

세례와 성찬은 사실 은총의 본질에 있어 동일한 복을 가리키는 표입니다. 사도가 "우리가 … 다 한 성령으로 세례를 받아 한 몸이 되었고, 또 다 한 성령을 마시게 하셨느니라"(고전 12:13)라고 말한 바와 같이, 세례와 성찬은 모두 성도가 그리스도께 연합, 곧 접붙임이 된 바를 가리킵니다. 그리고 세례와 성찬은 접붙임 받은 자가 누리는 영원한 그리스도와의 교제와 그 모든 은덕들을 가리킵니다. 그러나 이 둘 사이에 차이점도 있습니다. 이 둘은 그 의미하는 바의 차이와 그 차이에 따라 나타나는 외형적인 형식이 다릅니다.[6]

세례와 성찬은 모두 그리스도와 그의 은덕에 참여함을 표합니다. 이 참여는 믿음의 결과입니다. 그런데 세례는 그리스도의 피와 성령으로 죄책과 오염을 씻어 냄을 표하고, 성찬은 그리스도의 살과 피를 먹고 마심을 표합니다. 여기에서, 세례는 신자의 몸을 물에 집어넣었다 뺌으로써, 혹은 물을 뿌림으로써 나타내고, 성찬은 떡과 포도주를 먹고 마시는 방식으로 의식을 행합니다.

---

5 Calvin, *Inst.*, IV. 17. 38.
6 Zacharias Ursinus, 614.

세례는 하나님과 신자들 사이의 언약의 표이지만, 주의 성찬은 그 동일한 언약의 보존의 표입니다.[7] 세례가 교제의 근거인 단일하고 영원한 연합(union)을 인치고 표한다면, 성찬은 연합에 근거해 지속적이고 깊어져야 할 교제(communion)를 인치고 표합니다. 연합은 단번에 온전히 이루어진 바를 의미하고 교제는 지속적이고 반복적입니다. 연합은 상실되지 않지만 교제는 기복이 있고 변화가 있고 멀어지거나 친밀해질 수 있습니다. 세례는 연합을 인치기에 일생 한 번 베풀지만, 성찬은 교제를 인치기에 일생 반복하여 행합니다. 세례는 칭의와 중생의 표이며, 한 사람이 하나님에 의해 언약의 관계로 들어왔음을 결정적으로 표합니다. 그러나 성찬은 이미 교회의 몸에 접붙여진 신자들이 지속적으로 양육되고 보호되고 보존되는 바를 표합니다. 또한 세례가 성찬을 앞섭니다. 성찬은 회개와 믿음을 고백하여 먼저 세례를 받은 자에게만 시행합니다. 그러므로 옛 교회에서는 설교 후 성찬을 시작하기 직전에 출교된 자들, 아직 세례를 받지 않고 기독교 신앙의 초보를 배우고 있는 자들, 유아 시에 세례를 받았으나 아직 신앙의 도리를 충실히 이해하지 못하는 자들을 먼저 해산시켰던 것입니다. 세례를 받은 자들이라도 믿음을 고백하기 전에 성찬에 참여할 수 없었고, 악행을 공공연하게 저지른 자들에게도 성찬은 금지되었습니다.[8] 세례가 한 번만 시행되는 것과는 달리, 성찬은 성도의 믿음의 보존과 성장을 위해 자주 시행됩니다. 물론 자주 시행하면 요식 행위처럼 전락할 수도 있으니 진중함을 가지고 가능하면 자주 시행함이 옳다는 것입니다. 그러나 횟수를 규범적으로 정할 수는 없습니다. 모든 것이 덕이 되고 유익이 되도록 적절히 정해야 합니다.

---

7 Zacharias Ursinus, 614.
8 Zacharias Ursinus, 615.

그리스도의 임재 방식: 영적 임재

하이델베르크 요리문답 78문답은 떡과 포도주라는 성례의 표와 표가 가리키는 실재 사이의 관계를 다룹니다. 그리고 이 주제는 성찬 시 그리스도의 육체의 임재 방식에 관한 문제와 연관됩니다. 이 주제는 로마 가톨릭의 화체설(transubstantiation)과 루터파의 공재설(consubstantiation)의 오류를 막아 내기 위해 중요합니다. 하이델베르크 요리문답은 칼뱅과 일치되게 로마 가톨릭과 루터파를 논박하고 영적 임재설(Spiritual presence)를 제시합니다.

로마 가톨릭의 미사는 예수님께서 세우신 성찬식을 부패시켰습니다. 이들은 하늘에 있는 영화된 그리스도의 몸을 땅의 썩어질 것 아래 두는 화체설을 주장합니다. 화체설의 기원은 중세 스콜라주의자들에게로 소급됩니다. 그들은 떡과 포도주가 사제들을 통한 성별에 따라 실제로 그리스도의 몸과 피가 된다고 가르칩니다. 이러한 성별을 통해 그리스도의 육체가 떡의 형상 아래 숨어 계신다고 가르칩니다.[9] 즉, 떡의 형상 아래 떡의 본질이 그리스도의 몸의 본질로 변한다고 보는 것입니다. 또한 루터파도 그리스도의 공간적 임재를 주장하는데, 이를 공재설이라고 합니다. 루터파는 그리스도의 인성과 신성의 상호 침투를 주장합니다. 그래서 인성이 신성을 통해 편재성을 갖게 된다고 믿습니다. 그래서 이들은 그리스도의 실제적인 몸이 떡의 본질과 함께, 떡의 본질 밑에, 떡의 본질 안에 있다고 봅니다. 즉, 떡의 본질과 함께 그리스도의 몸이 실제로 임재하는 것입니다.

그러나 하이델베르크 요리문답은 이를 반대합니다. 떡과 포도주라는 성례의 표와 표가 가리키는 실재로서 그리스도의 몸과 피는 물질적 연합이 아니라 성례적으로 연합 혹은 관계적으로 연합되어 있습니다. 떡과 포도주는 결코 떡과 포도주가 가리키는 대상과 동일하지 않습니다. 떡은 떡이지 그것이 가리키는 몸이 아닙

---

9 Calvin, *Inst.*, IV. 17. 13.

니다. 그리고 포도주는 포도주이지 그것이 가리키는 피가 아닙니다. 떡이 실제의 몸으로 변하거나 포도주가 피로 변하지 않습니다. 표와 표가 가리키는 바는 물질적으로 연합되지 않습니다. 표와 표가 가리키는 실재는 관계적으로 연합되어 있습니다. 즉, 표는 그것이 가리키는 것이 되지 않고, 표는 언제나 실재를 가리키는 역할을 합니다. 표는 믿음이 붙드는 말씀을 가리키는 역할을 합니다. 즉, 표는 실재를 유추하게 만듭니다. 떡과 포도주가 가진 이미지와 신체에 미치는 역할들이 영적인 양식인 그리스도와의 연합 안에서 받아 누리는 생명과 은총을 상징하고 유추하게 만듭니다. 성도들의 마음은 물질적인 표로부터 표가 가리키는 영적인 실재로 옮겨 가게 됩니다. 따라서 성찬 시에 성도는 유추에 따라 "물질적인 것으로부터 영적인 것으로 인도"를 받습니다.[10] 그런데 떡과 포도주를 통해 그것이 가리키는바 영적인 실재로 인도하는 토대는 말씀과 믿음입니다. 그러므로 떡은 여전히 떡이요 포도주는 여전히 포도주이지만, 믿음과 말씀으로 표가 가리키는 대상을 바라보게 되는 것입니다. 떡을 먹고 포도주를 마실 때, 성도들은 믿음과 말씀을 통해 표가 가리키는 실재를 바라보고 붙들게 됩니다. 말씀이 선포되지 않는다면, 표가 가리키는 실재는 유추되지 못합니다. 믿음이 없다면 떡과 포도주를 먹고 마실 뿐, 그것들이 가리키는 실재에는 참여할 수 없습니다. 떡과 포도주가 실재를 가리키는 표의 역할을 하기 위해 말씀과 믿음이 필요합니다.

따라서 표를 경시하면 안 됩니다. 왜냐하면 성찬 시에 떡과 포도주는 그리스도의 몸과 피를 가리키고 바라보게 하기 때문입니다. 그러나 표를 실재와 동일시하거나 혼동한다면 오히려 실재를 혼돈스럽게 하고 부패시킬 수 있습니다. 떡과 포도주를 먹고 마신다는 의미는 떡과 포도주라는 표가 가리키는 실재를 믿어 실재

---

10 Calvin, *Inst.*, IV. 17. 2.

에 참여하는 자가 되라는 의미인 것입니다.[11] 어떻게 그리스도의 몸과 피에 참여합니까? 믿음으로 가능합니다. 성도들은 믿음을 가지고 성찬이 가리키는 그리스도의 몸과 피에 참여해야 합니다. 그리스도와 연합하고 그에게 참여하는 유일한 원인은 믿음입니다. 또 반대로 믿음의 결과는 그리스도와의 연합이요 그에게 참여함입니다(엡 3:17). 오직 믿음으로만 그리스도께 참여하고 연합할 수 있습니다. 성찬을 통해 성찬이 가리키는 실재에 참여하는 것은 오직 말씀을 믿는 믿음 때문입니다. 그러므로 성찬과 믿음의 관계에 대하여 칼뱅은 "믿음의 미각이 없이 그리스도의 살을 먹을 수 있다"는 생각을 부인합니다. "사람은 믿음의 그릇에 담을 수 있는 것만큼 성찬에서 얻어갈 뿐"입니다.[12] 표는 언제나 표일 뿐입니다. 표가 하는 일은 언제나 실재를 가리키고 상징하는 일이고, 성도는 믿음과 말씀으로 표가 가리키는 영적 실재로 넘어갈 수 있습니다. 성령께서 말씀을 통해 표가 가리키는 바를 바라보게 하시며, 믿음으로 그 실재에 참여하게 하십니다. 그러므로 성찬은 믿음을 자라게 하고, 믿음에 힘을 주며, 믿음을 보존합니다.

그리스도의 육체는 공간적으로 지상에 임재하시지 않습니다. 역사적이고 정통적인 기독론을 따라 그리스도의 인성과 신성은 혼합되거나 섞이거나 혼동되지 않습니다. 인성은 인성의 본성을 유지하고, 신성은 신성의 본성을 유지하는 가운데 제2위 성자의 위격에 연합되어 있습니다. 그리스도께서는 인성으로 천상의 하나님 우편에 계십니다. 그의 신성과 영광과 능력은 온 우주에 가득하나, 그분의 육체는 공간적 제약을 받으십니다. 왜냐하면 공간의 제약을 받지 않는 순간 그것은 인성이 아니기 때문입니다. 그러므로 그리스도의 육체는 지상에 편재하지 못합니다. 그리스도의 몸이 떡의 본질로 변하거나 떡의 본질과 함께 떡 안에 존재할 수

---

11 Calvin, *Inst.*, IV. 17. 5.
12 Calvin, *Inst.*, IV. 17. 33.

올인원 하이델베르크 요리문답

없습니다. 그렇다면 그리스도의 육체는 성도와 무관하게 존재할까요? 그렇지 않습니다. 천상에 계신 그리스도의 육체는 공간적 제약을 받아 지상에 내려오실 수 없지만, 성령을 통해 성도들은 그리스도의 육체에 연합됩니다. "공간적으로 서로 떨어져 있는 것을 성령께서 참으로 결합"하십니다.[13] 우리는 성령을 통해 그리스도와 연합해 그분의 살과 피, 곧 영의 양식과 양분을 제공받습니다. 성찬은 단지 상징이 아닙니다. 상징의 역할은 실재를 보여 주는 것입니다. 그리고 성령이라는 연합의 띠를 통해 성찬이 가리키는 실재에 성도가 참여합니다. 그러므로 성찬은 허무한 표가 아닙니다.[14] 말씀이 선포되고 하나님의 약속에 대한 믿음을 가진 성도가 성찬에 참여할 때, 표들에 따라 그리스도께서 참으로 우리에게 제시됩니다.[15] 성령께서는 믿음으로 성찬에 참여하는 성도들이 그리스도와 그에게 속한 신령한 복들에 참여하게 하시는 "연결의 줄", "연합의 띠", "수로"의 역할을 하십니다. 그러므로 그리스도의 육체를 땅에 속한 썩을 요소 밑에 두어서는 안 됩니다.[16] 오히려 성도들의 영혼이 그리스도와의 연합의 띠요 은혜의 수로인 성령으로 말미암아 하늘에 계신 그리스도의 몸으로 들어 올려져 그분께 참여하고 연합하는 것입니다.[17] 그러므로 성찬 시 성도들은 믿음으로 표가 가리키는 실재, 그리스도를 소유합니다. 하이델베르크 요리문답은 칼뱅과 함께 영적 임재설(Spiritual presence)을 믿고 고백합니다.

성찬에 합당한 자

성찬에 합당히 참여한다는 의미는, 자신이 진정한 죄인이란 사실을 하나님 앞

---

13 Calvin, *Inst.*, IV. 17. 10.
14 Calvin, *Inst.*, IV. 17. 10.
15 Calvin, *Inst.*, IV. 17. 11.
16 Calvin, *Inst.*, IV. 17. 12.
17 Calvin, *Inst.*, IV. 17. 16–18.

에서 깨달아 구원을 위해 오직 복음만을 의지하고 신뢰하는 믿음으로 성찬에 참여하는 것을 의미합니다. 이들은 자신들의 불완전함에도 불구하고 거듭남과 성화의 은총을 힘입어 그리스도의 용서 안에서 거룩의 목표를 향해 투쟁하고 다가가는 사람들입니다. 이들은 자신이 죄 가운데 연약한 존재임을 깨닫고 성찬을 통해 믿음의 강건함과 영혼의 성화를 얻고자 성찬에 참여합니다. 성찬에 합당히 참여하기 위해 다음과 같은 사실을 상기해야 합니다. 첫째, 자신이 죄인이란 사실을 알지 못하는 사람은 성찬에 참여할 자격이 없습니다(요일 1:10). 둘째, 성찬에 참여하면서도 성찬이 가리키는 그리스도와 그의 복음을 알지 못하고 신뢰하지 않는 사람들도 성찬에 합당치 않습니다. 셋째, 이처럼 성찬이 가리키는 실재에 대한 믿음과 사모함이 없이, 그저 물질적인 떡과 포도주를 의미 없이 먹고 마실 때, 성찬이 가리키는 실재를 모독하게 됩니다. 그러므로 칼뱅은 성찬에 합당히 참여하기 위해 다음과 같은 자기 점검을 위한 질문을 던져 보도록 권면합니다. "자기는 그리스도께서 주신 구원을 충심으로 믿고 의지하는가? 그 믿음을 입으로 고백하는가? 그리고 깨끗하고 거룩하게, 열심히 그리스도를 본받고자 애쓰는가? 그리스도를 본받아 형제들을 위해서 자기를 주며, 함께 그리스도에 참여하는 사람들에게 자기를 나누어 줄 용의가 있는가? 자기가 그리스도의 지체로 인정되는 것과 같이 자기편에서도 모든 형제들을 그리스도의 지체라고 생각하는가? 자기는 그들을 자기의 지체로서 아끼고 보호하며 돕기를 원하는가?"[18]

성찬에 합당한 자가 되라는 요구가 완전한 자가 되라는 의미는 아닙니다. 너무도 당연한 이치입니다. 하나님께서 성찬을 제정하신 이유는 우리가 완전하기 때문이 아니라 우리가 연약하고 죄에 쉽게 흔들리고 넘어지기 때문입니다. 하나님께서는 성찬을 완전한 자들의 잔치로 제정하신 것이 아닙니다. 오히려 연약한 자

---

18 Calvin, *Inst.*, IV. 17. 40.

들에게 영양분을 공급하시고 힘을 공급하셔서 일으켜 세우시기 위함입니다. 성찬은 완전한 자들이 참여할 수 있는 것이 아니라, 불완전한 자들을 위한 자비의 잔치입니다. 성찬에서는 복음의 모든 기쁨이 죄인들 앞에 제시됩니다.[19] 성찬에서 필요한 것은 우리가 죄인임을 자각하는 것입니다. 그리고 죄인에게 유일한 소망인 그리스도를 의지하는 것입니다. 우리는 우리 안의 아무것도 의지하지 말고, 오직 믿음이 바라보는 그리스도의 복음에만 소망을 두어야 합니다. 우리는 불완전한 믿음과 사랑을 가지고 하나님께 나아가 용서와 성령의 은혜 안에서 그 믿음과 사랑을 키워 나갑니다.[20]

그러므로 우리가 우리 자신의 불완전을 발견할 때마다 성찬의 떡과 포도주로부터 물러나는 것은 결코 믿음이 아닙니다. 만일 자신이 깨끗해진 후에야 성찬에 참여하겠다고 생각한다면, 죽기 전까지 결코 성찬에 참여할 수 없을 것입니다. 우리의 믿음과 사랑이 완전해서 성찬에 참여하는 것이 아니라 불완전한 믿음과 사랑을 훈련시키고, 결함 있는 믿음과 사랑을 교정하기 위해 성찬에 참여합니다.[21] 그러므로 우리는 불완전함에도 불구하고 성찬에 참여해야 합니다. 오히려 불완전하기 때문에 성찬에 참여해야 합니다. 오직 그리스도의 공로와 사랑으로 말미암아 죄인 된 우리가 감히 그분의 몸과 피에 참여해야 하고 감사와 찬송으로 화답해야 합니다.

---

19 Calvin, *Inst.*, IV. 17. 42.
20 Calvin, *Inst.*, IV. 17. 42.
21 Calvin, *Inst.*, IV. 17. 42.

2. 천국의 열쇠: 권징의 권세(82-85문답)

하이델베르크 요리문답 83-85문답은 '천국의 열쇠'를 다룹니다. 이 부분은 성찬의 마지막 문답인 82문답에 이어지고 있습니다. 82문답은 성찬에서 누가 제외되어야 하는지를 다룹니다. 예수님께서 교회에 주신 천국의 열쇠, 곧 권징 제도를 공적으로 공정히 사용하여 성찬에 참여를 허용하고, 또 누군가를 배제하는 일은 성례를 순수하게 시행하기 위해 필수적입니다. 82문답에서 천국의 열쇠를 사용하여 누군가를 성찬에 허용하고 누군가를 배제시킨다고 했는데, 83문답부터 85문답까지를 통해 82문답에서 언급한 천국의 열쇠를 본격적으로 해설합니다.

천국의 열쇠의 의미

일차적으로 천국의 열쇠는 복음과 관련됩니다. 종교개혁자들은 마태복음 16장 18절 "너는 베드로라 내가 이 반석 위에 내 교회를 세우리니 음부의 권세가 이기지 못하리라"라는 말씀에서 교회가 세워지는 반석을 베드로 자체가 아니라 베드로에게 주신 복음이며 베드로가 고백하고 선포한 복음으로 해석합니다. 교회는 베드로 위에 세워지는 것이 아니라 베드로가 받고 고백한 복음 위에 세워집니다. 따라서 "내가 천국 열쇠를 네게 주리니 네가 땅에서 무엇이든지 매면 하늘에서도 매일 것이요 네가 땅에서 무엇이든지 풀면 하늘에서도 풀리리라"는 말씀에서 천국의 열쇠는 복음의 선포를 통해 믿고 회개하는 표를 나타낸 자들이 용서를 받을 수 있다는 사실을 가리킵니다. 용서와 정죄, 교회의 회원권 부여와 박탈의 기준은 신앙 고백이며, 교회의 머리 되신 그리스도께서는 당신의 치리권을 직분에 위임하셔서 치리회가 말씀에 근거하여 행사하게 하셨습니다. 치리권은 교회의 표지와 거룩을 지키기 위한 방편으로 하나님께서 교회에 주신 봉사적, 영적 권세입니다. 이 권세는 신적 권세(*jus divinum*), 곧 하나님께 속한 것이며 치리회라는 그릇에 담아 하나님께서 행사하시는 권세입니다. 치리 제도는 성경에 근거하며, 성경에 근거해 사랑을 동기로 행사해야 합니다.

그러므로 교회는 복음 선포라는 천국의 열쇠를 통해 하나님의 은혜와 죄 사함을 선포하고 공적으로 증언합니다. 반면, 교회는 믿음과 회개를 거부하는 악인들에게 하나님의 진노와 하나님의 형벌을 선포하고 공적으로 증언할 수 있습니다. 이 복음의 선포에 근거해 하나님의 백성에 들어옴을 허락하기도 하고 금하기도 할 수 있습니다. "내가 네 행위와 수고와 네 인내를 알고 또 악한 자들을 용납하지 아니한 것과 자칭 사도라 하되 아닌 자들을 시험하여 그의 거짓된 것을 네가 드러낸 것과"(계 2:2). 누군가 용서받아 하나님의 가족에 참여할 수 있게 하는 것은 복음에 대한 믿음과 회개뿐입니다. 베드로에게 주신 그 복음을 통해 믿고 회개하는 자들은 누구나 용서받고 하나님의 가족이 될 수 있습니다. 복음은 천국과 지옥을 가르는 열쇠입니다. 믿고 회개하는 자에게 복음은 천국을 열어 주고, 믿고 회개하지 않는 자에게 복음은 저주를 선포하여 천국 문을 닫습니다. 천국과 지옥의 관문은 복음입니다. 교회와 치리회는 복음에 근거해 이 권한과 의무를 성실히 수행해야 합니다. 따라서 천국 열쇠는 말씀에 근거하여 권징을 실행하는 교회의 권세와 의무라고 이해할 수 있습니다.

첫 번째 천국의 열쇠 개념이 복음 선포였다면, 두 번째 천국의 열쇠 개념은 권징권입니다. 우리가 권징이라고 이해하는 것은 원래 주님께서 명령하신 제도입니다. 주님께서 명하신 권징을 시행할 교회의 의무는 마태복음 18장에 기록되어 있습니다(마 18:15-18). 여기서 천국의 열쇠는 교회에 발생한 죄를 교회가 치리하여 죄인을 회개시키고 교회를 부패로부터 지켜 내는 수단을 의미합니다. 이 제도를 통해 한 영혼이 고침을 받고, 교회가 불의하고 불경한 교리와 풍조에서 자신을 지킬 수 있습니다. 사적이고 드러나지 않은 죄들은 복음 선포를 통해 개인들이 회개함으로 용서받고 교정될 수 있으나, 성도 간에 드러난 죄는 다음과 같은 절차를 통해 해결하도록 주께서 명령하셨습니다. 먼저, 누군가 어떤 사람의 범죄를 목격하게 되었다면, 그는 개인적으로 범죄한 사람과 독대하여서 권고해야 합니다. 예수님께서 권징을 명하신 것은 죄인을 정죄하는 데 목적이 있지 않고, 죄인을 고치는 데 목적이 있습니다. 예수님께서는 사랑의 정신으로 권징 제도를 명하셨습니다. 주님께서는 비록 범죄자라 할지라도 그에게 회개의 기회를 주기 전에 사람들에게 알리지 못하도록 하셨습니다. 성도들은 죄를 범한 자를 고립시키거나 그의 명예에 큰 상처를 입히는 일을 삼가야 합니다. 그러므로 주님께서는 범죄를 목격한 사람이 아무도 모르게 상대에게 회개를 권고하도록 하신 것입니다. 둘째, 만일 범죄한 자가 개인적인 권고를 거부할 때, 목격자는 한두 사람을 데리고 가서 두세 증인의 입으로 그에게 확증하도록 해야 합니다. 주님의 사랑은 거룩과 공의가 희생되는 사랑이 아닙니다. 또 그렇게 죄악을 방임할 때에는 교회는 함께 타락하고 세상으로부터 큰 비방에 휩싸일 수 있습니다. 죄악이란 누룩이 교회 곳곳에 퍼져 나갈 수 있습니다. 홀로 권면할 때 듣지 않으면, 두세 사람의 증인을 앞세워 다시 권고해야 합니다. 셋째, 그래도 회개하지 않을 때에는 교회에 말해야 합니다. 즉, 회개치 않는 범죄가 공적으로 다루어지게 되는 것입니다. 여기서부터 범죄가 교회의 공적인 치리를 통해 다루어집니다. 그러나 여기에서도 회개를 보이지 않는다면, 교회의 안전을 위해 그를 출교(excommunication)해야 합니다.

교회의 권징은 예수님의 이 말씀에 근거를 두고 시행되는 것입니다. 주님께서는 왜 권징을 명하셨을까요? 교회는 완전하지 못합니다. 교회는 범죄 행위와 교리적 이탈로 언제든지 불결해지고, 분열되고, 혼돈에 빠질 수 있습니다. 하나님께서는 교회가 교회 본연의 속성인 거룩성을 지키며 참된 진리와 교리 안에서 결속을 지켜 나가도록 권징을 명령하신 것입니다.

그러므로 권징의 목적은 두 가지로 요약할 수 있습니다. 첫째, 권징의 목적은 죄인을 회개시켜 영혼을 회복시키는 데 있습니다. 그러므로 권징은 중한 죄로 말미암아 병든 영혼에 대한 사랑의 행위입니다. 권징이 시행되는 과정 속에서 사랑의 정신이 망각되지 않도록 교회는 주의를 기울여야 합니다. 그러므로 치리권을 가진 직분자들과 치리회가 얼마나 성숙해야 합니까? 직분 회복이 없이는 신뢰할 만한 치리회가 서지 못할 것입니다. 둘째, 권징은 개인을 중한 죄에서 회개로 이끄는 사역이기도 하지만, 죄인이 회개하지 않을 경우 그의 회원권을 박탈하고 몸 밖으로 출교하는 역할을 하기도 합니다. 이렇게 하는 이유는 교회의 순수함을 지키기 위함입니다. 교회의 순수함이란 교리의 순수성과 생활의 순결을 의미합니다. 예수님께서는 악한 교리와 악한 행실이 누룩처럼 퍼질 것을 경계하셨습니다 (마 16:12; 막 8:15; 눅 12:1; 고전 5:6).

권징을 생각할 때 가장 중요한 부분은 권징이 사랑의 정신에 기초해야 한다는 점입니다. 죽이려는 것이 권징의 목적이 아니라 죄인이 회개에 이르도록 각성시키는 데 목적이 있습니다. 그러므로 마태복음 18:21-22에서 죄인을 일곱 번씩 일흔 번이라도 용서하라고 말씀하십니다. 이 말씀은 권징을 다루는 본문의 맥락 가운데 있습니다. 권징은 사적인 정죄가 아닙니다. 공공연하게 드러난 죄, 교회에 드러난 죄를 공적으로 다루어 죄인을 회개시키고 교회의 거룩을 지키려는 공적인 제도입니다. 그러므로 우리는 개인적으로 죄인을 정죄하지 않습니다. 언제나 죄인이 돌아오길 기도해야 합니다. 심지어 출교한 자들의 영혼을 위해서도 사랑의 기도를 멈추지 않습니다. 그리고 기도 가운데 죄인이 회개하고 돌아오면 그를 사랑으로 받아야 합니다. 우리는 언제나 일곱 번씩 일흔 번이라도 용서하는 정신을 가지고 사적인 감정과 정죄가 아닌 공적인 행위로서 교회의 공공연한 죄를 매고

풀어야 합니다. 권징은 교회가 교회 되는 데 있어서 중요한 은혜의 수단입니다.

성도의 교제(55문답)

성도의 교제란 그리스도 안에서 받은 구원의 기업을 공통으로 지니는 것을 의미합니다. 자카리아스 우르시누스는 이렇게 정의합니다. "'교제'라는 용어는 어떤 동일한 것이나 소유를 공통으로 지닌 둘 이상의 사람들 사이의 관계를 나타낸 것이다. 이 교제의 기초 혹은 근거는 바로 그 공통이 되는 그것이다."[22] 그러므로 성도의 교제의 기초는 하나님께서 주신 것을 공통으로 소유하는 데 그 본질이 있습니다. 우르시누스는 그 공통의 소유를 이렇게 요약합니다. "성도의 교제란 복음의 모든 약속들에 동등하게 참여하는 것, 혹은 그리스도와 그의 모든 은덕들, 또한 교회의 구원을 위하여 각 지체들에게 주어지는 은사들을 공통으로 소유하는 것이다."[23] 성도의 교제가 성립하려면 다음과 같은 요건이 충족되어야 합니다. 먼저, 그리스도와 연합해야 합니다. 성령께서는 성도들을 머리 되신 그리스도의 몸이 되게 하십니다. "그는 몸인 교회의 머리라 그가 근본이요 죽은 자들 가운데서 먼저 나신 자니 이는 친히 만물의 으뜸이 되려 하심이요"(골 1:18). 머리와 몸은 구분되지만, 동일한 성령이 머리에도 거하시고 몸에도 거하시므로 적절한 차이가 보존되는 가운데 머리와 몸이 연합됩니다. 예수님 안에서만 성도는 성도가 되며, 성도들의 공통된 소유를 공유하게 됩니다. 구속의 신령한 모든 은혜가 그리스도 안에 있습니다. 그러므로 예수님의 인격과 그분의 구속 사역은 성도의 교제의 기초가 되며, 연합을 통해 이 기초를 가지게 됩니다(요 15:5; 고전 12:13; 롬 8:9; 고전 6:17; 요일 4:13). 포도나무 가지가 나무에 붙어 있어야 생명을 가지고 자라듯 성도들은 예수

---

22 Zacharias Ursinus, 498.
23 Zacharias Ursinus, 498.

님께 믿음으로 붙어 있어야 합니다. 성도의 교제를 가능케 하는 공동의 소유는 오직 그리스도 안에서 주어집니다. 둘째, 그리스도와 연합된 자들은 그리스도 안에서 그의 모든 은덕에 참여합니다. 성도의 교제는 이 공통 소유된 은덕을 공유함으로 발생합니다. 그 은덕은 구속의 신령한 복들로 화목, 구속, 칭의, 성화, 생명과 구원 등 그리스도의 구속 성취로 말미암아 성도에게 성령을 통해 주어지는 것들입니다(엡 4:4). 셋째, 그리스도와 연합된 자들은 온 몸의 구원과 교회를 강건하게 세우기 위하여 다양하지만 동일한 목적을 위해 주어진 은사를 공유합니다(엡 4:7).[24]

그러므로 이러한 세 가지 기초 위에서 성도들은 의무를 갖게 됩니다. 그리스도 안에서 구속의 은덕과 은사를 받은 자들은 이제 서로 돕고 섬겨야 합니다. 또한 성도들은 교회 안에서 하나님의 뜻을 세워 가며, 연약한 영혼들을 돌보고, 주의 나라가 드러나도록 애쓰는 데 하나 되어야 합니다. 성도의 교제를 갖는다는 것은 동일한 신앙 고백 안에서 구원의 신령한 복들을 섬김 가운데 나누는 것이라 할 수 있습니다. 앞의 세 가지 측면이 성도 안에 확실히 구비되었다면, 성도들은 주님께서 주신 것으로 교제해야 합니다. 성도들은 받은 것으로 공통의 정체성, 공통의 사랑, 공통의 섬김을 이루고, 하나님의 목적을 지향하며, 몸 전체를 통해 이 목적이 이루어지도록 서로를 권면하고, 사랑하고, 섬겨야 합니다.

성도의 교제가 이러한 의미라면 우리의 생각 속에 자리 잡고 있는 교제의 의미를 성찰해 봐야 합니다. 왜냐하면 많은 성도들의 생각 속에 그 교제의 기초와 내용이 세속적인 것으로 가득 차 있기 때문입니다. 성도의 교제를 인간적인 정을 쌓는 정도로 이해하거나 레크레이션이나 이벤트를 만들어 서로 즐거운 한때를 보내는 정도로 이해하는 경우가 많기 때문입니다. 많은 사람들이 운동이나 취미나 강습회 같은 류의 모임을 만들고, 그러한 모임을 성도의 교제로 여기는 일들이 만연하니

---

24 Zacharias Ursinus, 499.

다. 심지어 성도의 교제의 구심점을 학연, 지연, 생활의 수준 같은 것에 놓는 일까지 발생하고 있습니다. 때로는 교회의 교제가 이익 집단들이 갖는 행태를 띨 때도 있습니다. 성도의 교제의 기초는 그리스도와 그 안에서 받은 것들을 공유하고, 그것으로 나누고 섬기고 상호 작용하는 것입니다. 사람의 본성이 연약하여 우리는 늘 성도의 교제가 구속적 은혜에 기초하고 있다는 사실을 망각합니다. 성도의 교제는 그리스도 안에서 그리스도께서 주신 것으로 소통하는 것입니다. 그리스도와 그가 주신 바가 약해지거나 사라지면 그곳에 성도의 교제는 존재하지 않을 것입니다. 성도의 교제의 구심점은 그리스도와 그가 베푸신 신령한 은혜들이어야 합니다.

1. 성찬과 관련하여 "영적 임재설"을 "화체설", "공재설"과
   비교하며 설명해 보십시오.

2. 성찬이 성도들에게 가져다주는 유익은 무엇입니까?

3. 성찬에 합당히 참여한다는 말의 의미는 무엇입니까?

4. 열쇠의 권한을 가지고 교회가 말씀에 근거하여 치리를 행
   해야 하는 이유는 무엇입니까?

5. 치리회가 성경적이어야 하며, 치리회를 구성하는 목사와
   장로들이 성숙해야 하는 이유는 무엇입니까?

6. 마태복음 18장에 기록된 예수님께서 명령하신 치리의 방
   식은 무엇이며, 치리와 용서에 대한 관계는 어떠합니까?

**삶에
적용
하기**

1. 당신은 성찬이 가리키는 성경적 의미를 알고 믿는 가운데
   이 의식에 참여합니까?

2. 당신은 성찬을 통해 복음에 대한 확신을 견고히 하며, 성
   도의 교제와 사랑을 누리고 있습니까?

3. 당신은 하나님께서 교회에 명령하신 합당한 치리에 순복
   할 마음을 갖고 있습니까?

4. 당신은 치리회를 이루는 직분에 대해 어떤 기준과 생각을
   가지고 있습니까?

구원에 대한 감사로서의 믿음의 실천:

성화된 그리스도인의 생활의 이정표로서 율법

Knowing! the practice of faith as a gratitude for salvation:
the Law as the standard for the sanctified christians' life

12

86, 87-90, 91문답

올인원 하이델베르크 요리문답

12강: 구원에 대한 감사로서의 믿음의 실천
– 성화된 그리스도인의 생활의 이정표로서 율법

내용
한눈에
보기

1. 구속적 감사

· 복음의 약속들이 그리스도인의 감사의 근거가 된다.

· 구속적 감사는 환경과 정황을 넘어선 감사이다.

· 그리스도인의 선행 동기는 오직 감사여야 한다.

2. 중생한 사람에게도 여죄가 남아 있기에 성화의 열매로서 성도의 선행은 불완전하다.

· 완전한 것을 엄중히 요구하는 율법의 본성대로 하면 성도의 선행도 정죄 의 대상이 된다.

· 성도의 선행이 하나님께 수용되는 이유는 성도의 선행에 섞여 있는 죄가 그리스도의 의(義)로 말미암아 용서되기 때문이다. 성도의 행위도 칭의 의 대상이 된다.

· 성도의 선행은 공로가 될 수 없다.

3. 성화의 열매로서 선행은 오직 회심한 사람만 나타낼 수 있다.

· 불신자의 선행은 생명에서 나오지 않고 죄를 억제하시는 하나님의 손길 에서 나온다.

· 중생이 무의식적이라면, 중생이 의식으로 나타남이 회심이다.

· 회심의 요소는 믿음과 회개이다.

4. 성도에게 율법은 생활의 이정표로서 성령께서 성도를 성화시키시 는 은혜의 수단이다.

· 율법은 도덕법, 시민법, 의식법으로 구분된다. 이 중에 예수님의 강림을

통한 구속의 성취로 시민법과 의식법은 폐지되었지만, 도덕법은 여전히 유효하다.

· 도덕법은 제1용도(거울의 용법), 제2용도(시민적 용도 – 사회의 죄악을 억제하심), 제3용도(성도의 생활의 이정표)로 구분된다.

내용
연구
하기

1. 구속적 감사(86문답)

하이델베르크 요리문답 86문답과 87문답은 구속의 은혜에 대한 감사의 표현으로서의 성도의 선행을 성화론적 차원에서 다룹니다. 즉, 본 문답은 기독교 선행론을 다룹니다. 하이델베르크 요리문답은 기독교 선행론을 "감사"라는 주제 하에 다룹니다. 그리고 이 주제는 중생과 회심 그리고 성화와 연관되어 있습니다. 감사의 주제는 앞에서 다룬 주제들을 전제로 제시되고 있습니다. 우리가 이미 다룬 1문답으로부터 85문답까지의 내용인 복음의 의미는 본 문답의 주제 "감사"의 이유요 전제가 됩니다. 그러므로 하이델베르크 요리문답 1문답은 전체 신앙 고백의 서론이라 해도 무방할 것입니다. 1문답은 그리스도인이 소유한 사나 죽으나 유일한 위로로 그리스도 안에 있는 복음을 제시했습니다. 그 이후의 문답들은 제시된 복음의 내용을 해설한 것입니다. 그리고 해설된 복음의 내용은 기독교인 감사의 근거가 되며, 복음에 대한 감사가 기독교 선행의 동기가 됩니다. 즉, "감사"는 오직 그리스도의 공로를 전가받아 의롭다 여김을 받고 용서받고 하나님의 자녀로 용납된 구속의 은총에 성도들이 어떻게 반응해야 하는지를 다루는 것입니다. 그러므로 기독교 선행론은 일종의 받은 은혜에 대한 보은(報恩) 교리라고 부를 수 있습니다.

구속의 은총을 받은 성도의 감사는 성화의 열매로서 선행으로 나타납니다. 진정 구원을 알고 하나님의 한량없는 은총을 경험한 자들은 감사로 응답합니다. 그리고 그 감사가 바로 선행의 동기가 됩니다. 성경은 선행을 강조합니다. 그런데 복음 안에서의 선행은 구원의 조건이나 공로가 될 수 없습니다. 복음 안에서의 선행은 구원의 결과요 열매입니다. 선행은 받은 구원에 대한 감사의 표현입니다. 그러므로 선행은 감사의 동기에서 나와야 하고 공로로 삼아서는 안 됩니다. 이미 받은 구원, 구원의 깊이와 넓이와 부요함 앞에 성도는 오직 감사로 응답해야 합니다. 구원을 받으려고 선행을 하는 것이 아니라 받은 구원에 감사할 수밖에 없어 선행을 합니다. 그러므로 성도의 선행에는 하나님 보시기에 어떤 공로도 없습니다. 하나님께서는 "율법의 행위"를 가증히 여기십니다. 구원을 받기 위해 자신의 의(義)를 의지하거나 그것을 공로 삼는 일은 완전하고 충족한 그리스도의 공로를 갈취하는 것입니다.

2. 그리스도의 용서에 근거해 하나님께 수용되는 성도의 불완전한 선행(114문답)

성도의 선행은 그 자체로 완전한 것이 아니기에 완전한 것을 요구하는 율법의 요구를 충족시킬 수 없습니다. 개혁신학자들은 성도의 선행이 감사의 표현이 될 수 있지만, 공로가 될 수 없음을 다음과 같이 강조합니다. 먼저 칼뱅은 이렇게 말합니다. "우리의 불완전함(imperfection)의 자취는 여전히 남아 있어서 … 가장 훌륭한 행위도 여전히 항상 어떤 육의 불결(impurity)로 얼룩지고 부패된다고 말한다. 말하자면, 어떤 찌꺼기가 그것[선행]에 섞인다는 것이다."[1] 또한 칼뱅은 하나님의 거룩한 종들에게조차 "육의 부패한 냄새"가 나며 성자들의 행위조차 치욕의 보상으로

---

1 Calvin, *Inst.*, III. 14. 9.

나타날 것밖에 없다고 말합니다.[2] 따라서 성화의 열매는 엄중한 하나님의 공의의 요구를 만족시킬 수 없습니다. 하이델베르크 요리문답 62문답에서도 동일한 메아리가 들립니다. 하나님의 심판대 앞에서 인정받을 수 있는 의인들은 절대적으로 완전하고 그리고 하나님의 율법에 모든 측면에서 일치해야만 하는데, 이생에서 우리의 가장 훌륭한 행위도 불완전하고 죄로 더러워져 있습니다.[3] 웨스트민스터 신앙고백서도 동일한 진리를 가르칩니다. "순종을 통해서 이생에서 할 수 있는 가장 높은 수준의 선행에 도달한 사람들일지라도, 잉여 공로(supererogation)를 세운다든지 하나님께서 요구하시는 것보다 더 많은 것을 결코 행할 수가 없는데, 이는 그들이 마땅히 해야 할 의무마저도 그들은 다 행할 수 없기 때문이다."[4]

그렇다면 이렇게 불완전한 행위를 하나님께서 어떻게 받아들이실 수 있을까요? 그것은 우리의 불완전한 행위에 함께하는 죄악을 그리스도의 피로 씻어 용서하시기 때문입니다. 또한 불완전한 행위조차도 중생케 하심과 회심 그리고 성화시키시는 성령의 역사로 나타난 것이기에 인간에게 공로가 돌아갈 수 없습니다. 그러므로 성도의 선행은 결코 구원의 공로가 될 수 없지만, 받은 구속의 은혜에 대한 감사의 표현으로 하나님께 드려질 수 있으며, 하나님께서는 이와 같은 불완전한 성도의 행위를 그리스도의 피로 덮어 용서하심으로 받아 주십니다. 의롭게 됨은 오직 그리스도의 공로 때문입니다. 우리가 용서받고 하나님의 자녀로 받아들여질 수 있는 은총도 오직 그리스도의 공로 때문입니다. 이와 같이 그리스도의 공로로 이루어진 하나님과 죄인 사이의 화목된 관계를 통해 우리를 거룩하게 하시는 성령의 은혜를 누릴 수 있습니다. 우리는 성령께서 우리에게 주신 은총으로 선행에 힘쓰고 애씀으로 하나님에 대한 감사를 표현합니다. 자카리아스 우르시누스

---

2 Calvin, *Inst.*, III. 14. 9. Cf. Calvin, Comm. on Exodus 1:18.
3 하이델베르크 요리문답 62문답.
4 웨스트민스터 신앙고백 16장 4-5절.

에 따르면, "감사는 은덕을 입은 사람과 은덕 자체에 대한 고마움을 인정하여 은덕을 베푼 자에게 그 고마움을 표하는 덕"[5]입니다. 우리가 선행을 한다는 것은 단지 도덕적인 행위에 한정되지 않습니다.

3. 성화의 열매로서 선행과 자연인의 선행의 차이(95문답)

하나님 앞에서 선행이란 첫째, 하나님의 율법에 따라 행하는 것이고, 둘째, 참된 믿음에서 나온 행위이며, 셋째, 하나님을 향한 사랑에서 나온 것이고, 넷째, 하나님께 대한 감사에서 나온 행위이며, 다섯째, 하나님의 영광을 위해 행한 행위를 의미합니다.[6] 그렇다면 불신자에게서 나오는 선행은 어떤 의미가 있을까요? 그리고 불신자의 행위는 성도들의 행위와 어떤 점에서 차이가 나는 것일까요? 불신자들의 선행도 하나님께서 주신 선물이라고 볼 수 있습니다.[7] 그런데 하나님께서 이처럼 불신자들에게 선을 행할 수 있도록 하신 이유는 세계의 질서를 보존하시기 위해서입니다.[8] 이러한 보편 사회의 덕행을 '시민의 덕'이라 부를 수 있습니다.[9] 그러나 이러한 불신자에게서 나오는 덕은 진정한 덕이라 부를 수 없습니다. 왜냐하면 진정한 덕은 위에서 언급한 선행의 정의에 부합하기 때문입니다. 그런데 불신자들의 덕행은 믿음에서 나오지 않습니다. 그들에게는 믿음도 없고 생명도 없습니다. 이들의 선행은 생명에서 나오는 참된 선행이 아니라 하나님께서 그들의 죄성

---

5 Zacharias Ursinus, 737.
6 Zacharias Ursinus, 756.
7 Calvin, *Inst.*, III. 14. 2.
8 Calvin, *Inst.*, III. 14. 2.
9 Calvin, *Inst.*, III. 14. 2.

을 억제하심으로 나타나는 선행입니다.[10] 이들에게는 하나님을 사랑하거나 하나님께 영광을 돌리고자 하는 동기가 전혀 없습니다. 이들은 첫째 돌판을 무시합니다. 둘째 돌판은 첫째 돌판의 정신, 곧 하나님 사랑의 또 다른 실현인 동시에 첫째 돌판의 정신에 토대합니다. 불신자들은 체면상, 혹은 법에 대한 두려움 때문에, 혹은 정직한 생활에 대한 이로움이나 자기만족 때문에 선을 행합니다. 이들의 선행은 하나님께 대한 사랑과 감사와 영광 돌림의 동기 없이 자기 의(義)를 세우기 위해 추구됩니다. 따라서 불신자의 선행은 '찬란한 악덕'이라 부를 수 있습니다. 그들의 선행은 하나님께서 필요에 따라 제공하신 것이지만, 참된 덕에 이르지 못하기에 정죄될 수밖에 없는 생명 없는 덕행입니다.

따라서 진정한 선행을 추구하기 위해서는 거듭나고 회심해야 합니다. 성령께서 우리의 마음 중심에 생명의 원리를 심으실 때, 우리는 거듭나고 이성과 의지의 지배적인 성향이 하나님을 향해 선하게 변화됩니다. 거듭난 영혼을 성령께서 매일매일 자라게 하십니다. 성도는 성화의 은총을 통해 더욱 온전한 덕을 행하는 성도의 삶을 살 수 있습니다. 성도가 거듭날 때, 하나님께서 주신 새 생명으로 말미암아 성도 안에 죄의 지배력이 죽습니다. 그러나 지배력을 잃은 죄의 잔재가 남아 있습니다. 그러므로 성도의 선행은 불완전합니다. 성화는 이 죄의 잔재를 매일매일 죽여 가는 것입니다. 그러나 성도가 영화되기 전까지는 죄의 잔재가 남아 있기에 성도는 그리스도의 용서가 필요한 존재입니다. 성도는 이처럼 불완전한 가운데 성화되고 용서받으며 율법이 요구하는 완전을 목표로 한 발 한 발 다가갑니다. 그러므로 하나님께서 받으시는 선행은 그리스도 안에만 존재합니다. 그리스도의 용서 안에서 거듭난 성도가 성령을 통해서 주시는 성화의 능력으로 매일매일 목표를 향해 나아가는 것이 성도의 선행이며, 이 선행만이 생명에서 나는 선행입니

---

10 Calvin, *Inst.*, II. 3. 3.

올인원 하이델베르크 요리문답

다. 그런 의미에서 선행은 구원의 공로가 아니라 구원하는 믿음이 낳은 믿음의 열매입니다. 선행은 믿음의 진정성의 표입니다. 믿음은 선행이 아닙니다. 선행은 믿음이 아닙니다. 그러나 믿음과 선행은 언제나 함께합니다. 믿음이 언제나 선행을 낳기 때문입니다. 믿음에서 난 선행만이 진정한 덕행입니다.

4. 중생의 은혜를 받아 회심한 사람만이 감사의 열매를 맺음(87-90문답)

회심의 정의와 필요성

루이스 벌코프는 구원의 서정을 다음과 같이 요약합니다. 예정(predestination), 외적, 유효적 부르심(external, effectual calling), 중생, 회심(믿음, 회개), 칭의, 성화, 영화. 물론 구원의 서정을 좀 더 단순화하거나 좀 더 세분화할 수 있을 것입니다. 그러나 루이스 벌코프의 구원의 서정에서 우리가 염두에 두어야 할 부분은 중생과 회심의 논리적 순서와 관계입니다. 벌코프에 따르면, 중생은 "인간 안에 새로운 영적 생명의 원리(principle)를 주입하고 성령의 영향 아래 하나님 방향으로 움직이는 생명을 탄생시키는 변화로, 영혼의 지배적 성향이 근본적으로 변화하는 것"[11]을 의미합니다. 그런데 중생은 인간 전인 본성의 즉각적 변화이며, 잠재의식에서 나타나는 변화입니다. 중생은 하나님의 은밀하고 불가사의한 사역이어서 사람이 중생의 순간을 직접적으로 인식할 수 없습니다.[12] 그러므로 우리가 중생을 의식의 영역에서 인식하고 체험하는 것은 회심을 통해서입니다. 중생과 회심은 서로 구분되지만 밀접하게 연관되어 있습니다.[13] 구원의 서정에서 우리가 늘 기억해야 할 것

---

11 Louis Berkhof, 717.
12 Louis Berkhof, 718.
13 Louis Berkhof, 741.

은 구원의 순서가 의미하는 바는 시간적 순서가 아니라 논리적 순서라는 것입니다. 구원의 서정에서 어떤 순서들은 논리적이거나 인과적이지만, 시간적으로 보면 동시적입니다. 엄밀히 말하면, 부르심, 중생, 회심은 동시적입니다. 따라서 중생을 통해 새 생명이 심겨지면, 무의식에서 발생한 생명이 의식 영역으로 침투하게 됩니다.[14] 이것이 회심입니다. 즉, 회심은 중생이 의식의 세계로 나타나고 체험되는 사건입니다.

그런데 이와 같이 중생이 의식으로 침투한 결과는 무엇일까요? 우리가 회심했다는 것은 본질적으로 믿음과 회개를 통해 하나님을 등지고 살던 자가 하나님을 향해 전향하고, 죄의 지배력 아래 속박되어 있던 자가 죄를 등지고 새로운 삶으로 전향했다는 의미입니다. 그런데 이 모든 것이 믿음과 회개를 통해 이루어지니 믿음과 회개는 회심의 요소인 것입니다. 그러므로 회심을 이중적으로 정의할 수 있습니다. "능동적 회심은 하나님께서 그의 의식 영역에서, 중생한 죄인으로 하여금 회개와 신앙으로 하나님께 돌아가게 하시는 하나님의 행위다. 수동적 회심이란 그 결과로서, 죄인이 하나님의 은혜를 통해 회개와 신앙으로써 하나님께 나아가는 중생한 죄인의 행위이다."[15] 하이델베르크 요리문답 88문답에는 이 정의가 잘 요약되어 있습니다. 회심은 죄를 등지고 하나님을 향해 전향하도록 만드는 성령의 사역입니다. 성령께서 죄인을 믿음과 회개를 통해 하나님께로 전향시키실 때, 이 두 가지 일을 하십니다. 하나는 우리의 옛 사람을 죽이시는 것이고, 다른 하나는 우리를 새 사람으로 살리시는 것입니다. 즉, 회심한다는 것은 하나님과 하나님의 뜻을 향한 전향을 의미합니다. 회심은 이 전향을 확보하고 시작하는 은혜요 이후로 성화를 통해 이 전향이 자라갑니다. 회심은 그런 의미에서 반복되는 것이 아니라

---

14 Louis Berkhof, 741.
15 Louis Berkhof, 733.

전향의 시작을 의미합니다. 중생과 회심에서 죄의 지배력이 죽습니다. 그리고 성화를 통해 지배력을 잃은 죄의 잔재를 죽여 갑니다. 회심의 회개는 사망에서 생명으로 넘어오는 믿음과 회개요, 성화는 생명으로 넘어온 성도가 매일매일 시행하는 믿음과 회개의 열매입니다.

죄인에게 회심은 절대적으로 필요합니다. 이 땅에서 회심하지 않은 사람들에게는 결코 내세에서의 영생이 있을 수 없습니다.[16] 자카리아스 우르시누스는 키프리아누스(Cyprianus)를 인용합니다. "금생을 떠난 후에는 더 이상 회개나 보상의 행위를 위한 여지가 없다. 생명을 잃어버린든지 얻든지 둘 중의 하나뿐이다. 이 땅에서 하나님을 예배함과 믿음의 열매로 말미암아 우리의 영원한 구원을 확보하는 것이다. 죄로나 외부의 반대로나 누구든지 구원을 얻으러 나오는 데에 방해를 받지 말지니라. 세상에 아직 남아 있는 사람이라면 누구에게도 회개가 너무 늦은 법은 없다."[17] 죄인에게 믿음과 회개를 통해 하나님께 돌이키는 일은 하나님께 용서를 받고 새로운 생명을 누리는 데 있어 필수적입니다. 회심이 없다는 것은 중생이 없다는 것이며, 회심의 요소인 믿음과 회개가 죄인에게 나타나지 않는다는 것은 그가 여전히 하나님을 등지고 죄를 향해 살고 있다는 증거입니다. 중생한 사람에게는 의식 속에 믿음과 회개가 분명히 존재해야 합니다. 물론 언약 안에 있는 유아들에게는 중생이 있을지라도 그것을 의식하고 체험하는 일이 불가능하지만, 회심의 나타남은 성인들에게 필수적입니다. 모태 신앙이나 어려서부터 신앙생활한 사람들에게는 회심이 어떤 격렬한 체험으로 경험되지 않는 경우가 많습니다. 이런 신앙 속에 있었던 성도들은 어떤 특정한 형태의 체험을 살피는 것이 아니라 믿음과 회심이 삶 속에 현존하고 있는지를 점검하면 됩니다. 회심을 의식한다는 말을

---

16 Zacharias Ursinus, 743.
17 Zacharias Ursinus, 743-744.

해석하고 적용할 때 조심할 필요가 있습니다. 왜냐하면 많은 사람들이 회심 체험을 회심의 본질적 요소인 믿음과 회개로 인식하지 않고, 특정한 체험으로 인식하려 하는 일이 있기 때문입니다. 믿음과 회개가 지적으로나 정서적으로나 의지적으로 어떤 반응과 체험을 동반할 수 있겠지만, 그것을 특정화할 수 없고, 그것을 규칙화할 때 위험해집니다. 회심의 본질은 믿음과 회개가 분명하며, 한 개인의 삶속에 존재하느냐에 관련된 문제입니다. 안토니 후크마(Anthony Hoekema)는 이렇게 말합니다. "모든 사람에게 일률적인 패턴을 설정하는 것은 매우 위험천만한 일일뿐 아니라 성경과도 상충된다. 돌이킴에 있어서 중요한 것은 그것이 어떻게 일어나는가도 아니고 그것이 언제 일어났는가도 아니라 그 돌이킴의 진정성이다. 만일 사람이 이미 잘못된 방향에 들어서서 가고 있다면 몇 골목을 돌아서 갈 것인가아니면 지금 곧바로 갈 것인가는 별로 중요하지 않다. 진정으로 중요한 문제는 궁극적으로 사람이 올바른 방향으로 가고 있는가이다."[18] 죄인이 회심하여 구원을받을 수 있는 기회는 오로지 육체의 생명이 붙어 있는 순간까지입니다. 아담 안에서 죄인 된 인간에게 길면 120이요 짧으면 70의 인생은 하나님께서 당신께 돌아갈기회를 허락하신 것입니다. 우리는 살아 있는 동안 믿음과 회개로 하나님께 삶을전향해야 합니다. 아니 어쩌면 우리에게 남겨진 삶이 그리 길지 않을지도 모릅니다. 오직 하나님만 아십니다. 회심 없이 죽음을 맞은 자들은 영원한 지옥 형벌 속에서 정죄와 진노를 감당해야 합니다. 결론적으로, 중생, 회심, 성화, 회개에는 언제나 죽임과 살림(mortification & vivification)이 존재합니다. 우리는 죽어야 삽니다. 그리고 우리가 애를 써 죽고 살 수 있는 것이 아니라, 그리스도와 연합하여 그분의죽으심과 부활하심이 나의 것이 됨으로 이 일을 우리 안에 이루는 것입니다. 성도는 믿음으로 회심하고 성화됩니다. 회심은 그런 의미에서 죄의 지배력을 죽여 성

---

18 Hoekema, 『개혁주의 구원론』, 류호준 역 (서울: 기독교문서선교회, 1990), 198-199.

올인원 하이델베르크 요리문답

화를 확보하는 단회적인 사건으로 볼 수 있고, 성화는 확보된 성화가 지속적이고 과정적으로 자라 가는 것이라고 할 수 있습니다.

회심의 원인

삼위일체 하나님, 특별히 성령께서 회심의 동력인(efficent cause)이십니다. 그러므로 죄인은 오로지 하나님의 은혜에 의지해 회심을 구해야 합니다. 믿음과 회개는 하나님의 선물로서 주어지는 은총입니다.[19] "주는 나의 하나님 여호와이시니 나를 이끌어 돌이키소서 그리하시면 내가 돌아오겠나이다"(렘 31:18; 애 5:21; 행 5:31; 11:18; 딤후 2:25). 하나님께서는 한 죄인을 회심시키시기 위해 수단을 사용하십니다. 회심의 도구 혹은 수단적 원인은 율법과 복음입니다. 하나님께서는 당신의 말씀을 사용하십니다. 그런데 이 말씀은 율법과 복음의 두 부분으로 되어 있습니다. 하나님께서는 율법을 통해 우리의 죄를 드러내십니다(롬 3:20). 그리고 복음으로 인도하십니다(롬 1:16). 하나님께서는 율법을 통해 죄에 대한 애통을 주십니다. 이러한 죄에 대한 인식이 있어야만 죄인은 복음을 필요로 하고 목말라하게 됩니다. 율법으로 죄를 인식시키신 하나님께서는 복음의 긍휼로 죄인을 인도하십니다. 율법과 복음의 교리가 진정하게 선포되는 곳에서만 하나님의 사랑이 나타나고, 한 영혼이 회심합니다. 또한 복음이 받아들여지면 하나님께서는 다시 율법을 선포하심으로 율법이 성도의 감사와 삶의 이정표가 되게 하십니다.[20] 율법은 회심에 선행하고, 복음 안에서 회심한 자의 뒤를 따릅니다. 이렇게 되어 한 죄인은 하나님을 믿고 회개하여 하나님께 전향하게 되고, 하나님께 전향한 자는 그리스도의 용서 안에서 불완전하지만 율법의 목표를 향해 한 발 한 발 다가가고 자라 갈 수 있습니

---

19 Zacharias Ursinus, 750.
20 Zacharias Ursinus, 750.

다. 이 모든 은혜가 복음으로부터 흘러나옵니다. 그러므로 교회는 율법으로 죄를 깨닫게 해야 합니다. 그리고 복음을 제시해서 죄로부터 용서받고 새로운 삶을 살 수 있는 힘을 얻게 해야 합니다. 그리고 새로워진 성도들에게 복음의 능력으로 하나님의 뜻을 좇아 살도록 삶의 규범으로서 율법을 선포해야 합니다. 그런데 복음을 인식하고 수용하고 신뢰하게 만드는 유일한 도구가 믿음이기에 믿음이야말로 회심의 중요한 수단입니다. 하나님께서는 이처럼 율법과 복음을 믿는 수단을 통해 한 죄인을 회심시키십니다. 이러한 인식과 확신과 신뢰가 인간의 영혼의 기능이라 할 때, 성령께서 중생을 통해 죄인의 마음에 생명을 심으심으로 인간의 이성과 의지에 생명이 임하여 그 올바름을 회복하게 되고, 하나님의 은총으로 회복된 이성과 의지가 율법과 복음을 깨닫고 믿게 되어 회심에 이르게 되는 것입니다. 따라서 회심은 인간의 이성과 의지로 되는 것이 아닙니다. 오직 은총으로 회복된 이성과 의지가 하나님을 향해 인격적으로 돌이키게 되는 것입니다. 회심의 공로는 예수 그리스도께 있고, 그 효력은 하나님의 은총에 있습니다.

5. 성도의 생활의 이정표, 십계명: 성화를 위한 은혜의 수단(92-113, 115문답)

율법의 정의

율법에는 하나님의 성품이 반영되어 있습니다. 율법은 하나님이 어떠한 분이시고 그분을 인간들이 어떠한 방식으로 대하고 섬겨야 할지를 가르칩니다. 율법을 통해 우리는 하나님께서 어떤 성품을 가지셨으며, 무엇이 그 하나님께 합당한지 그렇지 못한지, 무엇이 하나님께서 기뻐하시는 것인지 그렇지 않은지를 알 수 있게 됩니다. 율법은 하나님의 영광스러운 속성과 거룩하신 성품에 합당한 예배와 삶이 무엇인지를 가리키는 그리스도인의 생활의 이정표입니다. 은혜 언약 안에서 칭의와 성화의 은총을 받은 성도들은 감사로서 선행을 추구하게 되는데, 율법은 성도의 선행이 무엇인지를 가르쳐 주는 이정표가 되는 것입니다. 그러므로 율법은 선행의 규범이 됩니다. 은혜 언약 안에서 성도들이 살아야 할 길을 제시합니다. 은혜 언약 안에서 율법은 예배와 생활의 이정표가 됩니다.

율법은 영어로 law인데, 라틴어 lego라는 용어에서 파생된 lex의 번역입니다.[21] 첫째, lex는 "읽다", "반포하다", "선택하다"라는 의미를 갖고 있습니다. 이는 성경의 히브리어 토라(תּוֹרָה)와 의미가 일치합니다. 토라는 "가르침"이란 의미를 갖습니다. 율법은 모두가 읽고 하나님과 그분의 기뻐하시는 뜻을 배우도록 하기 위해 반포되는 것입니다. 둘째, lego에는 "임명하다", "맡기다"는 의미가 담겨 있습니다. 이는 헬라어 노모스(νόμος)와 의미가 통합니다. 노모스는 "분배하다", "나누다"라는 단어에서 파생되었습니다. 즉, 율법은 구체적인 의무를 각 사람에게 부과합니다.[22]

율법은 일반적으로 정직하고 정의로운 일들을 명령하는 하나의 규범이나 강령이라 볼 수 있습니다.[23] 하나님께서는 인간이 하나님과 그분의 뜻을 알아듣고 순종하며 하나님 안에서 복된 삶을 살도록 지으셨습니다. 그러한 삶을 살도록 하시기 위해 하나님께서는 인간에게 영혼을 주시고 인간을 하나님의 형상을 따라 지으셨습니다. 인간은 이성과 의지를 가진 존재로서 하나님의 뜻을 깨닫고 하나님께 인격적으로 순종하며 살도록 창조된 것입니다. 불순종은 하나님께서 지으신 인간 본연의 본성을 거스르는 것입니다. 율법은 하나님의 완전하심을 따라 인간에게 순종을 요구합니다.[24]

---

21 Zacharias Ursinus, 775.
22 Zacharias Ursinus, 775.
23 Zacharias Ursinus, 775.
24 Zacharias Ursinus, 775.

율법의 구분과 용도(115문답)

성경을 해석하거나 묵상할 때, 그리고 성경을 삶에 적용할 때, 성도들은 율법의 다양한 의미와 구분들을 잘 인식하고 있어야 합니다. 율법은 다양한 의미와 측면들을 담고 있기 때문에, 획일적이고 단편적으로 해석하게 되면 많은 오류를 범하게 됩니다. 율법의 다양한 의미와 구분을 인식하고, 율법과 관련된 내용이 등장하는 성경 본문의 문맥과 신학적 맥락을 살피면서 성경을 해석하고 묵상하고 적용해야 오류에 빠지지 않게 됩니다. 이런 점에서 율법의 구분과 다양한 용도들은 성도들에게 많은 유익을 줍니다.

하나님께서는 인간을 창조하실 때 이 십계명을 인생의 마음에 자연법으로 새겨 주셨지만, 타락으로 말미암아 자연법은 희미해졌습니다. 악인들이 하나님 앞에서 최후의 심판을 받을 때 양심에 새겨진 법으로 말미암아 그들의 불신과 악행에 대해 핑계치 못할 정도만 남겨졌습니다. 그래서 하나님께서는 모세 언약을 통해 이스라엘에게 성문화된 율법을 주셨습니다. 하나님께서 신정 국가를 이루고 가나안 땅에서 하나님의 언약 백성으로 살아갈 이스라엘 백성들에게 율법을 주셨는데, 율법을 주신 가장 본질적인 이유는 그리스도께서 역사 속에 강림하시기 전까지 예표와 초등 교사 역할을 통해 그리스도를 가르치기 위함이었습니다. 이러한 목적으로 주신 율법은 의식법(ceremonial law)과 시민법(civil law, judical law) 그리고 도덕법(moral law)으로 구분할 수 있습니다. 모세에게 주신 율법은 신약과 관련하여 은혜 언약의 본질에서는 연속성을 가지고 동일하게 역할하고 적용되지만, 은혜 언약의 시행적 특징에서는 차이가 있습니다. 그러나 이와 같은 내용을 위에서 어느 정도 다루었으므로, 여기서는 율법의 구분과 용도를 중점적으로 살피겠습니다.

첫째, 의식법입니다. 의식법은 구약 시대에 그리스도와 그분의 나라로 인도하는 초등 교사의 역할을 하였습니다(갈 3:24).[25] 의식법은 장차 오실 예수 그리스도와 그의 은혜를 예표하는 역할을 하였습니다. 의식법은 유대인들을 다른 백성들로부터 거룩하게 구별시키는 역할을 하는 동시에 도덕법에 대한 순종을 선언하는 표로서 사용되었습니다. "내가 할례를 받는 각 사람에게 다시 증언하노니 그는 율법 전체를 행할 의무를 가진 자라"(갈 5:3). 그러나 의식법은 의식법이 예표하던 예수 그리스도께서 오심으로 폐기되었습니다. 둘째, 시민법입니다. 구약 시대 이스라엘은 신정 국가를 이루었습니다. 교회가 곧 국가였습니다. 따라서 사회 질서를 유지하기 위한 시민법 혹은 재판법을 하나님께 받았습니다. 어떤 면에서 시민법은 그리스도의 나라에 속한 교회 정치의 모델 역할을 하였습니다.[26] 유대 민족의 왕들도 제사장이나 선지자와 함께 그리스도의 모형 역할을 했기 때문입니다.[27] 그러나 그리스도의 강림으로 말미암아 모세의 정치 체제는 폐기되었습니다. 셋째, 도덕법입니다. 도덕법은 인간의 4가지 상태에 따라 구분하여 살펴야 합니다.

① 타락 전: 죄를 지을 가능성이 있었지만, 죄를 짓지 않을 수 있는 상태 (*posse non peccare et posse peccare*)

타락 전 인간은 죄가 없었고, 하나님께서 최초의 인간에게 원의(righteousness)를 주셨습니다. 타락 전 인간은 하나님에 대한 지식과 거룩과 의(義)를 지니고 있어, 율법에 대한 참된 지식과 이를 순종할 마음의 선한 성향이 하나님의 뜻에 일치해 있었습니다. 그러므로 타락 전 인간은 하나님께서 요구하시는 의(義)에 부합할 수 있는 능력이 있었습니다. 그러나 죄를 지을 가능성을 갖고 있었습니다.

---

25 Zacharias Ursinus, 952.
26 Zacharias Ursinus, 952.
27 Zacharias Ursinus, 952-953.

② 타락 후 인간: 죄를 짓지 않을 수 없는 상태(*non posse non peccare*)

전적으로 타락한 인간은 선을 행할 수 없고 죄를 짓지 않을 수 없는 비참한 상태가 되었습니다. 성령으로 아직 거듭나지 않은 사람들을 위하여 율법은 다음과 같은 역할을 합니다. 하나님께서는 교회와 세상에서 질서와 외형적인 규모를 보존하시기 위해 율법을 사용하십니다.[28] 즉, 하나님께서는 마음에 새겨진 자연법을 통해 불신자들의 죄성을 억제하십니다. 이것이 도덕법에 있어 시민적 용도입니다. 그러나 여기서 "시민적 용도"(율법의 제2용도, *usus politicus seu civilis legis*)란 이스라엘의 시민법을 의미하는 것이 아니라 하나님께서 죄를 억제하시기 위하여 양심에 주신 도덕법과 이를 시행하는 통치권의 칼의 권세를 의미합니다. 불신자들에게도 도덕성과 양심을 주시고, 천상의 형벌과 세상 통치자들의 칼을 두려워하여 범죄를 억제하도록 하십니다. 거듭나지 않은 지성과 양심으로 이들의 죄는 억제됩니다. 이와 같은 하나님의 조처가 없었다면, 사회는 무너지고 사회에 세워진 교회도 붕괴되었을 것입니다. "율법 없는 이방인이 본성으로 율법의 일을 행할 때에는 이 사람은 율법이 없어도 자기가 자기에게 율법이 되나니 이런 이들은 그 양심이 증거가 되어 그 생각들이 서로 혹은 고발하며 혹은 변명하여 그 마음에 새긴 율법의 행위를 나타내느니라"(롬 2:14-15). 또한 불신자들과 관련하여 죄를 깨닫게 하는 용도도 있습니다. 이것을 "거울의 용도"(율법의 신학적 용도, 율법의 제1용도, *usus theologicus legis*)라고 부릅니다. 이는 불신자들의 죄를 깨닫게 하는 용도이므로, 하나님께서 중생의 영을 주시지 않은 사람은 율법을 통해 하나님에 대한 증오와 더 깊은 죄에 빠지게 됩니다. 즉, 이 용도는 유기자에게 깊은 절망을 가져옵니다. 그러나 택자들의 경우에는 하나님께서 율법을 통해 죄를 깨닫게 하시고 그들을 절망시키셔서 그들로 하여금 예수 그리스도를 의지하게 만드십니다.

---

28 Zacharias Ursinus, 953.

③ 구원으로 회복된 인간: 죄를 짓지 않을 수도 있고, 죄를 지을 수도 있는 상태
(*posse non peccare et posse peccaree*)

중생한 자들은 영혼의 지배적 성향이 바뀐 사람들입니다. 성령께서 그들의 마음에 생명의 원리를 심으셨기 때문입니다. 그들의 이성과 의지는 선하고 올바른 성향을 회복합니다. 그러므로 하나님의 율법을 깨닫고 순종할 수 있는 힘이 있습니다. 중생할 때 죄의 지배력이 죽습니다. 그러나 지배력을 잃은 죄의 잔재가 남아 성도와 싸웁니다. 성령께서 중생하고 회심한 자에게 성화의 은총을 베푸십니다. 따라서 이들은 율법에 순종할 수 있습니다. 그러므로 성도에게 율법은 생활의 이정표가 될 수 있습니다. 이처럼 성도들은 하나님을 경외하고 사랑하므로, 거룩한 율법을 순종하게 됩니다. 이처럼 성령으로 새롭게 된 성도들의 생활의 이정표로 주어진 율법의 용도를 율법의 "규범적 용도"(율법의 제 3용도, *normativus*, *tertius usus legis*)라고 합니다. 창세기 3:15 이후로 이 용도는 은혜 언약 안에서 모든 성도에게 적용되었습니다. 이 점에 있어서는 신구약을 망라하여 본질적으로 동일합니다.

하나님께서 아브라함을 거룩한 삶으로 부르셨습니다(창 17:1). 그런데 그 동력은 은혜였습니다. "나는 전능한 하나님이라 너는 내 앞에서 행하여 완전하라"(창 17:1). 그분은 능력을 주시는 하나님으로서 아브라함에게 은총을 베푸시고, 주신 것으로 거룩하게 살도록 요구하신 것입니다. 이것이 은혜 언약 안에 있는 요구성(conditionality)입니다. 그런데 문제는 성도 안에 죄성이 남아 있다는 사실입니다. 따라서 성도의 순종은 언제나 죄와 함께하고 불완전합니다. 그러므로 율법의 제3용도에 있어 율법의 요구는 은혜 언약 안에서 은총과 함께 주어집니다. 즉, 성도에게 이정표로서의 율법은 율법이 가진 본성대로만 요구되지 않습니다. 율법의 본성은 언제나 완전한 것을 엄중하게 요구합니다. 그러나 성도에게는 율법의 요구와 함께 언제나 그리스도의 용서가 함께합니다. 불완전한 성도의 순종을 그리스도의 피로 씻어 받아 주십니다. 성도는 불완전하지만 그리스도 안에서 용서받으며 율법의 완전한 목표를 향해 다가갈 수 있습니다. 이것이 성도에게 적용되는 율법의 제3용도입니다. 이로 말미암아 성도는 율법에 다가갈 수 있는 것입니다. 율법의 제3용도는 이처럼 은혜 언약 안에서 성도의 삶의 이정표로서 언약의 거룩한 삶을 요구하므로 언약법이라 할 수 있으며, 예배와 성도의 거룩한 삶의 규범으로서 예배법이며 도덕적 생활 규범이 됩니다. 하나님께서는 옛 언약의 이스라엘 백성들과 새 언약의 백성들에게 언약, 예배, 생활의 규범이란 목적 하에 도덕법을 주셨습니다.

④ 영화된 인간: 죄를 지을 수 없는 상태(*non posse peccare*)

종말이 완성되고 성도들이 영화될 때, 율법의 선포나 교회 사역 전체가 종결됩니다.[29] 그러나 영화된 자들에게 율법을 아는 지식이 남아 있을 것이고 율법의 모든 요구에 대해 완전한 순종이 있을 것입니다. 그리고 더 이상 죄를 지을 수 없는 상태가 될 것입니다. 종말의 때 영화된 사람들은 그리스도 안에서 하나님의 형상이 완전히 회복되어 완전에 이를 것입니다.

결론적으로, 율법은 의식법, 시민법, 도덕법으로 구분할 수 있고, 의식법과 시민법은 그리스도의 강림으로 폐기되었습니다. 도덕법과 관련하여 세 가지 용도가 있는데, 첫째, 죄를 깨닫게 하여 그리스도께로 인도하는 제1용도, 둘째, 보편 사회의 질서를 유지하기 위하여 죄인의 죄를 억제하시는 제2용도, 거듭난 성도에게 주어진 삶의 규범, 이정표로서 제3용도가 있습니다.

---

29 Zacharias Ursinus, 956.

1. 성도의 성화의 열매로서 선행의 동기는 무엇이어야 합니까?

2. 성도의 선행은 왜 칭의를 받을 수 있는 의(義)가 전혀 될 수 없습니까?

3. 성도의 선행이 의(義)가 될 수 없음에도 불구하고 하나님 께서 받으시는 이유는 무엇입니까?

4. 율법을 구분하고, 도덕법의 세 가지 용도를 설명해 보십시오.

1. 당신은 선행을 추구할 때 공로 의식을 갖습니까? 오직 감사의 동기로만 행합니까?

2. 당신은 부족한 행위로 하나님을 섬길 때, 당신의 섬김이 하나님께 받아들여지기 위해 용서를 의지합니까?

3. 당신은 율법을 공로를 쌓고 구원을 받기 위한 조건으로 여깁니까? 구원받은 자가 감사로 추구해야 할 생활의 이정표로 여깁니까?

4. 당신은 율법주의와 방종주의로부터 복음을 분별할 수 있습니까?

십계명 해설(1): 십계명 서론과 1계명부터 4계명까지

Knowing! the Decalogue:
from prologue to 4th commandment

92-103문답

올인원 하이델베르크 요리문답

13강: 십계명 해설(1)
– 십계명 서론과 1계명부터 4계명까지

1. 십계명 서론은 성도에게 율법은 구원의 조건이 아니라 이미 구원 받은 자의 생활의 이정표임을 보여 준다.

2. 십계명 해설(1)

· 제1계명은 "예배의 대상"을 규정한다.
· 제2계명은 "예배의 방법"을 규정한다.
· 제3계명은 "예배의 태도"를 규정한다.
· 제4계명은 "예배의 시기"를 규정한다.

1. 십계명 해설 (1) (92-103문답)

십계명 서론(Prologue)

출애굽기 20장은 19장에 기록된 하나님의 시내 산 강림 사건 이후 주어진 십계명과 관련하여 기록하고 있습니다. 특별히 20:1-2은 십계명의 서론 역할을 합니다. 십계명 서론은 십계명 실천의 토대요 전제와 같은 역할을 합니다. 시내 산 언약을 통해 이스라엘 백성에게 주신 십계명을 다룰 때, 항상 염두에 두어야 할 원칙은 신구약의 통일성 혹은 옛 언약과 새 언약의 통일성에 관한 공식입니다. 창세기 3:15 이후로 요한계시록에 이르기까지 행위 언약과 구분되는 "본질에 있어서 오직 하나이며, 부차적인 형식과 시행에 있어 다양성을 가진 하나의 은혜 언약"이 있습니다. 은혜 언약의 본질은 그리스도에 대한 믿음으로 그분과 연합되어 누리는 구속의 은총입니다. 그러므로 하나님께서 이스라엘 백성들을 애굽에서 구속하신 후 시내 산에서 주신 율법은 결코 구원의 조건으로 주신 것이 아니라 그리스도를 전하기 위해 주신 것입니다. 십계명 서론은 이러한 은혜 언약의 본질을 확고히 알려 주고 있습니다. 하나님께서 이스라엘 백성들을 애굽에서 구속하신 것은 그들이 율법을 순종해서가 아니었습니다. 오히려 그들을 먼저 구속하시고, 구속받은 백성들이기에 십계명을 주신 것입니다. 신약의 성도들도 마찬가지입니다. 성도들은 율법을 지켜 구원받은 것이 아니라, 구원받았기에 율법이 가르치는 구원받은 자

의 생활 원리를 따라 은총 속에서 생활하는 것입니다.[1]

반대로 어떤 이들은 율법의 순종이 아니라 복음으로 구원받으니 구원받은 성도는 율법을 지키지 않아도 된다고 생각합니다.[2] 그러나 이는 큰 오류입니다. 율법이 구원의 조건은 아니지만, 구원받은 사람들에게는 구원받은 자의 삶이 존재합니다. 성도는 받은 은혜에 감사하여 순종합니다. 받은 생명으로 요구받고, 받은 생명력으로 순종합니다. 부족함을 늘 그리스도의 피의 공로로 용서받으며, 구원받은 자의 생활 원리로 율법을 바라봅니다. 거듭나고 성화된 마음으로 율법을 순종합니다. 하나님께서 복음으로 우리를 값없이 구원하신 것은 우리가 시궁창 속에서 뒹굴거나 구원받기 전의 어둠으로 돌아가게 하시기 위한 것이 아니라 거룩하게 하시기 위함입니다. 모세를 통해 이스라엘 백성에게 반포(頒布)하신 율법은 구속받은 이스라엘 백성에게 언약을 맺으신 하나님을 알려 주고, 그 하나님의 속성을 따라 어떻게 예배하고 언약의 요구에 응답하면서 살아야 할지를 알려 주는 언약법이며, 예배법이었습니다.

구약에서 은혜 언약의 시행은 신약과 차이가 있습니다. 그런데 이 차이점은 본질이 아니라 외형적, 형식적, 부차적 차이라 그리스도를 믿어 구원받는 은혜 언약의 본질을 훼손하지 않습니다. 모세 시대 은혜 언약의 독특한 시행을 이렇게 정리할 수 있습니다. 하나님께서는 시내 산 언약을 통해 이스라엘에게 율법을 주셨는데, 모세 시대 이후 이스라엘 백성들은 율법에 대한 강력한 순종을 요구받았습니다. 율법에 대한 요구가 마치 행위 언약에서처럼 강력하게 시행되어 순종과 불순종에 따른 상급과 위협이 강력하게 나타났습니다. 그러나 이러한 율법에 대한 강력한 시행은 결코 은혜 언약의 본질을 훼손하는 방식이 아닌 은혜 언약의 본질을

---

1 G. I. Williamson, 『소교리문답강해』, 최덕성 역 (서울: 개혁주의신행협회, 2000), 205.
2 G. I. Williamson, 205-206.

돕는 방식으로 나타났습니다. 곧 모세 시대의 율법의 강력한 시행이 그리스도를 드러내는 방식으로 나타났다는 것입니다. 즉, 강력한 율법의 요구로 불순종에 대하여 큰 위협이 가해졌으나, 불순종으로 말미암은 위협은 영적인 방식이 아니라 지상에서 물질적인 방식으로 주어져 가나안 땅에서의 환난이나 육체적 죽음 혹은 가나안 땅에서의 추방과 같은 방식으로 나타난 것입니다. 이렇게 하신 이유는 지상적 축복을 통해 천상의 축복을 예표하고, 지상적 저주를 통해 천상의 저주를 예표하기 위함입니다. 이러한 지상적 예표들이 그리스도 안에서 주어질 영적 축복과 그리스도를 불신하는 자들에게 임할 궁극적이고 영원한 형벌을 예표합니다. 따라서 모세 시대에 시행된 율법의 강력한 요구는 율법으로 구원을 받도록 하기 위함이 아니라 그리스도와 관련된 영적 축복과 영적 저주를 예표하기 위함이었습니다. 가나안 땅에서의 육체적 번영과 생명 혹은 가나안 땅에서의 지상적 환난과 멸망 그리고 추방은 그리스도 안에서 주어지는 구원과 심판의 예표였던 것입니다.

제1계명: 예배의 유일한 대상을 알려 주는 계명

첫 계명은 참된 예배의 유일한 대상에 관한 것입니다.[3] 첫 계명은 하나님께서 이스라엘 백성과 교회, 더 나아가 모든 인류에게 최고의 지위를 가지진 지존자이심을 가르쳐 줍니다. 오직 하나님만이 교회와 세상에 대해서 절대적이고 완전한 권위를 행사하시는 분입니다. 따라서 모든 인류와 교회에는 하나님을 그러하신 분으로 예배하고 반응해야 할 의무가 주어집니다.[4] 달리 표현하면, 이 계명의 핵심은 하나님께서 유일한 예배의 대상이시라는 것입니다. 교회는 하나님을 유일한 예배의 대상으로 섬겨야 합니다. 이 계명은 하나님에 대한 직접적이고 내적인 예배

---

3 G. I. Williamson, 208.

4 Calvin, Inst., II. 8. 16. "이 계명의 목적은, 주께서는 자기만이 자기 백성 사이에서 최고의 지위를 가지시며, 그들에 대해서 완전한 권위를 행사하고자 하신다는 것이다."

의 본질을 가르쳐 줍니다.[5] 이 계명은 하나님께서 교회에 계시해 주신 대로, 곧 성경의 가르침과 명령대로 하나님을 예배하라는 것입니다. 교회는 계시된 대로 유일하시고 참되신 하나님을 인정하고, 온 마음과 뜻과 힘을 다하여 하나님께 마땅한 존귀를 드려야 합니다.

제2계명: 예배의 방법을 알려 주는 계명(예배의 규정적 원리)

제2계명은 제1계명에서 "오직 하나님만을 예배할 것을 명령하신 그 참되신 하나님"을 어떤 형식으로 올바로 예배할지에 대한 교훈을 담고 있습니다. 제2계명에 대한 답변은 결코 사람들의 상상이나 사람들의 취향이나 선호대로 예배해서는 안 되고 하나님께서 명령하시고 규정하신 대로 예배해야 한다는 것입니다. 즉, 하나님께서 제2계명을 주신 이유는 하나님께서 규정하신 대로 말씀을 따라 순결하게 예배하라는 것입니다. 인간은 마음이 부패하여 인위적인 방식으로 예배하고자 하는 본성이 있습니다. 예배의 부패와 미신이 여기로부터 발생하므로 하나님께서는 이 계명으로 교회를 경계하시는 것입니다. 인간이 창안한 것으로는 하나님을 올바로 예배할 수 없습니다.[6]

그러므로 교회가 예배할 때, 내용과 형식적인 면에서 진정으로 하나님께서 명령하신 것이 무엇인지에 모든 관심을 쏟아야 하고, 최종적으로 하나님께서 말씀하신 경계를 지켜야 합니다. 이 경계를 넘어서까지 인간의 취향과 선호를 좋음으로 인간의 뜻이 예배의 내용과 형식을 주장하게 될 때, 하나님께서는 이를 예배의 부패로 판단하실 것입니다. 우리는 신본주의적인 예배를 드려야 합니다. 이런 예배를 통해서 하나님께서는 은혜를 내려 주실 것입니다. 종교개혁은 온갖 인간의

---

5 Zacharias Ursinus, 800.
6 G. I. Williamson, 220.

유전과 인간의 취향을 따라 시행된 로마 가톨릭의 예배를 개혁하는 일에 전심을 다하였습니다. 특별히 개혁교회는 예배의 "규정적 원리"를 따릅니다. 규정적 원리는 하나님을 예배하고 섬기는 데 필요 충분한 원리들이 성경에 계시되어 있다고 확신합니다.[7] 개혁교회는 십계명의 제2계명에 예배의 규정적 원리의 근거가 제시되었다고 생각합니다. 제2계명에 따르면, 하나님께서 배척하시는 예배는 두 가지입니다. 하나님께서는 자신을 어떤 세상에 속한 형상을 통해 예배하는 일을 금하시며, 말씀을 통해 가르쳐 주신 예배의 내용과 방식을 떠나 인간의 고안물과 취향에 맞추어 드려지는 예배를 배척하십니다.[8] 형상을 만들어 예배하는 것도 인간의 부패한 본성에서 나온 것이요, 말씀을 떠나 인간이 원하는 방식대로 예배하는 것도 부패한 본성에서 나온 것입니다. 이 둘은 근본적으로 우상 숭배입니다. 개혁신학은 예배의 규정적 원리를 따라, 성경의 가르침을 따라 성경 봉독, 성경 말씀의 선포(설교), 시편의 노래, 세례와 성찬의 올바른 집행, 기도 등을 예배의 참된 요소로 여겼습니다. 모두 동일한 순서로 진행되지는 않지만 예배의 순서 안에 사람이 인위적으로 창안한 순서들을 금했습니다.

로마 가톨릭과 루터파는 성경에 금하지 않은 것들은 무엇이든 예배에 사용할 수 있다고 주장했고, 개혁교회 성도들은 이렇게 답했습니다. "아니오, 하나님께서는 예배에 금해야 할 모든 가능한 것의 긴 목록을 우리에게 주시지 않았소. 만약 그렇게 하셨다면 성경이 너무 커서 아무도 전부 읽을 수 없을 거요. 하나님은 간단한 원리를 우리에게 주셨소. 이 원리에 따라 우리는 그가 명령하신 것으로 충분하고, 더구나 명령하지 않은 것은 금지되어 있소."[9] 그러므로 개혁신학을 실천하는

---

7 그러나 로마 가톨릭, 성공회, 루터교, 감리교 등은 성경이 금하지만 않는다면 다 허용하고 관용하는 입장을 취합니다. 이런 정신을 예배의 "규범적 원리"라고 합니다.
8 Zacharias Ursinus, 814–815.
9 G. I. Williamson, 221.

교회는 인간의 고안물과 인위적인 방식으로 감정과 종교심을 자극하려는 시도를 경계합니다. 그렇다면, 왜 개혁교회는 예배의 규정적 원리를 따르려 했을까요? 왜 인위적인 방식으로 예배와 예배의 분위기를 만들려 하지 않았을까요? 개혁주의자들은 인간의 죄성을 알았기 때문입니다.[10] 교회는 말씀에 귀 기울여야 합니다. 성경을 떠나 우리 안에 있는 것으로 무엇을 하려 할 때 부패한 것이 나옵니다. 성경과 교리를 떠나 자기의 사상과 감정과 경험으로 창작한 찬송은 하나님과 성도들의 경건에 도움이 되기보다 해를 끼칩니다. 노아의 방주, 성막과 성전처럼 하나님께서는 당신께서 계시하신 식양대로만 그것을 지었을 때, 하나님께서는 그 가운데 함께하셨습니다. 물론 말씀에 따른 형식은 신실한 신앙과 진정성 있는 회개와 함께 하나님께서 받으시는 예배의 방식을 이룹니다. 예배를 향한 바른 정신이 말씀을 따라 세워진 예배의 순서와 형식과 만나야 합니다. 우리의 마음과 외적 태도와 형식이 하나 되어야 합니다.

제3계명: 예배에 합당한 태도를 가르치는 계명

제3계명은 예배에 합당한 태도를 가르칩니다. 이 계명의 특징은 "여호와의 이름"과 연관된 계명이라는 데 있습니다. 성경은 이 계명에서 여호와의 이름을 망령되이 일컫지 말라고 명합니다. 하나님의 이름은 하나님의 성품과 능력 등 그분의 속성을 나타냅니다. 하나님께서는 당신 자신을 나타내시고 예배를 받으시기 위해 당신의 이름을 주셨습니다. 또한 하나님의 이름에는 '내가 이러한 하나님이니 내가 너희와 그런 하나님으로 관계하리라'는 의미가 함축되어 있습니다. 하나님께서는 당신의 이름을 그 백성들이 알고 신앙하길 원하시며, 하나님께서 이름을 통해 알려 주신 속성으로 우리와 관계를 맺으시길 원하십니다. 창세기 17장에서

---

10 G. I. Williamson, 221.

하나님께서는 자신의 이름을 능력의 하나님, 곧 '엘 샤다이'(אֵל שַׁדַּי)로 선포하셨습니다. 이렇게 하신 이유는 하나님께서 아브라함에게 엘 샤다이 하나님이 되어 주시겠다는 의미를 전달하신 것입니다. 아브라함에게 능력을 주셔서 하나님께서 기뻐하시는 삶을 살도록 인도하시겠다는 의미가 내포된 것입니다(출 3:15). 무엇보다 하나님께서는 당신의 이름으로 당신의 뜻을 명령하시며 성취하십니다. "누구든지 내 이름으로 전하는 내 말을 듣지 아니하는 자는 내게 벌을 받을 것이요"(신 18:19). "바울이 대답하되 여러분이 어찌하여 울어 내 마음을 상하게 하느냐 나는 주 예수의 이름을 위하여 결박당할 뿐 아니라 예루살렘에서 죽을 것도 각오하였노라 하니"(행 21:13). 그러므로 하나님의 이름을 우리가 어떤 마음과 태도로 부르고, 그 이름 앞에서 어떻게 사느냐는 몹시 중요한 문제가 됩니다. 이러한 이유로 제3계명은 여호와의 이름을 망령되이 부르지 말라고 명령하며 경고합니다.

"망령되이 부르지 말라"는 말은 단지 하나님의 이름을 소리 내어 부르는 일에 한정되지 않습니다. "망령"이라는 말은 헛됨, 허무, 공허, 허위라는 의미를 담고 있는 "샤우"(שָׁוְא)라는 히브리어입니다. 이 말은 물질적으로나 도덕적으로 무가치하고 유익이 없다는 의미를 담고 있습니다. 마치 우상이 헛되다 할 때, 그런 의미입니다. 그리고 "부르지 말라" 할 때, 부른다는 의미는 "취한다"는 의미 혹은 "사용한다"는 의미로 번역되는데(take, use), 망령되이 부르지 말라는 말은 그런 의미에서 하나님의 이름을 "헛되이 무가치하게 혹은 허위로 취하여 사용하지 말라"는 의미입니다. 달리 표현하면 하나님의 이름을 오용하지 말라는 것입니다. 이러한 헛되고 기만적인 사용은, 하나님의 이름을 그분의 속성에 합당한 마음과 태도로 부르지 않고, 의지하지 않고, 그 앞에 살지 않는 포괄적인 인간의 반응들을 함축합니다.

계명은 금지 명령으로 주어졌지만, 이 계명은 긍정적인 명령을 함축합니다. 하나님의 이름을 망령되이 불러선 안 된다는 의미는, 한편으로는 우리가 참된 지식 안에서 하나님의 이름을 정당하고 존귀하게 사용해야 한다는 의미이기도 합니다. 하나님의 이름의 의미를 바르게 인식하고, 그 이름이 담고 있는 하나님의 속성을 진정 신뢰하며, 그 이름을 엄숙하고 귀하게 사용해야 합니다. 그 이름은 하나님 자신을 나타내고 있기 때문에, 우리는 그 이름으로 명령을 받고, 그 이름을 통해 하나님과 관계를 맺고, 그 이름으로 도움과 보호를 받으며, 그 이름에 영광을 돌리며 살아갑니다. 우리가 그 이름을 온전히 부르지 않고, 예배하지 않으며, 찬송하지 않고, 그 이름 앞에 경건히 살아가는 생활이 없다면, 그것은 하나님의 이름의 영광을 가리는 것입니다. 하나님께서는 자신의 이름을 신앙 없이, 합당한 경외심 없이 부르거나 그 앞에 살아가는 생활을 불쾌히 여기십니다. "이 백성은 내가 나를 위하여 지었나니 나를 찬송하게 하려 함이니라"(사 43:21). 하나님께서는 그 이름을 통해 찬양과 영광을 받으시기 위해 인간을 창조하시고 부르시고 구원하셨습니다. 하나님의 이름을 받은 사람들이 어떻게 그 이름을 부르고 생활하느냐에 따라 그분의 이름에 먹칠이 되기도 하고, 그분의 이름이 영화롭게 되기도 합니다.

제4계명: 예배의 시기를 규정한 계명(안식일, 주일 성수)

① 주일의 정의와 목적

이 계명은 구약에서 안식일을 위한 계명이었으나, 우리에게는 주일 성수의 원리로 여전히 따라야 할 하나님의 명령입니다. 자카리아스 우르시누스는 구약의 토요일 안식일이 의식적인 측면에서 폐지되었지만, 신약 교회에서는 주일 성수가 도덕적인 의미에서 구약과 동일한 목적을 가지고 준수되어야 한다고 봅니다.[11] 그는

---

11 Zacharias Ursinus, 874-875.

이 계명의 목적을 다음과 같이 가르칩니다. "이 계명의 목적과 의도는 교회에서 하나님을 향한 공적인 예배를 유지하는 데 있다. 하나님께서는 황공하게도 항상 교회에 공적인 사역이 있어야 할 것으로 여기셨고, 그의 도리를 선포할 신실한 자들의 집회가 있어야 할 것으로 여기셨다."[12] 하나님께서는 이 수단을 통해 당신이 정하신 목표들을 이루시길 원하셨습니다. 그 목표는, 첫째, 하나님께서 안식일 계명을 통해 공적으로 찬양과 예배를 받고자 하신 것입니다. 둘째, 택함 받은 성도들이 이런 공적인 집회를 통해서 자극을 받고 확신을 얻도록 하신 것입니다. 셋째, 사람들이 이런 수단을 통해서 믿음 안에서 서로를 강건하게 하며 또한 사랑과 선행을 촉진하도록 하려 함입니다. 넷째, 교회의 가르침과 하나님께 드리는 예배의 일치가 보존되고 영구히 지속되도록 하기 위함입니다. 다섯째, 교회가 세상에서 눈에 보이게 드러나며, 세상 사람들과 거룩하게 구별되게 하시기 위함입니다.[13]

신약의 교회는 설교와 성례 그리고 공적 기도를 중심으로 하나님께 예배하며, 주 안에서 선한 사역을 행함으로 죄성 가운데 있는 연약한 성도들이 믿음 안에서 더욱 강건해질 수 있도록 돕습니다. 칼뱅은 이 날의 목적을 이렇게 가르칩니다. 이 계명의 목적은 우리가 우리 자신의 기호나 일에 대해 죽고 하나님의 나라를 명상하며 하나님께서 정하신 방법으로 그 명상을 실천하는 것입니다.[14] 칼뱅에 따르면, 구약의 제4계명은 이러한 목적으로 준수되었습니다. "첫째로, 제칠일의 안식은 하늘 입법자께서 이스라엘 백성에게 영적 휴식을 알리시는 방법이었습니다. 신자들이 자기의 일을 제쳐놓고 하나님께서 그들 안에서 일하시게 하라는 것이었습니다. 둘째로, 하나님의 의도는 그들이 일정한 날에 서로 모여 율법을 배우고 의식을 행하며 적어도 그날은 특히 하나님의 행적을 명상하는 데 바쳐서, 이렇게 회상

---

12 Zacharias Ursinus, 874.
13 Zacharias Ursinus, 874.
14 Calvin, *Inst.*, I. 8. 28.

함으로써 경건의 훈련을 받으라는 것이었습니다. 셋째로, 그 밖에 하나님께서는 남의 권위 하에 있는 사람들과 종들에게 휴식을 전하는 날을 주셔서, 그들의 노고를 쉬는 때가 있게 하기로 결정하신 것입니다."[15]

② 신약의 주일의 예표와 그림자로서의 구약의 안식일: 안식일과 주일의 연속성과 불연속성

구약의 제칠일 안식일은 예수 그리스도 안에서 성취될 일에 대한 그림자요 예표로서 주어졌습니다. 그러므로 예수님께서 오셨을 때, 의식적인 면과 그 주어진 날의 규례는 폐지되었으나 도덕적인 의미와 목적은 성취된 국면에서도 여전히 영구적으로 준수되어야 합니다. 구약의 제칠일 안식일은 구약의 제도 아래서 오실 메시아를 예표하는 모형으로 제정되었습니다(출 31:13; 겔 20:12).[16] 그러므로 일곱째 날의 규례로 지키던 구약의 제칠일 안식일 규례는 메시아의 도래로 말미암아 다른 많은 의식들과 함께 폐지되었습니다.

원래 안식일의 성경적 기원은 창세기의 창조 기사에 기록되어 있습니다. 하나님께서 6일 동안 창조를 모두 마치신 후에 7일째 되던 날 안식하셨습니다. 창조 기사에서의 안식은 먼저는 창조를 완성하셨다는 의미요, 둘째는 창조하신 세계 안에서 그 지으신 인간과 더불어 교제하시고 그 창조하신 바를 누리셨다는 의미입니다. 하나님께서는 창조의 완성 후에 그 세계를 통해 영광을 받으시고 인격적 피조물을 통해 찬송을 받으셨습니다. 그러나 이 창조의 목적은 사탄의 유혹과 인간의 타락으로 깨지고 말았습니다. 그러므로 구약의 안식일 규례는 이와 관련된 안식년, 희년과 더불어 그리스도의 구속을 통한 창조의 회복을 예표하였습니다. 진정한 안식은 그리스도의 구속의 성취와 성령의 구속 적용 속에서 다시 회복되었

---

15 Calvin, *Inst.*, I. 8. 28.
16 Zacharias Ursinus, 875.

습니다. 이처럼 구약의 안식일 규례는 그리스도의 구속 성취 안에 있는 영적이고 영원한 안식을 예표하기 위해 제정된 것입니다. 칼뱅도 구약의 안식일 규례가 영적 안식의 예시 역할을 한다고 가르칩니다.[17]

그러므로 주일 성수의 본질은 예수 그리스도의 죽음과 부활을 통한 구속을 감사하며 구원을 통해 드러난 하나님의 영광을 높이고 누리는 데 있습니다. 안식일의 최고 목표는 하나님께서 우리 안에서 일하시게 하는 것입니다. 안식은 하나님께서 우리 안에서 일하시게 하기 위해 우리의 일을 쉬는 것입니다. 안식일에 노동을 금한 이유는 노동을 하지 않는 것 자체에 목적이 있는 것이 아니라 노동을 쉼으로 하나님께서 일하시게 하는 데 있습니다. 안식을 통해 우리의 모든 것을 멈추고 하나님께 내어 드릴 때, 하나님께서 우리 안에 진정한 안식을 베푸십니다(히 4:9).[18] 그런데 이 일은 오직 그리스도 안에서만 일어나고 성취됩니다. 우리가 죽고 하나님께서 우리 안에 사시며 일하시게 하는 일의 성취가 그리스도의 십자가 사건을 통해 일어났습니다. 죄책과 오염된 마음으로 쉼 없이 괴로워할 우리의 영혼과 양심이 쉼을 얻었습니다. 왜냐하면 그리스도 안에 우리가 거할 때, 우리는 죄의 지배로부터 벗어나며 용서와 새로운 삶을 누리게 되기 때문입니다. 죄로부터의 고단한 지배로부터 벗어나 영혼이 쉼을 얻는 길은 오직 그리스도 안에서만 가능합니다. 죄인은 오로지 그리스도 안에서 죄에 대하여 죽고, 하나님에 대하여 살게 됩니다. 그러므로 골로새서 2:16-17은 이렇게 선포합니다. "그러므로 먹고 마시는 것과 절기나 초하루나 안식일을 이유로 누구든지 너희를 비판하지 못하게 하라 이것들은 장래 일의 그림자이나 몸은 그리스도의 것이니라"(골 2:16-17).

안식일과 주일에는 폐기된 것과 연속되는 것이 있습니다. 엄밀히 말해 제칠일

---

17 Calvin, *Inst.*, I. 8. 29-31.
18 Calvin, *Inst.*, I. 8. 29.

안식일 규례는 외적 의식에 있어 폐지되었습니다. 그러나 그 도덕법적인 측면으로서 안식일이 목적하던 바와 추구하던 내용은 여전히 남아 있습니다. 구약의 안식일 계명은 의식적 측면이 아니라 도덕법적 측면에 있어 그리고 안식일이 추구하던 목적과 내용에 있어 새 언약의 시대에도 똑같이 적용됩니다.[19] 구약의 안식일이 예표하던 바는 그리스도 안에서의 진정한 영적인 안식입니다. 그러므로 이러한 도덕법적 성격에서 안식일의 영속성으로 말미암아 신약 교회는 주일을 성수합니다. 이제 신약 교회는 주일을 정하여 공적인 예배와 교제를 나누며 영적 안식을 누립니다. 따라서 제칠일을 구약의 방식으로 지키는 데 있어서 그리스도인은 자유를 얻었습니다.

다음으로 우리는 구약의 한 날, 제칠일을 폐하면서도 신약의 교회가 일요일을 주일로 규정한 이유를 살펴야 합니다. 교회가 일요일을 주일로 정하고 공예배를 드리게 된 것은, 보편 교회가 혼란과 무질서 없이 모든 성도들이 모여 예배하고 영적인 사역을 감당하기 위해서였습니다. 만일 보편 교회가 한 날을 정하지 않았다면, 공적 예배와 사역이 붕괴되었을 것이고 하나님께 드리는 예배와 교제의 회합이 무질서하게 되었을 것입니다. 따라서 안식일 계명과 관련하여 구약이나 신약에서 바뀌지 않은 부분은 이런 점들입니다.

첫째, 신약 교회도 모든 성도들이 모여 함께 예배하고 성도들을 위한 사역을 베풀기 위해 일정한 날을 정하여 선포된 말씀을 들으며, 성찬의 떡을 떼고, 공중 기도를 드려야 합니다(행 2:42). 자카리아스 우르시누스도 구약의 의식적 안식일은 폐지되었지만, 신약에서는 어떤 한 요일 자체에 의미를 두는 것이 아니라 하나님의 말씀 선포와 성례의 시행을 위하여 한 날을 정할 필요성이 있었다고 가르칩니다.[20]

---

19 Calvin, *Inst.*, I. 8. 32.
20 Zacharias Ursinus, 883.

"그들이 사도의 가르침을 받아 서로 교제하고 떡을 떼며 오로지 기도하기를 힘쓰니라"(행 2:42). "모이기를 폐하는 어떤 사람들의 습관과 같이 하지 말고 오직 권하여 그 날이 가까움을 볼수록 더욱 그리하자"(히 10:25). 하나님께서 한 날을 정하여 공예배를 드리고 교회의 사역을 통해 영혼들을 돌보도록 섭리하신 것은 교회에게 큰 축복이며 죄성이 있고 연약한 모든 성도들에게 반드시 필요한 일이었습니다. 둘째, 이날을 통해 노동의 노고로부터 사람들이 쉼을 얻게 하는 일도 구약이나 신약에서 중요한 안식의 목적 중 하나입니다.

위와 같은 목적을 위해 하나님의 말씀이 교회 집회를 명령하셨고, 이 집회는 성도들의 신앙의 보존과 성장을 위해 절실히 필요합니다. 만일 집회 제도와 일정한 날을 정하지 않는다면, 전 성도가 함께 지역 교회에 모여 하나님을 예배하고 교제할 수 없는 것입니다.[21] 하나님께서는 이런 집회가 가능하도록 질서를 부여해 주셨습니다(고전 14:40). 규정이 없으면 질서를 유지할 수 없고, 따라서 교회가 즉시 혼란과 파멸의 위험성에 빠지게 되어 성도들이 흩어지게 됩니다. 오늘날 주일 성수가 어겨지고 와해되면 성도들은 흩어지게 되는 것입니다. 그리고 교회는 혼란에 빠지게 됩니다.[22] 이처럼 주일 성수는 성도들의 경건이 소멸하거나 쇠퇴하는 것을 막습니다. 성도는 성회에 부지런히 출석해야 합니다. 성경에 부합하고 어긋나지 않는 외면적 질서와 수단들을 이용해 성도들은 하나님께 진정한 경배를 드려야 합니다.[23] 물론 날을 정하지 않고 매일매일 모여 주일처럼 예배하고 교제할 수 있다면 그것이 가장 이상적입니다. 그러나 칼뱅은 이렇게 말합니다. "혹자가 우리가 날들의 구별을 일체 철폐하고 매일 모이면 되지 않느냐고 물을 것이다. 그렇게 할 수만 있으면 얼마나 좋을까! 영적 지혜를 위해서는 매일 얼마만큼 시간을 배

---

21 Calvin, *Inst.*, I. 8. 32.
22 Calvin, *Inst.*, I. 8. 32.
23 Calvin, *Inst.*, I. 8. 34.

정할 가치가 있다. 그러나 많은 사람들이 연약해서 매일 모일 수 없고, 사랑의 원칙이 그들에게서 그 이상을 요구하는 것을 허락하지 않는다면, 무슨 까닭에 우리는 하나님의 뜻이 정해 주신 질서에 복종하지 않을 것인가?"[24]

또한 주일, 곧 일요일을 공적 모임의 날로 정한 이유는 무엇일까요? 바울은 구약의 안식일을 장차 올 일의 그림자라고 하였습니다. 그러면 그 그림자가 가리키는 실체는 무엇입니까? 그것은 그리스도의 구속 성취 아니겠습니까? 그러므로 어떤 날을 다른 날보다 중히 여기거나 그날에 더욱 신비한 힘을 부여하는 것은 미신입니다(갈 4:10-11).[25] 일요일이 주일이 된 것은 먼저 토요일을 피함으로 율법주의를 차단하기 위한 것이며, 한편으로는 일요일이 주님께서 부활하신 날이니 신약의 교회가 모여 예배하고 교제하는 요일로서 적합하다고 여긴 것입니다. 구약의 안식이 가리키던 바는 주의 부활에서 실현되었습니다. 그러므로 일요일을 공적 집회의 날로 정하는 데 그 의미가 반영된 것입니다.[26]

칼뱅은 성도들이 날을 미신적으로 지키는 것을 철저히 피해야 한다고 권고합니다.[27] 보편 교회가 주일을 공예배와 공적 사역을 위한 날로 정하여 준수하는 것은 성도로서 최대의 의무가 아니라 최소한의 의무를 실행하는 것입니다. 매일매일 모여 하나님께 예배할 수 있다면 그것이 좋은 일이겠지만, 우리의 현실과 연약성 때문에 그것은 불가능합니다.[28] 주일 성수 제도는 하나님의 섭리 가운데 교회의 합의를 통해 이루어졌습니다. 초대 교회 이후로 참된 교회는 일요일이라는 날 자체에 미신적인 의미를 두고 주일을 성수하지 않았습니다. 그렇게 하였다면 바울을 통해 말씀하신 하나님의 뜻을 저버리는 것입니다. "이제는 너희가 하나님을

---

24 Calvin, *Inst.*, I. 8. 32.
25 Calvin, *Inst.*, I. 8. 33.
26 Calvin, *Inst.*, I. 8. 34.
27 Calvin, *Inst.*, I. 8. 34.
28 Calvin, *Inst.*, I. 8. 32.

알 뿐 아니라 더욱이 하나님이 아신 바 되었거늘 어찌하여 다시 약하고 천박한 초등 학문으로 돌아가서 다시 그들에게 종 노릇 하려 하느냐 너희가 날과 달과 절기와 해를 삼가 지키니 내가 너희를 위하여 수고한 것이 헛될까 두려워하노라"(갈 4:9-11). 이와 함께 주일 한 날을 구별하여 하나님께 영광을 돌려야 하는 일을 엄중히 여겨야 하는 마음도 지켜야 합니다. "모이기를 폐하는 어떤 사람들의 습관과 같이 하지 말고 오직 권하여 그 날이 가까움을 볼수록 더욱 그리하자"(히 10:25).

**내용
확인
하기**

1. 십계명 서론을 통해 모세가 전달한 율법이 율법주의적인
   성격이 아닌 이유를 설명해 보십시오.

2. 각 계명이 가르치는 핵심적 의미를 설명해 보십시오.

삶에
적용
하기

1. 십계명 서론과 관련하여 당신은 이미 오직 은혜로 구원받은 근거 위에서 율법을 순종합니까? 구원을 받는 근거로서 율법에 순종합니까?

2. 제1계명과 제2계명과 관련하여 당신은 오직 하나님의 말씀에 규정된 방법으로 예배합니까?

3. 당신은 성경적 의미와 정신을 따라 주일을 성수하고 있습니까?

십계명 해설(2):
5계명부터 10계명까지

Knowing! the Decalogue:
from 5th commandment to 10th commandment

104–115문답

올인원 하이델베르크 요리문답

14강: 십계명 해설(2) – 5계명부터 10계명까지

1. 십계명 해설(2)

- 제5계명은 "권위"에 대한 규율이다.
- 제6계명은 하나님의 형상을 따라 지음 받은 "인간 생명의 존엄"을 규정하는 규율이다.
- 제7계명은 "성"에 대한 규율이다.
- 제8계명은 "경제적 정의"를 규정하는 규율이다.
- 제9계명은 "타인의 명예"를 존중하라는 계명이다.
- 제10계명은 십계명 전체의 요약과 핵심으로 "사랑에 위배되는 욕망"에 대한 규율이다.

2. 아담 안에서 타락한 인간은 결코 율법의 엄중한 요구를 만족시킬 수 없다.

3. 모든 인간이 율법을 엄수할 수 없음에도 불구하고, 하나님께서 율법을 주신 것은 인생들이 죄인임을 깨닫게 하셔서 그들을 그리스도께로 인도하시며(초등 교사), 성도들이 율법을 통해 여죄를 깨달아 성화의 회개에 이르게 하며, 이정표를 제시하여 성도들이 그리스도의 용서 안에서 성화의 삶을 걸어가게 하시기 위함이다.

1. 십계명 해설 (2) (104-113문답)

제5계명: "권위"에 대한 규율

이 계명으로부터 둘째 돌판의 계명이 시작됩니다. 둘째 돌판은 이웃을 향한 하나님의 계명으로 이 계명의 직접적인 대상은 이웃이지만, 궁극적으로 이 계명들은 인간 사랑을 통해 하나님 사랑에 이릅니다. 예수님께서는 둘째 돌판의 핵심을 이렇게 요약해 주셨습니다.[29] "둘째도 그와 같으니 네 이웃을 네 자신 같이 사랑하라 하셨으니"(마 22:39). "그러므로 무엇이든지 남에게 대접을 받고자 하는 대로 너희도 남을 대접하라 이것이 율법이요 선지자니라"(마 7:12). 그러므로 둘째 돌판의 이웃 사랑은 하나님의 사랑을 전제한 것이요, 둘째 돌판의 실천도 궁극적으로 하나님을 향한 사랑의 실현인 것입니다. 그런데 이 계명은 단지 순서적으로 둘째 돌판의 첫 부분에 놓인 것이 아니라 둘째 돌판에 속한 다른 계명들의 기초가 되기 때문에 앞에 놓입니다. 그리고 둘째 돌판의 다른 계명들을 순종하게 만드는 띠가 됩니다.[30] 즉, 부모를 공경하라는 계명의 순종 없이 다른 인간관계에 속한 계명들의 순종이 인정되지 않는다는 것입니다.

이 계명은 상급자들과 하급자들, 곧 공동체에 주신 지위의 질서에 대한 덕성을 부모와 자식 간의 관계의 덕성을 통해 확

---

29 Zacharias Ursinus, 898-899.
30 Zacharias Ursinus, 899.

립하시려는 계명입니다. 그리고 이런 공동체의 질서와 지위에 대한 덕성은 하나님께서 세상을 다스리시고 보살피시는 경륜이 유지되도록 하기 위해 제정하신 것입니다.[31] 그러므로 칼뱅은 이렇게 가르칩니다. "이 계명의 목적은 주 하나님께서 자기의 경륜이 유지되는 것을 기뻐하시므로, 우리는 그가 정하신 상하 등급을 침범하지 말라는 것이다." 그리고 자카리아스 우르시누스는 이러한 질서와 지위가 시민의 질서를 보존하기 위해 하나님으로부터 주어졌다고 가르칩니다.[32] 그렇다면 상급자들과 하급자들이 의미하는 바는 무엇일까요? 상급자들은 보통 한 공동체 내에서 다른 사람들을 다스리고 보호하기 위해 세워진 공적 지위들을 의미합니다.[33] 물론 가장 핵심적인 단위가 부모와 자식의 관계입니다. 그러나 일반적인 의미에서 상하 관계는 공적인 면에서 다루어지지만, 부모와 자녀의 관계는 혈연적인 면에서 다루어집니다.[34] 그렇다면 하급자란 상급자의 상대적 대상으로 공적 통치를 받고 보호를 받는 입장에 있는 사람들인 것입니다.[35]

부모와 상급자들에 대한 공경을 말할 때, 우리는 이 주제에 대하여 균형 잡힌 사고를 해야 합니다. 이 점에서 균형을 잃으면 이 계명을 잘못 적용할 수 있기 때문입니다. 이 계명을 논할 때 칼뱅이나 우르시누스는 다음과 같은 균형을 염두에 두고 있습니다. 칼뱅은 "합법적 복종"이란 말을 사용합니다.[36] 그리고 우르시누스는 "정당한 한계"란 말을 사용합니다. 이 두 교사는 상급자의 통치권을 제한합니다.[37] 그렇다면 이것이 무슨 의미입니까? 칼뱅에 따르면, 상급자로 표현된 다스리고 보호하는 일을 사명으로 받은 사람들은 한 공동체를 유지하고 그들의 복지를

---

31 Calvin, *Inst.*, I. 8. 35.
32 Zacharias Ursinus, 900.
33 Zacharias Ursinus, 900.
34 Zacharias Ursinus, 900.
35 Zacharias Ursinus, 900.
36 Calvin, *Inst.*, I. 8. 35.
37 Zacharias Ursinus, 900.

증진하기 위해 세워졌으므로, 이들이 갖는 권위는 위탁받은 것입니다. 그런 의미에서 권세가 하나님께로부터 온다는 말이 맞습니다. 시민 사회에, 교회에 이런 질서를 세우신 분은 하나님이십니다. 그러므로 보호를 받고 다스림을 받는 사람들은 부모와 상급자들에게 존경심을 가지고 복종해야 합니다. "각 사람은 위에 있는 권세들에게 복종하라 권세는 하나님으로부터 나지 않음이 없나니 모든 권세는 다 하나님께서 정하신 바라"(롬 13:1). "잘 다스리는 장로들은 배나 존경할 자로 알되 말씀과 가르침에 수고하는 이들에게는 더욱 그리할 것이니라"(딤전 5:17).

그런데 앞에서도 언급했듯이, 상급자로 규정된 사람들의 권위는 자신들의 존재 내에 있는 지위나 권위가 아니라 철저히 하나님과 공동체와 타인들을 위한 목적으로 위탁받은 권위요 직위입니다. 그런 의미에서 상급자로 불리는 자들의 권위는 '존재적 권위' 혹은 '내재적 권위'가 아니라 '기능적 권위'라고 볼 수 있습니다. 그러므로 사람에게 주어진 권위는 두 가지 기준에 따라 인정받게 됩니다. 그 두 가지 기준은 다음과 같습니다. 누군가에게 주어진 지위와 권위는 원래 주어진 본연의 목적과 기능이 수행될 때 인정받을 수 있습니다. 그리고 그 지위가 하나님의 율법과 공동체에 주어진 법에 근거해 행사될 때, 인정받고 존경받을 수 있습니다. 즉, 권위와 지위는 하나님께로부터 하나님의 선하신 목적을 위해 위탁된 것이지 사람들 속에 내재된 존재적 권위도 아니며, 개인의 소유물도 아니란 말입니다. 그러므로 '합법적 통치'라는 말과 '정당한 한계'란 말이 중요합니다. 보편 사회의 권위들과 교회 직분들의 권위는 하나님의 법 아래서 하나님께서 규정하신 일을 할 때만 합법적으로 인정받을 수 있습니다. 실제로 종교개혁과 장로교회가 세워지는 과정에서 권위에 대한 불복종 운동이 일어났습니다. 교황이란 교권에 대한 그리고 세속 왕들과 관료들에 대한 저항과 불복종 운동이 교회사에 존재합니다.

그러므로 우리가 부모를 공경하라는 계명에 함축된 하나님의 뜻을 살필 때 위에서 언급한 의미와 균형을 염두에 두고 살펴야 할 것입니다. 즉, 어떤 지위나 권위가 합법적으로 세워지고, 그들이 합법적으로 일을 수행한다면, 그러한 통치와 보호를 받고 있는 사람들은 그들에게 순복하고 그들은 존경의 마음으로 대해야 합니다. 그러나 그 지위와 권위는 그들의 것이 아니며, 지도자들 자신의 권위와 지위가 하나님의 법 아래 존재하며 백성들 혹은 성도들의 질서와 복리를 위해 위탁된 것이기에 그들은 합법적으로 이 권위를 사용해야 합니다. 그러므로 권위자들에게 권력 남용이나 직무 유기는 가장 본질적인 부덕에 속하고 그 지위와 권위가 정상적으로 운용될 수 없는 원인이 됩니다.

그러므로 '합법적 통치'와 '정당한 한계'라는 구절을 해석할 때, 하나님께서 세우신 권위를 존중해야 한다는 당위적 명령이면서도, 그 명령하심에 어떤 제한이 없는 것이 아니라는 점을 염두에 두어야 합니다. 그러므로 칼뱅은 이렇게 말했습니다. "우리에게 대한 명령은 부모에게 순종하되, '주 안에서'만 하라는 것이다(엡 6:1). 이 점은 이미 설정된 원칙을 보아서 명백히 알 수 있다. 부모가 앉아 있는 높은 자리는 주께서 주신 것이며, 그들에게는 주의 영예의 일부를 나눠 주신다. 그러므로 그들에게 복종하는 것은 가장 높으신 아버지를 공경하는 한 걸음이 되어야 한다. 따라서 그들이 우리를 자극하여 율법을 어기게 한다면, 우리에게는 그들을 우리의 부모가 아니고 우리를 참 아버지에게 복종하지 못하게 하는 외인이라고 인정할 충분할 권리가 있다. 군왕들과 귀족들과 그 밖의 각종 장상에 대해서도 우리는 같은 태도를 취해야 한다. 그들이 윗자리에 있다고 해서 그 위세로 하나님의 숭엄성을 끌어내린다는 것은 부끄럽고 어리석은 짓이다. 그들이 장상인 것은 하나님이 높으시기 때문이며, 그들은 마땅히 우리를 높으신 하나님께로 인도해야 한다."[38]

---

38 Calvin, *Inst.*, I. 8. 38.

제6계명: 하나님의 형상을 따라 지음 받은 인간 생명의 존엄을 규정하는 계명

제6계명, 살인 금지 명령의 목적은 소극적으로는 사람의 생명, 육체의 건강을 해치지 않고, 적극적으로는 사람들의 생명, 육체의 건강, 안전을 위해 서로가 최선을 다하게 만드는 데 있습니다.[39] 그러므로 제6계명의 목적을 요약하면, 소극적으로는 생명을 파괴하는 마음, 생각, 말, 태도, 행동 일체를 금하는 것이며, 적극적으로는 생명을 존중하는 마음, 생각, 말, 태도, 행동을 지향하라는 것입니다. 칼뱅도 이런 맥락에서 제6계명의 목적을 정의합니다. "이웃의 신체를 해할 일은 폭행, 상해 기타 어떤 것이든지 일체 금지한다. 따라서 이웃의 생명을 구하는 데 도움이 되는 것은 무엇이든지 충실히 이용하라고 명령하신다. 그들의 평화에 도움이 되는 것이면 무엇이든지 하라, 해로운 것이면 막아 내라, 그들이 위험한 처지에 있으면 도와주라는 것이다. 하나님이 입법자로서 이렇게 말씀하신다는 것을 기억한다면, 우리는 동시에 그분이 원칙으로 우리의 영혼을 지도하려 하신다는 것도 생각해야 한다."[40]

인간의 생명을 존엄히 여겨야 하는 이유는 인간이 하나님의 형상에 따라 지어졌기 때문입니다. 그러므로 인간을 멸시하고 해하는 것은 하나님을 업신여기는 것과 같습니다. 특별히 그리스도인들은 가족이든, 교우이든, 혹은 불신 속에 있는 이웃이든 간에 모든 사람을 하나님의 형상으로 바라볼 수 있는 눈을 가져야 합니다. 내가 죽이고, 혹은 상처를 입히고, 혹은 미움과 분노의 태도와 말로 상처 주는 사람들 속에는 하나님의 형상이 존재합니다. 살인죄가 무서운 죄인 것은 하나님의 형상을 지닌 존재를 파괴시키는 것이기 때문입니다. 어떤 사람이 나보다 가난하고, 덜 배우고, 지위도 낮다고 하여 그 사람을 업신여기는 태도 역시 하나님의

---

39 Zacharias Ursinus, 911.
40 Calvin, *Inst.*, I. 8. 39.

형상을 지닌 존재를 해(害)하는 행위입니다. 그리스도인이 사람의 생명을 존중히 여긴다고 할 때, 단지 육체적 생명을 지닌 사람을 존중하는 것이 아니라 하나님의 형상을 지닌 사람을 존중하는 것입니다. 어떻게 하나님 사랑이 이웃 사랑으로 연결될 수 있습니까? 하나님과 사람은 모두 사랑의 대상과 목적이 됩니다. 우선순위에서 사랑의 샘과 기초는 하나님 사랑에 있지만, 하나님 사랑을 인간 사랑으로 연결시키고 묶으신 분은 하나님 자신이십니다. 그 본질적 이유는 하나님께서 자신의 형상을 인간 안에 두셨기 때문입니다. 왜 마귀가 그처럼 사람을 타락시키려 하고 괴롭힐까요? 마귀가 사람을 타겟으로 삼는 유일한 목적은 마귀가 그처럼 증오하는 하나님의 형상이 인간 속에 있기 때문이며, 그것을 짓밟고 파괴시킴으로 하나님을 모욕하고 대적하기 위함입니다. 그러므로 우리는 살인하지 말라는 계명을 도덕적 차원을 넘어 교리적 차원으로 바라보아야 합니다. 우리는 이웃들이 하나님의 형상을 지닌 존재이기에 존귀하게 여겨야 합니다. 결론적으로 이 계명은 단지 외적 살인 행위에만 국한되지 않고 내면적인 은밀한 마음과 생각까지 규제하고 있습니다.[41] "마음속에서 형제를 미워하는 자마다 살인하는 자라"(요일 3:15).

제7계명: 성(性)에 대한 계명

제7계명은 순결과 결혼을 보존하기 위한 계명입니다. 순결을 지키고 결혼을 보존하시기 위해 하나님께서는 간음을 금하시는데, 간음이란 부부간의 정절을 범하는 것과 미혼자들에게 나타날 수 있는 방종을 모두 포함합니다.[42] 또한 간음은 정욕의 이탈로 일어난 가장 충격적이고 비열한 악으로 여겨지므로, 다른 죄와 악행들을 대표하거나 상징하는 죄로 여겨지기도 합니다. 제7계명과 관련하여 주목해

---

41 Zacharias Ursinus, 912.
42 Zacharias Ursinus, 920-921.

야 할 덕목들이 있습니다.

첫째, 순결(chastity)은 일반적으로 영혼과 육체의 순전함에 기여하는 덕으로서 하나님의 뜻에 일치하며, 또한 하나님께서 금하시는 모든 정욕들을 삼가는 것입니다. 그러므로 순결하다는 것은 거룩한 부부 관계에서나 독신 생활에서나 방탕하거나 무절제한 일들을 삼가는 것을 의미합니다.[43] 그러므로 성경은 순결에 대한 교훈을 많이 주고 있습니다(살전 4:3). 그렇다면 이와 같은 순결에 반대된 삶은 가장된 순결(수도원에서의 금욕의 배후에 존재하던 성적 방종들), 불순한 독신 생활, 매춘, 축첩, 근친상간, 간음 등입니다.[44] 이러한 불결한 간음은 부패한 본성으로부터 나옵니다. 간음은 결혼이나 절제를 벗어나 하나님께서 주신 성을 하나님의 질서 밖에서 추구하는 것을 의미하기도 합니다. 혼돈스러운 성질서로서 동성애나 근친상간, 수간, 소아 성애 같은 행위도 간음에 해당합니다. 또한 결혼한 사람이 미혼자와 부정을 저지를 경우 이를 '단순 간음'이라고 하고, 결혼한 사람이 결혼한 사람과 부정을 저지를 경우 이를 '이중 간음'이라고 부릅니다.[45] 또 결혼하지 않은 사람들끼리 관계를 맺는 것도 간음이라고 부릅니다. 간음이란 성행위는 존재하지만, 성에 부여하신 하나님의 질서가 존재하지 않는 것을 의미합니다. 성은 그 자체로 악한 것이 아닙니다. 인간의 성은 하나님께서 인류를 보존하시고 합법적인 이성 관계 속에서 사랑과 친밀함을 누리는 수단으로 주신 것입니다. 결혼이라는 질서와 사랑과 책임 가운데 성은 부부에게 주신 선물입니다. 그러나 타락 이후 성은 죄와 긴장 관계에 놓이게 되었습니다. 많은 사람이 하나님께서 부여하신 질서를 넘어 성을 추구합니다. 그러나 하나님께서 주신 질서 안에서만 성은 고유한 역할을 하며 유익할 수 있습니다.

---

43 Zacharias Ursinus, 921.
44 Zacharias Ursinus, 921.
45 Zacharias Ursinus, 922.

둘째, 정숙은 부정한 모든 것을 혐오하는 마음입니다. 과거에 부정했던 것에 대해 혹은 미래에 저지를지도 모르는 부정에 대해 부끄러움과 안타까움을 갖는 것입니다.[46] 헬라인들은 이 덕목을 "아이도스"(αἰδώς)라 부르는데, 이는 부끄러움을 뜻합니다.[47] 그러므로 이 덕목에 반대되는 마음은 성적 탈선을 대하며 부끄러움이 없고, 하나님 앞에서 두려움도 없는 마음과 태도입니다. 행동으로 옮기지는 않지만 입으로 음담패설이나 외설을 즐기는 일, 다른 사람을 성적인 말로 희롱하는 일은 다 회개해야 할 죄입니다. 도덕이 상대화된 사회에서는 성적 악행이 미덕으로 둔갑할 수도 있습니다. 물론 교회에서 외형적으로는 이런 일을 체면이나 외식으로 삼가는 듯하지만, 삶의 현장에서는 이런 일에 대해 몹시 무딘 삶을 살아갈 수 있습니다. 사실 TV나 문화 매체들은 비성경적인 성 문화를 일상적인 것으로 여깁니다. 우리의 주변 환경과 문화의 흐름이 이러하기에 그리스도인들도 성경의 성 관념과 도덕을 상실할 수 있습니다. 성경이 죄라고 하는 것이 사회에서는 평범한 일상처럼 여겨지기 때문입니다.

셋째, 절제는 육체와 관련된 일들에서 인간의 자연스런 법도와 규모, 건전한 이성, 장소와 시기, 사람 등의 처지에 어울리는 한계를 지키는 덕입니다.[48] 절제는 금욕이 아닙니다. 금욕은 하나님께서 주신 성 자체를 부정하게 봅니다. 그러나 성은 질서 안에서 은총이 될 수도 있고, 때로는 죄의 도구가 될 수도 있습니다. 사실 하나님께서 원하시는 바는 금욕이 아니라 절제입니다(눅 21:34; 엡 5:18; 롬 13:13-14).

성은 진정한 인격적 사랑과 책임성 안에서 절제된다면 하나님의 선물이 될 수 있습니다. 성은 절제력을 잃어서 죄가 되거나, 반대로 금욕을 통해 부정되어도 안됩니다. 이 모두는 창조 질서를 위배하는 죄입니다. 성은 불과 같습니다. 불나방

---

46 Zacharias Ursinus, 923.
47 Zacharias Ursinus, 923.
48 Zacharias Ursinus, 923.

올인원 하이델베르크 요리문답

이란 곤충이 있습니다. 불나방은 빛이 비추는 곳에 달려듭니다. 촛불을 켜 놓으면 불나방이 불꽃으로 달려듭니다. 그래서 타 죽습니다. 성은 적절한 선을 유지해야 합니다. 불은 너무 가까우면 사람을 상하게 하고, 너무 멀리하면 추위로 고통을 당하게 됩니다. 참된 성생활에는 질서가 있고, 인격적 사랑이 있고, 책임이 있습니다. 성의 결합은 결혼이라는 질서 안에서 허락됩니다. 결혼은 하나님께서 인간에게 베푸신 질서이며 제도입니다. 결혼은 한 남자와 한 여자가 연합을 이루는 방식입니다. 결혼은 남자와 여자가 서로 연합하여 사랑의 유대를 누리도록 하신 복된 제도이며, 한편으로는 인류의 번성과 유지를 위해 세우신 제도이기도 합니다. 그리고 이에 더해 구속받은 부부에게 결혼은 경건과 영적 유익을 위한 연합이기도 합니다. 부부 간의 기도는 그 어떤 다른 관계의 기도보다 간절한 것입니다. 부부는 가장 가까운 유대 안에서 사랑으로 기도해 줄 수 있는 관계입니다. 서로를 영적으로 보살피는 가장 가까운 조력자가 부부인 것입니다. 하나님께서는 이와 같은 친밀하고 신비한 육과 영혼의 일치를 통해 그리스도와 교회의 관계를 비유하도록 만드셨습니다. 물론 하나님께서 독신의 은사를 지닌 사람들에게는 독신을 허락하시기도 합니다.

결론적으로, 성은 정욕의 대표요 표상 같습니다. 어떤 죄보다 이 죄는 더욱 수치스러운 이미지를 가지고 있습니다. 성을 절제하지 못하여 인생 전체가 낭패를 보는 경우가 얼마나 많습니까? 분명 이 계명을 준수하기 위해서는 다른 계명과 동일하게 하나님의 은총이 절대적으로 필요합니다. 성적으로 거룩해지는 일에 죄인이 거듭나는 일이 얼마나 중요합니까? 진정한 성적인 거룩을 추구하려면 거듭나야 하며 성화되어야 합니다. 사람에게 그 어느 부분보다 연약한 것이 성입니다. 매에는 장사가 없다 하지만, 성에도 장사가 없습니다. 그래서 요셉은 겉옷을 버리고 유혹의 자리를 피하였습니다. 모든 사람은 행위로는 드물다 하여도 마음과 말로 이 죄를 자주 짓습니다. 그러므로 우리는 이런 죄에 대하여 회개하고 용서를 받아야 합니다. 성령의 은총을 통해 절제하는 가운데 건전한 성생활을 추구하도록 우리는 기도해야 합니다.

제8계명: 경제 정의를 규정한 계명

제8계명은 하나님께서 분배하신 것들을 각 개인들의 소유로 인정하고 돌려야 한다는 의미를 지니고 있습니다. 개인이 재산을 소유할 수 있는 것은 생존권과 관련되어 있습니다. 우리는 소유하되 소유하기 위해 소유하는 것이 아니라 살기 위해 소유합니다.[49] 각 개인들은 생존을 위해 자신에게 합법적으로 속한 것을 소유하는 일이 필수적입니다. 그러므로 제8계명은 이렇게 각 개인의 생존을 위해 분배하신 하나님의 경륜을 인정하여,[50] 다른 사람들의 재물과 소유를 침해하거나 소유권을 합법적이든 불법적이든 불순한 동기로 빼앗는 행위를 금합니다. 또한 이 계명은 타인의 소유를 강탈하려 동원되는 모든 수단들을 금하고 있습니다.

이 계명은 생존을 위한 개인 소유의 보존과 관련하여 부정적인 금지 명령과 함께 긍정적 의무 명령을 함께 부과합니다. 즉, 사람은 타인의 재산을 탐하거나 빼앗아서는 안 될 뿐만 아니라 소유를 보존하고 생존하기 위해 상호 기여하는 일에 힘써야 합니다. 이웃의 소유를 도둑질하거나 사기 수단으로 갈취하거나 때로는 법을 동원하여 합법적으로 남의 소유를 빼앗아 오거나 자신이 가진 권력으로 압박하여 힘없는 사람들의 소유를 강탈하는 행위들이 이 계명을 범하는 것입니다. 혹시 누군가 이런 강탈을 당할 때, 우리가 태만과 게으름과 무관심으로 방관한다면 그것 역시 이 계명을 소홀히 여기는 것이라고 가르칩니다. 이 계명은 한 그리스도

---

49 Zacharias Ursinus, 928.
50 Calvin, *Inst.*, I. 8. 45.

올인원 하이델베르크 요리문답

인으로서, 또 한 국가의 시민으로서 경제 정의를 허물어서도 안 되며, 경제 정의가 허물어지는 것을 방관해서도 안 된다는 의미를 함축합니다. 경제 정의는 각자의 몫이 정당하게 돌아가고 또 돌아간 몫이 지켜지는 것을 의미합니다. 도둑질이란 타인의 합당한 몫을 갈취하는 것이며, 타인의 몫이 지켜지고 번영하는 데 상호 기여하지 않는 무관심과 방관을 함께 함축합니다. 따라서 이 계명은 단지 소유권에 대한 보존을 넘어서 각자 서로의 유익을 위해 기여하며, 가난한 자들을 위해 맡겨진 임무와 의무를 다할 것을 요구합니다.[51] 이런 의미에서 "정의"라는 말은 각자에게 돌아갈 "몫"을 서로서로에게 돌려주는 것과 깊은 연관이 있습니다. 국가는 시민에게, 시민은 국가에게, 부모는 자녀에게, 자녀는 부모에게, 고용주는 피고용인들에게, 피고용인은 고용주에게 해야 할 의무를 행하고, 그들의 몫을 돌려주는 데 충실한 것이 정의입니다. 심지어 하나님께서는 가난한 자들과 짐승에까지 그들을 위한 최소한의 몫이 남겨져 있음을 성경과 우리의 본성에 남기셨습니다. 동서고금을 넘어 이와 같은 일을 선하게 여기고 의무로 여기는 본성이 인간의 마음에 심겨져 있습니다. 예를 들면, 고용주가 피고용인에게 합당한 품삯을 주는 것이 성경적 정의입니다. "보라 너희 밭에서 추수한 품꾼에게 주지 아니한 삯이 소리 지르며 그 추수한 자의 우는 소리가 만군의 주의 귀에 들렸느니라"(약 5:4). 마땅히 돌려야 할 몫이 정의입니다. 하나님께서는 가난한 자들을 위해 밭의 이삭을 남기라고 말씀하셨으니, 이 이삭은 가난한 자들의 몫인 것입니다. 물론 우리가 합법적으로 성실히 모은 사유 재산을 각 개인의 몫으로 하나님께서 허락하시는 것과 마찬가지입니다.

---

51 Calvin, *Inst.*, I. 8. 46.

제9계명: 타인의 명예를 존중하라는 계명

제9계명은 거짓말과 험담에 관련된 계명입니다. 거짓말과 험담은 타인의 명예와 재산에 손상을 입힙니다.[52] 고대 사회에서 명예는 재산과 소유의 큰 기반이었습니다. 당시에 한 공동체에서 누군가의 명예가 실추되면, 그는 명예와 함께 재산과 생존권 자체에 위협을 받았습니다. 다시 말하면, 누군가의 거짓말이나 험담이나 중상을 통해 한 사람의 명예가 실추되면, 그 공동체는 그를 소외시키거나 그에게 제재를 가했고, 그는 그 공동체 안에서 인간관계에서 그리고 경제적으로 엄청난 손상을 입게 되었습니다. 그러므로 이 계명은 거짓말이나 험담이나 중상모략으로 누군가의 명예와 재산에 손상을 주지 말라는 금지 명령을 담고 있습니다. 또한 이 계명은 언행을 공정하고 신중하게 하며, 타인의 명예와 재산을 존중하는 태도를 가지라는 긍정적 명령을 함께 포함합니다.

이 계명과 관련된 범죄가 사회와 교회에서 자주 일어납니다. 특히 이런 일이 법정에서 자행될 때, 누군가는 치명적인 피해를 입게 됩니다. 이 계명을 누구나 상기하고 자신에게 적용하기를 힘써야 하는 이유가 있습니다. 이 계명으로부터 누구도 자유로울 수 없고, 그 어떤 죄보다 우리는 이 죄에 늘 노출되어 있기 때문입니다. 즉, 우리는 생활 속에서 늘 타인에 대하여 말하거나 말해야 할 상황을 마주하기 때문입니다. 그런데 우리는 타락한 본성을 가지고 있어서 말하고 듣고 전하는 일에 문제가 있다는 사실을 아는 것이 중요합니다. 그러므로 칼뱅은 이렇게 말합니다. "우리는 놀라울 만큼 경솔하고 냉정하게 이 죄를 짓는 때가 많다. 이 병이 현저하지 않은 사람은 드물다. 우리는 남의 죄악을 들추어 폭로할 때에 독성 있는 쾌감을 즐긴다."[53] 우리의 타락한 본성 자체가 언어생활에 있어서도 자기중심적

---

52 Calvin, *Inst.*, I. 8. 47.
53 Calvin, *Inst.*, I. 8. 47.

이고, 타인의 흠과 약점을 험담하거나 정죄하거나 그런 말들을 옮기기를 즐겨합니다. 그러므로 마음으로나 실제 언어생활에서 말을 신중히 해야 할 필요성을 느낍니다. 늘 다짐하거나 조심해도 실수가 많은 것이 우리의 혀, 언어생활입니다. "너희는 각기 이웃을 조심하며 어떤 형제든지 믿지 말라 형제마다 완전히 속이며 이웃마다 다니며 비방함이라"(렘 9:4). "우리가 다 실수가 많으니 만일 말에 실수가 없는 자면 곧 온전한 사람이라 능히 온 몸에 굴레 씌우리라"(약 3:2). 그렇습니다. 누구나 다 말에 실수가 많습니다. 아담이 타락한 이후에, 중생자조차도 다 말에 실수가 많습니다. 왜냐하면 누구에게나 자기중심적으로 말하고자 하는 본성이 있고, 누구에게나 자기중심적으로 듣고자 하는 본성이 있고, 누구에게나 자기중심적으로 들은 말을 전하고자 하는 본성이 있기 때문입니다. 우리의 마음은 완전할 수 없고 자기중심적이고 심지어 타인의 흠과 연약함을 볼 때 정죄하고 그것을 다른 사람들과 함께 험담하거나 비방하는 일을 내심 즐기는 본성이 있기 때문입니다. 말은 커지거나 축소되고, 말은 그렇게 이리저리 퍼져 가며, 끝내는 괴물이 되어 말한 자와 들은 자와 전하는 자를 집어삼킵니다. 그리하여 공동체 전체에 상처를 입힙니다. 모든 사람 속에 있는 죄성 때문에 벌어지는 일이니 이 부분에 있어서야말로 아무도 자신할 수 없고 다 성령의 은혜를 구하며 신중히 말하고 듣고 전해야 합니다.

칼뱅은 이웃의 명예와 유익에 상해가 가는 일이 단지 혀에 관련되는 것만이 아니라 귀에 관련된다고도 말합니다. 하나님께서는 혀의 주관자만이 아니라 귀의 주관자이시기도 합니다. 우리는 말하고 듣는 일에 있어서도 하나님 앞에서 행해야 합니다. 그래서 칼뱅은 이렇게 권고합니다. "우리가 참으로 하나님을 두려워하며 사랑한다면, 할 수 있는 대로 그리고 사랑이 요구하는 대로 혀나 귀가 험담과 신랄한 재담에 끌리지 않으며, 이유 없이 교활한 의혹에 마음이 끌리지 않도록 주의해야 한다. 우리는 모든 사람의 언행을 공정하게 해석하며, 우리의 판단과 귀와 혀로 그들의 명예를 진지하게 보호해야 한다."[54] 그러므로 이 계명을 우리가 기억하고 마음에 간직하고 생활한다면 많은 실수를 줄일 수 있고, 말에 따른 범죄를 예방할 수 있습니다. 말을 할 때도 조심해야 하고, 들을 때도 조심해야 하고, 전할 때도 조심해야 합니다. 말은 불처럼 번지고, 듣고 전하는 사람의 마음과 의도에 따라 사실보다 축소되기도 하고 확대되기도 합니다. 말은 마치 불과 같습니다. "이와 같이 혀도 작은 지체로되 큰 것을 자랑하도다 보라 얼마나 작은 불이 얼마나 많은 나무를 태우는가 혀는 곧 불이요 불의의 세계라 혀는 우리 지체 중에서 온 몸을 더럽히고 삶의 수레바퀴를 불사르나니 그 사르는 것이 지옥 불에서 나느니라"(약 3:5-6). 말을 통해 사실을 말하고 듣고 전하기는 쉬운 일이 아닙니다. 각자가 다 자기 전제와 생각을 가지고 말하고 듣고 전하기 때문입니다. '아' 한 것이 '어'로 들려지고 전해질 수 있습니다. 그러므로 누구나 이 점에 있어 연약하기에, 우리는 이 계명을 마음에 상기하면서 생활해야 합니다. 우리의 마음에 내주하신 성령의 도우심이 절실히 필요한 영역이 이 부분이라 생각합니다. 따라서 이 계명은 말과 판단과 행실에 있어 진실성을 요구합니다. 그리고 우리가 말하고 듣고 전할 때 모두의 명예와 유익을 도모하라는 것입니다. 여기서 진실은 단지 일상 속에서 사람과 관련된 바만이 아니라, 하나님의 말씀과 교리와 관련해서도 바르게 해석하고 깨닫고 고백하는 일을 포함합니다. 이설과 이단과 왜곡된 인간 생각을 전하는 일을 하나님께서 몹시 패역하게 여기십니다.

제10계명: 십계명 전체의 요약과 핵심으로 사랑에 위배되는 욕망에 대한 계명

십계명 전체의 핵심 정신은 사랑입니다. 이제 다룰 제10계명은 이 사랑의 정신

---

54 Calvin, *Inst.*, I. 8. 48.

에 위배되는 부덕을 다룹니다. 그 부덕은 탐심입니다. 사랑의 반대는 미움만이 아니라 탐심으로 표현됩니다. 탐심이 사랑과 반대되는 덕목인 이유는 사랑은 관계와 관련된 덕이기 때문입니다. 사랑이 관계와 관련된 덕목이라면 탐심이 마음으로나 말로나 실제적 행위로 이웃에게 해악을 가져오기 때문입니다. 관계를 파괴하고 상대방을 해롭게 하는 일은 사랑을 무너뜨리는 일입니다. 탐욕이 행동이나 말로 나타나지 않으면 마음에서 이웃과의 관계를 짓밟고, 행동과 말로 나타나면 마음으로만 아니라 실제적으로 타인에게 해악을 가져옵니다. 탐심은 마음 안에서 혹은 현실에서 타인에게 해악을 가져오는 부덕함이기에 사랑과 조화될 수 없습니다. "우리 영혼 전체가 사랑하는 습성을 갖기 [하나님께서] 원하시므로, 우리는 사랑과 반대되는 욕망을 일체 마음에서 배제"[55]시켜야 합니다. 그렇다면 왜 욕망 혹은 탐심은 사랑과 반대될까요? 탐심은 이웃의 손실을 초래하게 만드는, 마음속에서 일어나는 생각이기 때문입니다. 탐심은 이웃에게 속한 것을 갖고 싶은 욕망이요 빼앗고 약탈하고자 하는 마음입니다. 이렇게 말한다면, '간음하지 말라'는 계명과 '도둑질하지 말라'는 계명도 '탐심을 갖지 말라'는 계명과 같은 계명 아니냐는 질문이 제기될 수 있습니다. 물론 간음과 도둑질의 근원과 뿌리는 예수님께서 말씀하신 대로 마음의 정욕과 관련되어 있습니다.

　제10계명은 의지와 행동으로 나타나지 않은 정욕과 탐심까지도 죄라고 규정하고 성도들에게 마음에서 일어나는 정욕과 탐심을 물리치라고 권고합니다. 더 구체적으로 말하자면, 특별히 이 마음의 정욕을 통제하는 일을 통해 하나님과 이웃을 대할 때, 그리고 그들의 재물을 대할 때 우리의 비뚤어진 감정을 규제하라고 하나님께서 명령하신 것입니다. 이 계명은 사실 앞의 9가지 계명과 모두 관련되어 있으나 특별히 이기심과 영적, 물질적 탐욕으로 그 모든 계명들을 어기려는 내적

---

55 Calvin, *Inst.*, I. 8. 49.

인 정욕에 초점이 맞춰졌습니다. 엄밀히 말하면, 정욕은 단지 이웃의 아내와 이웃의 집에 대한 욕심에 한정되지 않고 하나님의 모든 율법을 범하고자 하는 인간 가장 깊은 곳에 자리 잡은 원죄의 산물입니다. 탐심과 정욕은 하나님을 향해서는 그분의 주권과 영광을 향한 도전이며, 우리가 그러한 주권을 얻고 영광의 자리에 앉고자 하는 무서운 욕망입니다. 오만과 교만은 일종의 정욕입니다. 정욕은 이웃을 향해서는 그들의 존재와 소유를 내가 지배하고 빼앗고자 하는 일그러진 욕망으로 나타납니다. 이와 같이 하나님의 계명을 어기고 싶어 하는 욕망, 넘지 말아야 할 하나님과 이웃 사이의 선을 넘고자 하는 욕망이 아담과 하와가 온 인류를 사망과 저주 가운데 몰아넣을 때 가졌던 마음과 말 속에 함축되어 있습니다. "여자가 그 나무를 본즉 먹음직도 하고 보암직도 하고 지혜롭게 할 만큼 탐스럽기도 한 나무인지라 여자가 그 실과를 따먹고 자기와 함께한 남편에게도 주매 그도 먹은지라"(창 3:6). 그리고 이처럼 선악과에 대해 탐욕이 일어난 이유는 사탄이 선악과를 하나님처럼 되게 하는 과일로 속였기 때문입니다. "너희가 그것을 먹는 날에는 너희 눈이 밝아져 하나님과 같이 되어 선악을 알 줄 하나님이 아심이니라"(창 3:5). 탐욕은 하나님을 향한 것이든, 인간을 향한 것이든, 그 본질이 하나님의 율법을 어기는 것이며, 하나님의 율법을 어긴다는 것은 하나님의 주권과 권위를 무시하고 자기가 자신의 주인이 되고픈 욕망을 함축합니다. 모든 죄는 하나님께서 그어 놓으신 데드라인을 넘어 하나님처럼 되고자 하는 행동인 것입니다.

따라서 우리 안의 탐심과 정욕, 삐뚤어진 욕망이 사랑과 반대되는 것이라는 생각을 확고히 해야 합니다. 이웃의 아내를 탐내고 이웃의 집, 곧 소유를 탐내는 것은 이웃에 대해 해로운 욕망이기에 이런 생각이 통제되지 않고 우리의 의지와 마음을 지배할 때, 거기에 사랑은 존재하지 않게 됩니다. 이런 탐심과 욕망이 우리 안에 얼마나 깊이 뿌리 박혀 있는지 생각한다면, 우리는 지금도 회개할 수밖에 없고 또 그러한 정욕을 경계할 수밖에 없습니다. 인간은 누구나 타인과 자신을 비교하기를 좋아합니다. 비교한 후 언제나 내게 없는 것이 타인에게 있을 때, 그것을 시기하고 싶어집니다. 그리고 시기와 질투는 질투를 유발한 것들을 강탈하고 싶은 욕망을 갖게 합니다. 욕망하는 것을 갖지 못할 때, 그는 타인의 소유가 파괴되기를 원합니다. 욕망과 탐심은 타인과 타인의 소유를 강탈하고자 하는 마음인 동시에 그것을 파괴하고자 하는 마음이라 할 수 있습니다. 그러므로 탐심과 정욕이 가득할 때, 사랑 안에서 가능한 관계의 안정감을 잃게 됩니다. 탐심은 사랑을 몰아내고, 마음을 혼란하게 만들고, 안정감을 잃게 만듭니다. 탐심에 사로잡힌 자는 관계와 마음에 있어 평정심을 잃고 안정을 잃고 이는 파도처럼 출렁이는 마음을 갖게 됩니다. 즉, 탐심은 내적으로 외적으로 많은 것을 파괴합니다. 탐심은 죽이는 마음입니다.

그렇다면 우리는 어떻게 해야 합니까? 복음 안에서 이 계명을 준수하는 거룩한 생활을 추구해야 합니다. 이 정욕과 탐심에서 우리는 벗어날 수 없습니다. 이 정욕과 탐심은 우리의 숨이 끊어지는 그 순간에야 우리에게서 영원히 떠날 것입니다. 그러나 이 탐심과 정욕이 성도 안에서 지배력을 잃었다는 사실도 우리는 잊지 말아야 합니다. 탐심과 정욕을 벗어날 수는 없지만, 이미 우리는 예수님 밖에서 허물과 죄로 죽었던 우리가 아닙니다. 우리는 그리스도 안에서 거듭난 존재입니다. 이미 새로운 피조물이 되었습니다. 그리고 우리의 과거와 현재와 미래의 모든 죄를 용서하신 그 사랑 안에서 우리는 모든 죄의 정죄로부터 벗어났습니다. 따라서 우리는 비록 정욕의 공격을 받고 살지만, 때때로 넘어지지만, 언제나 예수님의 자녀로 남아 있습니다. 정욕이란 죄가 우리를 지배할 수 없다는 말입니다. 성령께서 그리스도 안에 있는 하나님의 자녀들에게 성화의 은총을 마음에 부어 주십니다. 그러므로 성도들은 정욕을 향해 전쟁을 벌일 수 있습니다. 정욕은 남겨져 있으나 매일매일 죽여 갈 수 있습니다. 그리스도 안에서 정욕은 이미 지배력을 잃었고, 우리는 성령의 도우심으로 그 세력을 날마다 죽여 갈 수 있는 것입니다. 그리고 때때로 넘어져도 우리는 회개할 수 있습니다. 그러므로 정욕은 우리를 영원히 소유하지 못하고 지배하지 못합니다. 정욕이 다가올 때, 우리는 우리의 정체성을 기억해야 합니다. '나는 그리스도와 함께 죽고 함께 산 새로운 피조물이다. 난 거듭났고, 성령이 함께하셔서 정욕과 싸울 힘을 지녔다. 그리고 설사 넘어지더라도 성령의 은혜로 회개함으로 죄의 공격을 벗어나 다시 일어설 수 있다. 그리고 영원하고 완전한 용서를 주신 그 사랑 위에서 우리는 다시 일어나 정욕을 대적할 수 있는 존재가 되었다.' 이것이 예수님을 믿고 성도에게 일어난 일입니다. 우리는 정욕이 완전히 소멸되는 그날까지 날마다 정욕을 죽여 가야 합니다.

1. 각 계명의 핵심적 의미를 설명해 보십시오.

2. 신자나 불신자나 결코 율법의 요구에 이를 수 없음에도 불구하고 율법을 명령하신 이유를 설명해 보십시오.

1. 당신은 권위주의를 추종한 적이 있습니까? 아니면 정당한
   권위를 부정하거나 멸시한 적은 없습니까?

2. 당신은 교우나 이웃들을 하나님의 형상을 지닌 존재로 바
   라보며 존중합니까?

3. 당신의 성윤리는 성경에 비추어 볼 때 어떠하다고 느낍니
   까?

4. 당신의 경제 윤리는 성경에 비추어 볼 때 어떠하다고 생각
   합니까?

5. 당신은 타인의 명예를 존중합니까? 혹여 타인의 명예를
   훼손하는 마음이나 태도를 취한 적은 없습니까?

6. 당신은 구원받고 성화의 과정 속에 있는 성도로서 불완전
   할지라도 어떤 근거와 태도로 하나님의 율법에 대한 순종
   을 추구해야 한다고 생각합니까?

믿음의 최상의 실천, 기도

Knowing! the highest practice of faith, prayer

올인원 하이델베르크 요리문답

15강: 믿음의 최상의 실천, 기도

1. 믿음의 최상의 실천이 기도이다.

· 기도는 인간의 결핍과 죄의 비참과 은혜에 대한 인식으로부터 시작된다.
· 기도의 대상은 하나님이고, 하나님께서 주신 약속에 근거하여 기도해야
  한다.
· 기도는 하나님께서 주신 약속을 이루시는 하나님께서 정하신 수단이다.

2. 주께서 가르쳐 주신 기도는 기도의 내용과 방식과 원리를 가르치
   는 기도의 표준이다.

· 주께서 가르쳐 주신 기도는 기도의 원리이므로 주문처럼 외워서는 안 되
  고 그 의미를 이해하고 기억하며 기도해야 한다.

1. 믿음의 최상의 실천, 기도(116-129문답)

기도의 의미와 필요성 그리고 그 대상(116-118문답)

기도는 두 가지 전제에서 출발합니다. 기도는 인간의 결핍과 하나님의 은혜로부터 시작됩니다. 달리 표현하면 기도는 우리의 빈곤과 하나님의 부요하심으로부터 시작되는 것입니다. 칼뱅이 가르쳤듯이, 하나님에 대한 인식과 인간에 대한 인식으로서 하나님을 아는 지식 없이 기도는 불가능합니다. 기도는 하나님 앞에서 자신의 죄와 무능을 인식함으로 시작될 수 있습니다. 인생은 구원을 받는 일에나 구원받은 삶을 사는 일에 철저히 하나님께 구해야 합니다. 칼뱅에 따르면, 우리는 스스로 구원할 힘이 전혀 없습니다. 우리는 우리 밖에서만 구원을 구할 수 있습니다.[1] 하나님과 구원이 오직 예수 그리스도 안에서 계시됩니다. 우리는 오직 그리스도를 의지하고 신뢰하며 살아야 합니다. 믿음은 언제나 그리스도를 향합니다. 성도는 구원과 구원받은 자의 삶이 오직 그리스도 안에 있는 줄 알고 그것을 찾으며 주님께 구해야 합니다.[2] 하나님께서는 모든 좋은 것의 주인이시며, 하나님께서는 모든 것을 베푸시는 능력의 하나님이십니다. 그리고 무엇보다 그분은 거룩하시고 선하십니다. 기도는 하나님의 속성을 알고 믿는 자만이 할 수 있습니다. 하나님의 능력과 거룩하시고 선하신 성품의 아름

---

1   Calvin, *Inst.*, III. 20. 1.
2   Calvin, *Inst.*, III. 20. 1.

다움을 알고 믿는 자만이 하나님께 기도할 수 있습니다. 하나님의 섭리를 믿는 자만이 기도할 수 있는데, 선하시고 거룩하신 하나님께서 능력으로 섭리하시기에 성도들은 그분을 의지할 수 있습니다.

이런 이유로 칼뱅은 기도가 믿음의 최상의 실천이라고 이야기하였습니다. 믿음은 신앙하는 대상을 위해 존재합니다. 믿음은 지, 정, 의, 곧 전인격으로 믿음의 대상을 지향하는 것입니다. 우리의 믿음은 성 삼위일체 하나님의 인격과 사역을 지향합니다. 구원받는 믿음이 붙드는 것은 예수 그리스도 안에 있는 하나님의 약속입니다. 그런데 기도는 이 믿음의 연장일 뿐입니다. 왜냐하면 기도는 하나님께서 작정하시고 약속하신 바를 이루시는 하나님께서 정하신 약속의 성취 수단이기 때문입니다. 하나님께서는 성도들의 기도를 통해 약속을 성취해 가십니다. 그러므로 기도는 약속을 바라보는 믿음의 최상의 실천입니다. 믿음이 지향하는 것을 기도도 바라봅니다. 믿음이 붙드는 것을 기도도 붙듭니다. 기도는 우연히 나오는 것이 아니라 믿음의 인도를 따릅니다.[3] 그러므로 기도는 땅속에 감추인 보화를 캐내는 행위로 비유할 수 있습니다. 왜냐하면 기도는 하나님의 약속을 성취하는 수단이기 때문입니다. "주의 복음이 우리에게 가리켜 주었고 우리가 믿음의 눈으로 본 보화를 기도로 파낸다고 하는 것은 틀림없는 사실이다."[4]

따라서 기도는 하나님의 말씀에 근거해 드릴 수 있습니다. 믿음이 붙드는 예수 그리스도 안에 있는 약속이 성경에만 기록되어 있기 때문입니다. 성도들은 복음의 약속을 성경을 통해 깨닫고 성경의 약속을 구해야 합니다(요 15:7). 물론 우리의 필요를 위하여 구하기도 하지만, 분명 우리의 필요를 구하는 기도는 하나님의 나라와 의(義)를 구하는 기도 아래 있습니다. 우리의 현실적 필요의 간구도 궁극적으

---

3 Calvin, *Inst.*, III. 20. 11.
4 Calvin, *Inst.*, III. 20. 2.

로는 하나님의 나라와 의(義)에 기여하는 것이어야 하기 때문입니다(마 6:33). 하나님 나라와 의를 위하여 구하는 것은 목적에 속한 기도이지만, 우리의 필요를 위하여 구하는 것은 그 목적을 위한 수단으로서의 기도입니다. 그러므로 기도하기 위하여 우리는 성경을 알아야 하고, 교리를 알아야 합니다. 복음과 복음의 약속을 알지 못한다면, 그는 중언부언 허공을 치는 기도를 드릴 수밖에 없습니다(마 6:7; 6:31-32).

그러므로 기도의 대상은 하나님이시며, 그리스도 안에서 주어진 하나님의 약속입니다. 약속을 성취하시는 분이 하나님이시니, 기도는 하나님의 이름을 부르는 훈련입니다. 하나님의 이름을 부른다는 것은 하나님의 속성을 알고 의지하고 신뢰한다는 의미입니다. 하나님의 이름은 하나님의 속성을 계시합니다. 기도는 무한한 능력과 거룩하고 선하신 성품을 가지신 하나님께 약속을 이루어 주시길 간구하는 것입니다. 그런 의미에서 기도는 하나님의 완전한 속성과 거룩하신 성품을 신뢰하는 데 기초하고, 그분의 약속을 바라보는 데 기초합니다. 그러므로 기도는 믿음의 최상의 실천입니다. 기도는 이런 의미에서 참되신 하나님을 불러 아뢰는 것입니다.[5] 그분의 속성과 거룩하신 성품을 의지하고 그런 하나님의 약속을 바라보기 위해 그의 이름을 부르는 사람들에게 복이 있습니다(행 2:21; 요 15:16; 16:23-24).

하나님께서는 기도하지 않은 것들까지도 공급하실 때가 있습니다. 그러나 우리는 할 수 있는 한 모든 일을 간구함으로 행해야 합니다. 왜냐하면 기도를 통해 무엇을 받을 때 우리는 하나님의 섭리와 주권과 은총을 더욱 확신하기 때문입니다. 그리고 무엇을 받든지 주의 이름으로 기도하고 받아 누림으로 우리는 하나님께 대한 참된 경외와 앙모를 표현할 수 있습니다. 기도야말로 모든 것이 하나님으로부

---

5 Zacharias Ursinus, 963.

터 온다는 사실을 고백하고 감사하는 진정한 표이기 때문입니다. 어린 자녀가 부모에게 용돈을 받아 사용하지만, 매일 받아 사용하는 돈을 허락 없이 부모님 지갑에서 빼 쓴다면, 그것은 절도가 됩니다. 그리고 부모님에 대한 예의도 아닙니다.

마지막으로 우리가 그리스도 안에 있는 은총의 모든 것들을 받아 누리는 것을 마치 당연하듯이 여겨서는 안 됩니다. 그리스도 안에 있는 그 모든 것들을 받아 누릴 수 있게 된 것은 하나님께서 우리를 그리스도의 공로로 말미암아 용서하셨기 때문입니다. 언제나 우리는 하나님 앞에서 부정합니다. 성도들도 그리스도 안에 거하지 않았다면 그들의 기도도 모두 거절당했을 것입니다. 하나님의 진노 아래 있는 존재가 어떻게 하나님 앞에 나가 은총을 구할 수 있겠습니까? 우리는 언제나 우리를 용서하시는 그리스도의 공로를 의지해 하나님을 아버지라고 부르짖습니다. 우리는 부족하지만 그리스도의 보혈을 의지해 하나님 보좌 앞에 담대히 나갈 수 있고, 하나님께서는 그리스도의 이름으로 우리를 언제나 받아 주십니다(히 4:16). 그러므로 우리는 감사함으로 하나님께 기도해야 합니다. 우리가 심히 연약하여 무엇을 구하지 못할 때, 성령께서 말씀을 통해 우리의 기도 교사가 되어 주실 것입니다.

결론적으로, 성도들은 하나님의 섭리와 은총으로 삽니다. 우리의 구원과 완성이 하나님의 인격과 거룩하시고 선하신 성품에 달렸습니다. 그리고 그분께서 이루신 구속 사역에 달려 있습니다. 하나님께서 그리스도 안에서 십자가를 통해 이 모든 일을 이루셨고, 우리에게 약속으로 그 은총이 주어졌습니다. 우리는 기도로 하나님의 약속이 완성될 수 있도록 기도해야 합니다. 험한 구원의 여정을 기도하면서 걸어야 합니다. 믿음이 기도로 실천될 때, 하나님께서 우리에게 약속하신 신령한 복들을 내려 주실 것입니다. 우리 육신의 팔은 짧아 하늘에 닿을 수 없으나, 기도의 손은 하늘 보화, 복음의 신령한 복들에 닿을 수 있습니다. 그러므로 감사함으로 기도합시다. "아무것도 염려하지 말고 다만 모든 일에 기도와 간구로 너희 구할 것을 감사함으로 하나님께 아뢰라"(빌 4:6).

주님께서 가르쳐 주신 기도의 목적(119문답)

예수님께서는 기도에 대한 우리의 무지와 연약함 때문에 주기도문을 가르쳐 주셨습니다. 예수님께서는 주기도문을 통해 참된 기도의 방법과 양식 그리고 내용을 가르쳐 주셨습니다. 우리가 무지하여 무엇을 어떻게 기도하는 것이 하나님 앞에 합당한지 잘 모르기 때문에, 예수님께서는 주기도문을 통해 하나님께 기도하여 유익한 것, 우리에게 유익한 것, 구할 필요가 있는 것을 하나의 도식처럼 우리에게 가르쳐 주신 것입니다.[6] 그러므로 이 기도야말로 기도 가운데 최고의 기도요 가장 완전한 형태의 기도로 우리가 모범을 삼아야 할 기도입니다.[7] 이 기도 속에는 우리가 하나님께 간구해야 할 내용과 하나님의 약속이 압축된 형태로 제시되고 있습니다. 이 기도의 구조는 서론과 본론 그리고 결론으로 되어 있습니다. 간구의 내용은 6가지로 처음 세 가지는 하나님의 영광을 위한 것이요, 다음 세 가지는 하나님의 영광 안에서 우리의 필요를 위한 것입니다.

그렇다면 우리는 이 기도문을 그 표현과 형식을 암송하듯이 그대로 따라해야 할까요? 그렇지 않습니다. 주님께서 가르쳐 주신 기도는 암송하거나 그 표현과 형식을 그대로 따라하라고 주신 것이 아닙니다. 주님께서 가르쳐 주신 기도는 하나님께 구해야 할 내용과 원리를 제시해 주기 위해 주신 것입니다. 주님께서 가르쳐 주신 기도의 원리와 내용을 구체적인 기도의 토대로 삼으라고 주신 것입니다. 원리적으로 우리의 모든 기도 제목들이 주님께서 가르쳐 주신 기도에 함축되어 있

---

6 Calvin, *Inst.*, III. 20. 34.
7 Zacharias Ursinus, 971.

습니다. 그러므로 주님께서 가르쳐 주신 기도에 함축되어 있는 의미를 잘 이해하고 깨달아 이 원리를 적용해 구체적인 우리의 표현으로 나타내야 합니다. 물론 우리의 구체적인 기도는 다양한 표현과 내용들로 확장될 수 있으나 그 함축된 내용이 주님께서 가르쳐 주신 기도를 벗어날 수는 없습니다. 이런 의미에서 주님께서는 "그러므로 너희는 이렇게 기도하라"(마 6:9)고 명하신 것입니다.

주님께서 가르쳐 주신 기도 해설(120-129문답)

① "우리 아버지여"

"아버지"라는 단어는 하나님과 우리의 관계, 그리고 예수 그리스도와 우리의 관계의 본질을 함축하고 있기 때문에 중요합니다. 어찌 보면, 하나님을 아버지로 확신하고 부르는 것이야말로 기도의 시작이고 토대라 할 수 있습니다. 진정 예수 그리스도께서 우리의 구주가 되실 때, 하나님께서 우리의 아버지가 되어 주십니다. "영접하는 자 곧 그 이름을 믿는 자들에게는 하나님의 자녀가 되는 권세를 주셨으니"(요 1:12). 따라서 예수님께서 우리의 구주시며, 하나님께서 우리의 아버지 되신다는 확신 없이는 기도 자체가 불가능하고 무의미합니다. 하나님께서 아버지가 아니라면, 그리고 우리가 그리스도 안에 있지 않다면, 기도의 응답은 기대할 수 없습니다. 하나님께서 그리스도 안에서 우리의 아버지가 되실 때, 우리는 그의 자녀가 되고 우리의 기도는 응답됩니다. 그리스도 밖에 있는 사람들은 하나님을 심판자로 직면합니다. 그러나 그리스도의 대속을 통해 우리는 그리스도 안에서 하나님을 아버지로 관계합니다. 하나님께서 성도의 기도를 들으시는 이유는 여기에 있습니다.

② "우리 아버지여"

예수님께서는 "아버지"란 말 앞에 "우리"라는 수식어를 사용하셨습니다. 우리는 "내 아버지여"를 넘어 "우리 아버지여"라고 하나님을 불러야 합니다. 그 이유는 나의 아버지이신 하나님께서는 모든 믿는 교회의 아버지이시기 때문입니다. 예수님께서는 우리의 기도가 형제애를 품고 있어야 함을 가르쳐 주신 것입니다. 우리 각 사람은 몸 전체와 분리될 수 없습니다. 그러므로 몸은 서로서로 나눔을 갖습니다. 영적인 것을 나누고 육적인 것을 나누고, 그 모든 것을 넘어 하나님께 기도로써 몸의 필요를 위해 간구하는 것이 성도의 의무입니다. 우리가 가진 것을 나누는 것도 유익하나 가장 유익한 것은 모든 것의 근원이 되시는 하나님께 우리 지체들의 필요를 채워 달라고 구하는 것입니다.

③ "하늘에 계신"

기도의 근거가 하나님께서 우리의 아버지 되심에 있는 것처럼, 기도의 근거는 "하나님의 능력"에 있기도 합니다. 성도는 하나님께서 우리의 아버지이심과 그분께서 전능하신 능력의 아버지이심을 확신해야 합니다. 하나님께서 우리를 선하게 대해 주시고 선한 것을 내려 주시는 아버지가 된다는 의식만으로 충분하지 않습니다. 하나님께서 아무리 선한 아버지가 되어 주신다 하여도, 선하심만으로 기도가 응답될 수는 없습니다. 왜냐하면 아무리 선하신 아버지라고 하여도, 그 아버지에게 능력이 없다면 약속은 성취될 수 없기 때문입니다. 그러므로 예수님께서는 하나님의 위엄과 능력과 완전하심을 기도자로 하여금 깨닫게 하시기 위하여 "우리 아버지" 앞에 "하늘에 계신"이란 말을 덧붙이셨습니다. "하늘에 계신"은 하나님께서 선한 아버지이시되, 무한한 능력, 초월적 능력을 지니신 아버지란 사실을 상기시켜 주는 수식어입니다.

하늘에 계신다는 말은 하나님께서 온 우주와 만물을 지으시고 섭리하시며 다스리시는 초월자란 의미입니다. 여기서 하늘은 물리적인 하늘이 아닙니다. 하늘에 계신 아버지란 말의 의미는 땅을 넘어 계시며, 물리적 하늘을 넘어선 하늘에 계시고, 천사와 죽은 자들의 영이 있는 그 하늘까지도 다스리시는 분이라는 뜻입니다. 그분보다 더 높은 것은 없습니다. 만물을 창조하시고 섭리하시는 능력은 만물에 속한 것일 수 없습니다. 만물을 무에서 창조하시고 지으신 모든 것을 섭리하시는 하나님의 능력은 땅에 속하지 않은 초월적인 능력입니다. 하나님께서는 가장 높은 곳에 계시는 분이십니다. 그러므로 하나님께서는 천상의 하늘과 물리적 하늘을 다 다스리실 수 있는 분이십니다. 이런 분만이 기도를 통해 작정하신 뜻을 이루시며, 만물 안에 존재하는 자신의 자녀들을 돌보실 수 있습니다.

④ 하나님의 영광을 위한 첫 번째 간구

첫 간구는 하나님의 영광을 가르칩니다. "이름이 거룩히 여김을 받으시오며." 첫 간구는 인생이 최고로 간구해야 할 것이 하나님의 영광임을 보여 줍니다. 하나님의 영광은 인생이 추구하는 모든 것들을 선행합니다. 하나님의 영광은 하나님께 속한 모든 작정의 목적입니다. 하나님께서는 영광을 받으시기 위해 모든 만물을 지으시고, 특별히 하나님의 형상을 따라 인간을 창조하셨습니다. 창조에 나타난 영광을 통해 인간이 하나님의 경이로운 능력과 성품을 찬양토록 하셨습니다. 하나님께서 인간을 죄악 가운데서 구원하신 목적도 자신의 영광을 드러내고자 하신 것입니다. 하나님께서는 구원의 사건과 성취를 통해 당신의 능력과 당신에게 속한 성품의 탁월하심과 완전하심을 인간에게 드러내시기를 기뻐하셨습니다. 창조에도 하나님의 선하신 성품과 능력이 계시되고 있지만, 구원은 그보다 크게 하나님의 능력과 성품을 계시합니다. 하나님께서는 창조와 구속을 통해 하나님께 속한 선한 성품과 능력을 계시하셔서 인간으로 하여금 그 영광의 광채를 찬양토록 하셨습니다. 그러므로 하나님의 창조, 구원 사역의 궁극적 목적은 하나님의 영광의 계시와 영광 받으심에 있습니다. "이 백성은 내가 나를 위하여 지었나니 나를 찬송하게 하려 함이니라"(사 43:21). 그러므로 인간 제일의 존재 목적과 본분은 하나님의 영광을 예배하고 경배하는 일입니다. 웨스트민스터 소요리문답 1문답은 이렇게 고백합니다. "사람의 제일 되는 목적은 무엇입니까? 사람의 제일 되는 목적은 하나님을 영화롭게 하는 것과 영원토록 즐거워하는 것입니다." 그러므로 우리의 기도에서 가장 우선적으로 구해야 하는 것은 하나님의 이름이 거룩히 여김 받는 것입니다. 우리는 모든 상황 속에서 우리의 생이 다하기까지 하나님의 이름이 영광을 받으시길 기도해야 합니다. 왜냐하면 그것이 우리의 존재 목적이고, 하나님께 영광 돌리며 사는 삶 자체가 가장 복된 삶이기 때문입니다. 하나님께 사랑을 받고 그 사랑을 깨달은 사람들은 하나님의 영광을 목적으로 삽니다.

⑤ 하나님의 영광을 위한 두 번째 간구

"나라이 임하옵시며"라는 두 번째 간구는 "이름이 거룩히 여김을 받으시오며"라는 첫 번째 간구가 이루어지는 수단으로서 제시됩니다. 이 간구는 그리스도의 속죄 성취로 보냄 받은 성령을 통해 하나님의 통치가 죄인의 마음에 세워지는 것을 의미합니다. 하나님께서는 말씀과 성령으로 우리 마음을 다스리십니다. 즉, 하나님의 나라는 그리스도께서 성취하신 구속을 성령께서 우리 마음에 적용하실 때 우리 마음에 일어나는 구원 사건과 일치합니다. 하나님의 나라는 우리를 용서하신 하나님께서 우리를 거듭나게 하시고 우리에게 새 마음을 주셔서 성화의 길을 걷게 하는 역사 속에 나타납니다. 성령과 하나님의 말씀으로 우리의 마음을 통치하실 때, 하나님께서는 영광을 받으십니다. 우리는 믿음과 순종으로 하나님의 통치를 받아들이며, 이를 통해 하나님께 영광을 돌릴 수 있으니, 하나님의 나라는 하나님의 이름이 거룩히 여김을 받는 데 있어 수단이 됩니다.

하나님 나라가 임한 성도들은 하나님 나라가 임하였기에 다음과 같은 기도를 드려야 합니다. 먼저 하나님 나라를 경험한 사람들만이 사탄의 나라의 심각성과 비참을 볼 수 있습니다. 사탄의 나라가 마음에 가득한 사람들은 자신들이 사탄과 죄와 사망의 노예라는 사실을 알지도 인정하지도 않습니다. 그들은 죄를 저항하지 않고 즐깁니다. 물론 달콤한 유혹으로 쓰디쓴 대가를 치르게 될 것을 알지 못하고 그렇게 합니다. 많은 사람들이 죄의 달콤함의 끝이 지옥의 영원한 형벌과 고통이라는 사실을 인식하지 못합니다. 그러므로 하나님 나라를 경험하고 소유한 성도들은 사탄의 나라에 노예가 된 죄인들의 심령을 위해 기도해야 합니다. 사탄의 지배 아래 있는 영혼들을 위해 슬퍼하며 그들의 마음에 하나님 나라가 임하길 기도해야 합니다.

둘째, 우리 자신을 위해 슬퍼해야 합니다. 하나님 나라가 우리 마음에 이미 임했지만, 그 나라가 완전해지기까지 남겨진 싸움이 있습니다. 사탄은 우리를 날마다 유혹합니다. 방심하면 곧 넘어집니다. 지배력을 잃은 죄가 우리 안에 역사합니다. 사망에 속한 온갖 유혹들이 성도들을 유혹합니다. 우리는 때때로 세상 권세와 핍박자에게 핍박을 받기도 합니다. 온갖 반기독교적인 사상들과 풍조들이 교회를 위협하기도 합니다. 많은 이단들이 범람하여 교회가 선포하는 진리에 도전합니다. 하나님의 나라가 우리 마음속에서 자라 가는 것을 미워하고 훼방하는 많은 세력이 존재합니다. 우리는 이런 일들을 슬퍼해야 합니다. 그리고 이런 대적들을 이길 힘을 달라고 기도해야 합니다. 교회가 성령과 말씀으로 깨어 있어서 그리스도의 통치를 마음에 충만히 받도록 기도해야 합니다.

우리도 세상 사람들처럼 죄를 지을 때가 있으나, 우리는 세상 사람들이 갖지 못한 마음을 가지고 기도해야 합니다. 죄를 지으면 죽을 것처럼 슬퍼하고, 애통해하며, 회개하고, 마귀에게 저항하며, 하나님의 은혜만을 열망하는 마음으로 기도해야 합니다. 이런 마음에 하나님의 나라가 충만히 임합니다. 성도들도 때로 죄를 짓지만, 그럴 때 성도는 세상 사람들과 달리 하나님을 향해 부르짖습니다. 그들은 범죄함을 애통하면서 하나님의 용서를 의지합니다. 우리는 사탄과 죄와 사망이 완전히 멸망당할 재림을 고대하면서 현재 임한 하나님 나라가 드러나게 되기를 기도해야 합니다.

⑥ 하나님의 영광을 위한 세 번째 간구

세 번째 간구인 "뜻이 하늘에서 이룬 것 같이 땅에서도 이루어지이다"는 첫 번째 간구, 두 번째 간구와 연관이 있습니다. 앞에서 언급했듯이, 하나님과 관련된 세 가지 간구의 핵심은 "하나님의 영광"입니다. 첫 간구는 "이름이 거룩히 여김을 받으시오며"라고 기도함으로 하나님께 영광을 돌리는 삶이 그리스도인의 최고 본분임을 알려 주었습니다. 두 번째 간구와 세 번째 간구는 이 첫 번째 간구가 성취되는 수단을 언급하고 있습니다. 하나님 아버지의 이름이 거룩히 여김을 받으시려면, 죄인의 마음에 "하나님의 나라"가 임하여야 합니다. 죄인들은 그리스도를 믿고 용서받고 새로운 피조물이 되어 성령의 통치를 받을 때 하나님의 영광을 사랑하고 추구하고 경배하게 됩니다. 구원을 통해 하나님의 나라가 우리 마음에 임할 때, 하나님께서는 영광을 받으십니다. 그리고 세 번째 간구는 하나님의 나라가 임한 성도들의 각자의 삶 속에서 하나님의 뜻이 구체적으로 실현됨을 기도합니다. "뜻이 하늘에서 이룬 것 같이 땅에서도 이루어지이다"는 하나님 나라가 성도들의 삶 속에서 열매 맺는 일을 간구하는 내용입니다.

그렇다면 하나님의 뜻은 무엇일까요? 하나님의 뜻은 구약과 신약에 기록된 하나님의 말씀 안에서 계시됩니다. 성경에 계시된 하나님의 뜻은 다음과 같이 요약할 수 있습니다. 완전하지는 않지만 중요한 핵심을 인식하는 데 도움이 되는 요약입니다. 첫째, 죄인을 향한 하나님의 작정과 그 작정의 성취인 예수 그리스도의 구속을 우리가 믿는 것입니다. 하나님의 뜻은 우리가 율법을 통해 우리 자신의 죄를 깨닫고, 예수님을 유일한 구주로 믿고 영접하여 용서받고 거듭나, 우리가 영생을 누리는 것입니다. 성경은 이 목적을 위해서 기록된 하나님의 말씀입니다(요 6:40). 둘째, 우리를 값없이 그리스도의 의로 용서하시고 우리에게 새로운 생명을 주신 것은 하나님의 거룩을 위해 살게 하시기 위해서입니다. 하나님께서는 우리를 거룩하게 하시려고 택하시고 말씀과 성령으로 부르셨습니다(살전 4:3; 엡 1:4). 셋째, 우리 믿음의 순례가 끝나는 종말의 때까지 우리가 인내로써 고난 속에서 우리의 믿음을 지키는 것이 하나님의 뜻입니다(히 10:36). 하나님의 통치가 임한 성도들에게 하나님의 뜻이 이루어지기 시작합니다. 그리고 그 뜻은 하나님의 율법과 복음에 계시되어 있고, 우리 안에 내주하신 성령의 역사를 통해 성취됩니다.

⑦ 하나님의 영광을 위한 수단으로서 성도의 필요를 위한 첫 번째 간구

주님께서 가르쳐 주신 기도문은 하나님을 위한 세 가지 간구가 끝난 뒤에 인간을 위한 간구를 시작합니다. 그리고 인간을 위한 간구는 "일용할 양식"(마 6:11)을 구하는 간구로 시작합니다. 특별히 인간의 필요를 위한 간구는 우리의 현실 생활에 필요한 간구로 시작합니다. 인간을 위한 첫 간구를 통해 우리는 하나님께서 영적인 복들만이 아니라 현세의 복들의 근원이 되시기도 한다는 사실을 깨닫게 됩니다. 성경적 신앙은 하나님께서 지으신 물질을 멸시하지 않습니다. 그리고 성경적 신앙은 물질을 거부하는 금욕적인 신앙도 아닙니다. 성경은 물질을 하나님께서 선하게 지으신 피조물로 봅니다. 하나님께서는 성도들이 육신적으로 생존하고, 또 삶 속에서 사용하기 위한 자원을 공급하시길 기뻐하십니다. 하나님께서 성도들의 현실 생활의 필요들을 공급하시는 데까지 자애로우시다는 사실이 바로 네 번째 간구, 일용할 양식에 대한 간구에 반영되어 있습니다.

　신명기에서 하나님께서는 이렇게 말씀하셨습니다. "너를 낮추시며 너를 주리게 하시며 또 너도 알지 못하며 네 조상들도 알지 못하던 만나를 네게 먹이신 것은 사람이 떡으로만 사는 것이 아니요 여호와의 입에서 나오는 모든 말씀으로 사는 줄을 네가 알게 하려 하심이니라"(신 8:3). 하나님께서는 성도들이 사는 방식을 이스라엘 백성들에게 알려 주신 바가 있습니다. 하나님께서는 성도들이 하나님의 말씀을 믿고 의지하여 사는 것이 하나님 백성의 삶의 본질이라 가르쳐 주셨습니다. 그러나 하나님께서는 "떡"을 부정하지 않으셨습니다. 만일 하나님께서 "사람이 떡으로 사는 것이 아니라"고 하셨으면, 인간은 그 순간부터 떡을 버려야 합니다. 그러나 하나님께서는 "사람이 떡으로'만' 사는 것이 아니라"고 하셨습니다. 하나님께서는 인간에게 떡을 허락하시고 떡을 공급하시지만, 떡이 삶의 우선순위, 중심이 되게 하지 않으셨습니다. 그러므로 떡을 부정하시는 것이 아니라 말씀 가운데 떡을 먹고 살아야 한다는 식으로 말씀을 전하고 계신 것입니다. 우리는 네 번째 간구를 통해 하나님께서 우리가 일용할 양식을 해결하며 사는 일의 중요성을 알고 계시다는 사실을 확인할 수 있습니다. 그리고 하나님께서 영적인 복, 보이지 않는 가치에 속한 것만을 주시지 않고, 우리의 현실적 필요도 채워 주시는 하나님이라는 사실을 알게 됩니다. 하나님께서는 보이는 것과 보이지 않는 모든 가치의 주인이시고 공급자이십니다. 그러므로 성도는 현실 생활에 있어서도 하나님을 의지해 살아야 합니다. 그리고 성도는 하나님을 의지하여 먹고 살아야 합니다. 그리고 현실의 필요를 채우시는 하나님께 감사해야 합니다.

　또한 주기도문 네 번째 간구를 통해 우리가 진정 정립해야 할 것은 그런 현실적인 필요를 간구하고 받아 누릴 때, 어떤 전제들과 마음가짐을 가지고 육적, 현실적 필요를 간구해야 하는지를 묻는 것입니다. 즉, 우리는 어떤 의미에서 물질적 복과 현실적 필요를 간구해야 할지 살펴보아야 합니다. 주기도문에서 "일용할 양식"은 단지 양식이 아닙니다. 여기서 양식은 현실적인 필요들을 가리키기 위한 제유법적 표현입니다. 현실적 필요의 대표적 대상인 "일용할 양식"을 모든 현실적 필요들을 가리키는 대표적 예로서 표현한 것입니다. 하나님께서는 우리의 현실적 필요를 아시고 채워 주시길 원하시지만, 주기도문의 "일용할 양식"에 대한 간구는 기복적이지도 않고 물질주의적이지도 않습니다. 우리가 현세적이고 현실적인 필요들을 구하고 받아 누리면서도 기복적이거나 물질만능주의에 빠져들지 않기 위해서는 다음과 같은 전제를 가지고 이 기도를 드려야 합니다. 첫째, 현실적 필요는 하나님께 영광을 돌리기 위한 수단입니다. 수단이 목적과 뒤바뀔 때 현실적 필요는 우상이 됩니다. 둘째, 정욕과 욕심으로 구하지 말고 섭리를 따라 모든 것을 적절히 주시는 하나님을 신뢰해야 합니다. 그러므로 성도는 자족할 줄 알아야 하며, 주어진 삶 자체를 감사할 줄 알아야 합니다.

⑧ 하나님의 영광을 위한 수단으로서 성도의 필요를 위한 두 번째 간구

예수님께서는 다섯 번째 간구를 통해 우리가 "죄의 용서"를 위해 하나님께 기도해야 함을 가르쳐 주셨습니다. 네 번째 간구가 현실적 필요를 의미하는 "일용할 양식"에 관한 것이었는데, 다섯 번째 간구가 있어야 네 번째 간구가 의미 있습니다. 우리가 매일 일용할 양식으로 생명을 연명하면서도 하나님 안에 거하지 못하고 그분과 바른 관계를 맺지 못하면, 일용할 양식의 가치가 무의미하기 때문입니다. 그러므로 우리의 연약함을 아시는 자비로운 하나님께서 현실적 필요를 위하여 구하게 하셨으나, 다섯 번째 간구를 가르쳐 주심으로 우리가 세상적이고 현실적인 필요에만 관심을 두는 것이 아니라 영혼과 영생에 관심을 갖도록 하신 것입니다. 성도는 그리스도 안에서 대속의 공로를 전가받음으로 용서받고 하나님의 자녀로 용납된 사람들입니다. 그리고 지배력을 잃었으되 여전히 남겨진 죄성을 일생 죽여 가며, 용서 안에서 목표를 향해 다가가는 자들입니다. 하나님과의 관계의 회복도, 지속적인 성화의 진전도 완전하고 충족한 그리스도의 용서 안에서만 가능합니다.

따라서 하나님께 값없이 죄책을 용서받은 성도들은 받은 용서에 감사함으로 타인을 용서하게 됩니다. 예수님께서 우리에게 죄 지은 자를 사하여 준 것 같이 우리 죄를 사하여 주시라고 간구하라 하셨습니다. 그러나 이 말씀에서 우리가 타인의 죄를 용서하는 것은 하나님께 우리가 용서를 받는 조건이나 공로가 될 수 없습니다. 여기서 예수님의 말씀의 의도는 우리가 타인을 용서하는 것이 공로나 원인이 되어 우리가 하나님께 용서받는다는 것이 아닙니다. 여기서의 의미는 우리가 진정 용서를 받았다면, 우리가 진정 하나님께 받은 용서에 대한 감사의 마음을 가져야 하며, 타인을 용서함으로 그 마음을 증거해야 한다는 것입니다. 만 달란트의 비유에서 교훈하듯, 진정 자신이 하나님 앞에 어떤 죄인인 것을 깨닫고 얼마나 큰 은혜와 사랑으로 자신이 용서받았는지 깨닫는다면, 우리가 타인을 용서하지 않을 수 없다는 것입니다. 만 달란트 탕감받은 자는 큰 용서를 받았지만, 자신이 지은 빚의 무거움도 그 빚을 탕감해 준 주인의 자비로움의 깊이도 깨닫지 못하였습니다. 그는 감사하지 않았습니다. 그래서 백 데나리온의 경미한 빚을 진 채무자를 만나자 그에게 포악을 행했습니다. 이 비유는 무엇을 의미합니까? 왜 하나님께 사죄받은 자가 타인을 용서해야 한다고 가르치십니까? 우리가 타인을 용서하게 되는 시점은, 자신이 얼마나 하나님 앞에 무익하고 추악한 죄인인가를 깨닫는 순간이며 얼마나 큰 은혜로 용서받았는지를 깨닫는 순간입니다. 믿음으로 예수 그리스도의 공로를 전가받아 지옥이라는 영원한 형벌의 책임으로부터 자유해질 때, 우리는 우리 자신의 무가치함을 깨닫고 하나님의 무한한 은혜에 감사할 수밖에 없게 됩니다. 이런 의식이 있는 사람은 자신에게 죄를 지은 사람을 바라보며 이런 생각을 할 수밖에 없는 것입니다. '내가 하나님께 범한 무서운 죄를 어찌 나에게 저지른 경미한 죄에 비하겠어.' 혹은 '당신이 나에게 지은 죄가 유감스럽지만 나야말로 당신과 다를 바 없는 죄인이었답니다.' 그리고 이렇게 생각합니다. '영원한 지옥에 떨어질 나를 하나님께서 용서하셨는데, 나에게 해를 가했다고 어떻게 내가 저 사람에게 복수할 수 있겠어?'

그리스도의 공로 때문에 칭의를 주신 하나님께서는 동시에 성령을 통해 성화를 주심으로, 우리가 용서받은 은혜에 감사하며 타인을 용서하는 마음을 갖게 하십니다. 그러므로 타인을 용서할 수 있다는 것은 예수님의 용서가 내 안에 머문다는 증거입니다. 우리는 우리가 받은 예수님의 용서를 타인을 용서함으로 표현하고 증거합니다.

물론 우리를 향한 하나님의 용서와 타인을 향한 성도의 용서는 동일할 수 없습니다. 우리의 용서는 완전하지 못하기 때문입니다. 우리는 우리에게 죄를 지은 사람의 행위를 잊을 수 없습니다. 그 사실이 머리와 마음에 남습니다. 그러나 예수님의 사랑에 의지해 그런 아픈 기억이 남더라도 우리는 복수하거나 분노하거나 그에게 해코지해서는 안 됩니다. 우리의 용서는 예수님의 용서로부터 나온 것이지만, 완전하지 못합니다. 따라서 우리가 완전할 수는 없더라도 진실하고 성실하게 용서할 수 있도록 추구해야 합니다. 하나님께서는 하나님의 용서에 대한 기억과 감사로 누군가를 용서할 때, 그것이 완전하지 못하더라도 기쁘게 보십니다. 왜냐하면 그 용서가 믿음 안에서 진정성 있게 행한 용서이기 때문입니다. 우리가 타인을 용서하는 일을 지속한다면, 우리가 받은 하나님의 용서를 더욱 깊이 누리게 될 것입니다.

⑨ 하나님의 영광을 위한 수단으로서 성도의 필요를 위한 세 번째 간구

여섯 번째 간구는 한 가지 간구에 두 부분을 갖고 있습니다. 먼저는 "우리를 시험에 들게 하지 마옵시고"라는 간구이고, 다음은 "다만 악에서 구하시옵소서"라는 간구입니다. 이렇게 구하는 것은 시험과 악이 관련되어 있기 때문입니다. 우리가 시험에 끌려들어 가지 않기 위해서는 하나님께서 악으로부터 우리를 구원하셔야 합니다. 하나님께서 악을 이길 힘을 주셔야 우리는 시험에 끌려들어 가지 않습니다. 악은 우리가 유혹과 죄 속에 끌려들어 가게 하는 원인이 됩니다. 시험은 우리의 죄성과 마귀와 타락한 세상으로부터 비롯되지만, 이 모든 시험이 하나님의 허락하심 없이 우리에게 나타날 수 없습니다. 시험은 섭리 안에 있습니다. 그리고 연약한 하나님의 자녀들이 시련과 유혹에 직면할 때, 하나님께서 시험 가운데 개입하시고 자녀들을 돌보십니다. 심지어 그러한 시험 가운데 섭리하셔서 하나님의 선하신 목적들을 성취하시기도 합니다. 하나님의 자녀들이 하나님의 테스트를 통해 자기 신앙의 진정성을 드러내고 성장하도록, 그리고 마귀와 세상의 유혹을 성령의 능력으로 물리치도록 하시기 위해 예수님께서 시험에 대해 기도하라 가르치신 것입니다. 시험은 결코 자녀들로 하여금 하나님으로부터 끊어지게 할 수 없습니다. 하나님께서는 모든 시험을 그가 가진 신앙의 분량을 따라 허락하시고 또한 궁극적으로 극복하게 하십니다. "사람이 감당할 시험 밖에는 너희가 당한 것이 없나니 오직 하나님은 미쁘사 너희가 감당하지 못할 시험 당함을 허락하지 아니하시고 시험 당할 즈음에 또한 피할 길을 내사 너희로 능히 감당하게 하시느니라"(고전 10:13). 하나님께서 우리를 시험에서 건지시고 우리로 감당하도록 하시겠다고 약속하십니다. 그러므로 우리에게 기도하라 명령하신 것입니다. 성도들은 섭리를 믿는 가운데 은혜의 수단을 붙들고 시험을 이기기 위해 기도해야 합니다.

⑩ 주님께서 가르쳐 주신 기도의 결론

"나라와 권세와 영광이 아버지께 영원히 있사옵나이다. 아멘"이라는 구절은 예수님께서 가르쳐 주신 기도의 결론입니다. 이 구절은 성도들이 앞에 언급된 6가지 간구를 드린 후 그 응답을 기대할 수 있는 토대가 되는 동시에 앞의 6가지 간구에 대한 응답의 확신을 강화하는 역할을 합니다. 주님께서 가르쳐 주신 기도의 결론부는 기도의 토대가 되는 요소들을 요약해 줌으로 우리의 확신을 강화시킵니다.

ⓐ 나라

예수님께서는 먼저 "나라"가 아버지께 있다고 가르쳐 주십니다. 나라가 아버지께 있다는 말은 하나님께서 보이는 세계와 보이지 않는 세계를 통틀어 온 우주 만상을 다스리신다는 의미입니다. 모든 것들이 하나님의 소유입니다. 그리고 하나님께서 모든 것들을 다스리십니다. 모든 것들을 소유하신 분만이, 모든 것들을 다스리시는 분만이 기도의 대상이 될 수 있습니다. 하나님께서는 만물을 지으시고 만물을 섭리로 다스리십니다. "너희에게는 심지어 머리털까지도 다 세신 바 되었나니 두려워하지 말라 너희는 많은 참새보다 더 귀하니라"(눅 12:7). 그러므로 기도는 섭리를 믿는 자만이 드릴 수 있습니다. 기도는 하나님의 섭리를 믿는다는 증거입니다. 하나님께서는 선하시고 전능한 온 우주의 통치자이십니다. 하나님께서는 특별히 그리스도 안에 있는 하나님의 자녀들과 교회를 향해 왕이 되어 주십니다. 특별한 사랑, 구속의 사랑으로 성도들의 영적 복리를 책임지시고, 그들의 영적 안전을 보장해 주십니다. 마치 세속의 왕이 백성들의 복리와 안전과 안보를 책임져 주는 것과 같이 하나님께서는 그리스도 안에 있는 자들과 교회를 왕으로서 통치하십니다. 세상도 하나님의 주관 하에 있지만, 하나님의 자녀들과 교회를 향해서는 특별한 은총과 사랑, 곧 구속의 은총과 사랑으로 보살피십니다. 그러한 나라,

곧 그러한 통치가 하나님께 속했기에 우리는 하나님께 기도할 수 있고, 응답을 기대할 수 있습니다.

ⓑ 권세

우리가 드리는 기도의 또 다른 토대는 하나님의 권세입니다. 세상의 왕들도 통치 행위를 하지만, 그들은 유한한 존재일 뿐입니다. 하나님 나라의 통치자께서는 전능하신 분입니다. 무한한 능력을 가지신 분이 선하신 뜻을 품으셨으니 이보다 위대하시고 선하신 왕이 없습니다. 하나님께서는 완전한 선을 가지고 계십니다. 그리고 그러한 선하신 뜻을 전능한 능력으로 성취하십니다. 그러므로 하나님의 자녀들은 선한 것을 확실히 성취하시는 능력이 하나님의 속성이라는 사실을 깨달을 때, 확신 가운데 더욱 기도하게 됩니다. 선하신 뜻을 확실히 이루시는 하나님의 권세 또한 우리가 기도 응답을 기대할 수 있는 이유가 됩니다.

ⓒ 영광

하나님의 영광이란 말은 하나님의 성품과 속성의 탁월함을 의미합니다. 하나님께서는 세상의 모든 영광을 지으신 분으로, 그분 자체가 영광의 근원이십니다. 세상의 영광에 심취해 있다가도 그리스도 안에서 하나님의 영광을 발견하면, 그들은 세상의 영광을 배설물처럼 여길 수 있습니다. 하나님께서는 자신의 영광이 높여지고, 인간들이 하나님의 영광의 아름다움과 즐거움에 참여하길 원하십니다. 창조를 통해 자신의 영광을 드러내셨고, 인간이 타락한 이후에 구원의 큰 사건을 통해 하나님께서 어떠한 분이신지 나타내셨습니다. 하나님께서 우리를 구원하신 이유는 영광을 받으시기 위함이며 그 영광을 우리가 즐거워하도록 하시기 위해서입니다.

ⓓ **아멘**

아멘은 진정한 기도의 결론이어야 합니다. 그리고 아멘은 온전한 기도의 마무리입니다. 아멘(אָמֵן)은 히브리어 "아만"(אָמַן)에서 왔는데, "확실하다", "신실하다"는 의미를 담고 있습니다. 아멘은 그러한 의미에서 "그렇게 될지어다", "참으로 진정으로 그렇게 되리라"는 확신과 소원을 표현하는 말입니다. 우리가 기도한 후, 아멘의 믿음이 있어야 합니다. 우리가 하나님의 나라와 권세와 영광을 믿는다면, 우리의 믿음이 이 지식과 사실에 뿌리 내린 확고한 믿음이라면, 우리의 기도 역시 동일한 토대 위에 뿌리 내리고 있어야 합니다. 하나님의 나라와 권세와 영광을 믿기에, 그러하신 하나님의 약속이 우리를 향하고 있으며, 그러하신 하나님이시기에 그 약속을 성취하실 수 있다는 확신으로 우리는 기도해야 하는 것입니다. 하나님께 "아멘" 한다는 것은 하나님의 속성과 완전하시고 선하신 성품을 견고히 믿는다는 의미입니다. 우리의 기도는 이처럼 진실한 아멘으로 마무리되어야 합니다. 이 아멘이 있는 기도가 하나님의 뜻과 약속을 이루는 수단이 되고, 하나님을 영화롭게 할 것입니다.

1. 기도가 믿음의 최상의 실천인 이유를 설명해 보십시오.

2. 기도의 대상은 무엇입니까?

3. 인간의 결핍, 죄의 비참 그리고 은혜의 의식은 기도와 어떤 관계성을 갖습니까?

4. 주께서 가르쳐 주신 기도의 내용과 그 안에 담긴 원리들을 요약해 보십시오.

삶에
적용
하기

1. 당신의 기도는 기도의 대상이신 하나님과 기도가 지향해야 할 하나님의 약속과 뜻에 맞추어져 있습니까?

2. 기도는 하나님의 약속을 이루는 하나님께서 정하신 수단입니다. 이 정의에 따라 당신은 하나님의 약속을 인식하고 그것을 바라보며 성실히 기도 생활을 영위하고 있는지 성찰해 봅시다.

3. 당신은 주께서 가르쳐 주신 기도의 내용과 원리를 당신의 기도에 적용하고 있습니까?

4. 은사주의나 기복 신앙 그리고 자기만족적인 기도가 가져오는 병폐는 무엇일까요?

All In One
Bible Study Series